令和6年3月最新版

税理士制度がよくわかる

図解&条文解説
税理士法

日本税理士会連合会［監修］
近畿税理士会制度部［編著］

清文社

監修のことば

　令和4年3月22日、参議院本会議で税理士法の改正を含む「所得税法等の一部を改正する法律案」が可決・成立しました。これは、日本税理士会連合会が、令和3年6月に「税理士法に関する改正要望書」を機関決定し、財務省主税局及び国税庁に提出した後、法改正に向けて各税理士会における意見交換会の開催や日本税理士政治連盟との連携による国会議員への陳情などの活動が結実したものといえます。

　前回の平成26年改正から数えて8年ぶりの法改正となり、この間、DXの進展やデジタル社会形成基本法の制定、また、コロナ禍による影響も相まって、経済社会全体にデジタルの波が大きく押し寄せ、税理士を取り巻く状況が変化しました。

　さらに、人口減少や少子高齢化に伴う生産年齢人口の減少などによる、税理士受験者数の減少への対応が急務となっています。

　こうした中、令和4年の税理士法改正では、コロナ後の新しい社会を見据え、税理士の業務環境や納税環境の電子化といった、税理士を取り巻く状況の変化に的確に対応するとともに、多様な人材の確保や、国民・納税者の税理士に対する信頼と納税者利便の向上を図る観点から、税理士の業務の電子化等の推進や税理士試験の会計学科目における受験資格の要件の撤廃をはじめ、数多くの重要な見直しが行われました。

　近年、税理士の果たすべき役割は、税理士業務にとどまらず多岐に亘り、業務の高度化・専門化がますます進んでいます。今後も時代の変遷に対応し、社会から更なる信頼を得られる税理士制度を構築していかなければなりません。

　本書は、税理士法の基本書である日本税理士会連合会発行の「税理士法逐条解説」を手本としつつ、税理士制度の歴史には年表を用いてその時代背景を理解できるよう、また、本編では図解を駆使し分かり易い解説を行うとともに、個々の制度創設や改正時の国会答弁を参考に記載することで、その趣旨を理解できるよう構成されています。今回の改訂では、令和4年及び5年改正の内容をできる限り織り込みました。

　おわりに、本書改訂にあたり、貴重な時間を割いて執筆をしていただいた近畿税理士会制度部の皆様と同事務局の方に心より感謝申し上げます。また、本書出版に多大なご尽力をいただきました清文社の小泉定裕社長に厚く御礼申し上げます。

　令和6年3月

日本税理士会連合会

会　長　太　田　直　樹

はしがき

　現在の税理士制度は、昭和17年に制定された「税務代理士法」を起源とし、申告納税制度の導入、第２次シャウプ勧告を経て、民主的な税務運営と納税義務の適正な実現を図る等の観点から、昭和26年に「税理士法」が制定されたことによります。すなわち、税務に関する専門家として納税義務者を援助することを通じて、その納税義務を適正に実現し、もって申告納税制度の円滑かつ適正な運営に資することを期待して設けられたものです。

　その後、昭和55年の税理士法改正により、税理士法第１条は、「税理士の職責」から「税理士の使命」へと改められ、「税務に関する専門家として、独立した公正な立場において、申告納税制度の理念にそつて、納税義務者の信頼にこたえ、租税に関する法令に規定された納税義務の適正な実現を図ること」とされ、税理士が、納税義務者の委嘱を受けてその業務を行うに際して堅持すべき立場の明確化が図られました。この税理士の使命は大変尊厳のあるものとして、現在、すべての税理士が心情としております。

　本書刊行の目的は、更なる税理士制度の発展を見据え、国民・納税者の方々に、国民の視点から見た税理士制度の存在意義を理解いただくこと、また、税理士の方に、自らの職業法に対する深い理解のもとに業務を遂行いただくことにあります。

　本書の作成にあたっては、税理士法の各項目の趣旨について、読者に共通の認識を持っていただくため、創設もしくは改正された経緯を踏まえた正確な理解が得られるように心掛けました。また、主要な項目については、できる限り図解を取り入れることにより、税理士以外の方にも見やすく分かり易い構成としました。

　本書が、税理士業務遂行上の基本書となることはもとより、これから税理士を目指そうとしている方、さらには国民・納税者の方々に、税理士制度を理解いただくうえでの一助となれば幸いです。

　最後に、本書改訂にあたり、貴重な時間を割いて執筆いただいた近畿税理士会制度部と同事務局の方をはじめ、本書刊行のために大変ご尽力をいただきました清文社の小泉定裕社長と編集部の皆様に対しまして深謝し、厚くお礼申し上げます。

　令和６年３月

近 畿 税 理 士 会

会 長　石 原 健 次

目次

第4章 税理士の権利及び義務 (第30条−第43条) …………… 099

第6章 税理士会及び日本税理士会連合会(第49条−第49条の21) … 191

図表目次

凡　例

⑴　本書は、令和5年4月1日までに公布され、令和6年4月1日までに施行される税理士法及び同施行令・施行規則等に基づき、作成している。なお、法令等については、令和5年3月31日までに公布された内容を織り込んである。

⑵　刑法等の一部を改正する法律（令和4年法律第67号）により、懲役及び禁錮が廃止され、これらに代えて拘禁刑が創設された（令和7年6月1日施行）。この改正に伴い、刑法等の一部を改正する法律の施行に伴う関係法律の整理等に関する法律（令和4年法律第68号）による税理士法の改正において、「懲役」を「拘禁刑」とする規定の整理が行われた。なお本書では、現行の法令に基づき、「懲役」と記載している。

⑶　本書の構成は、条文とその解説、かつ、解説を踏まえた図解を基本構成とし、条文の解説にあたっては、日本税理士会連合会発行の税理士法逐条解説（8訂版）及び新税理士法（6訂版）を引用している。

⑷　本書の作成にあたって、参考にした文献は次のとおりである。

「税理士法逐条解説」（8訂版）　日本税理士会連合会編

「新税理士法」（6訂版）　日本税理士会連合会編

「税理士制度沿革史」（増補改訂版）　日本税理士会連合会編

「すべてがわかる　税理士法人の設立・運営」　日本税理士会連合会編

「現代税務全集34　税理士業務と責任」　日本税理士会連合会編　新井隆一著

「新版実践税理士法」　日本税理士会連合会編　坂田純一著

「税理士法の実務」　渡邉定義・藤原茂由共著

⑸　本書において用いている略語は次のとおりである。

【法令名略称】

法　＝　税理士法

令　＝　税理士法施行令

規　＝　税理士法施行規則

基通　＝　税理士法基本通達

【記載例】

法2①一　＝　税理士法第2条第1項第1号

税理士制度の歴史

税理士制度に影響を及ぼした主な事象

主な社会情勢等	年度	主な税制	税理士制度	公認会計士法・弁護士法変遷
	2年(1869)	大蔵省設置		
	6年(1873)	地租改正		
	11年(1878)	営業税導入（地方税）府県収税署が管轄		
	20年(1887)	所得税導入		
明治憲法公布	22年(1889)			
	26年(1893)			弁護士法公布
日清戦争	明治　27年(1894)			
	29年(1896)	営業税の国税移管　税務署と改称し管轄		
商法公布	32年(1899)	法人所得税導入		
日露戦争	37年(1904)	非常特別税導入	税務代理業の出現	
	38年(1905)	相続税導入		
刑法公布	40年(1907)			
	45年(1912)		大阪税務代弁者取締規則	
第一次世界大戦	大正　3年(1914)			
普通選挙法公布	14年(1925)			
	2年(1927)			計理士法公布
	8年(1933)		税務代理人法案帝国議会へ提出（→不成立）	全部改正
	11年(1936)		京都税務代弁者取締規則	
	15年(1940)	所得税・法人税導入　源泉徴収制度開始		
太平洋戦争開戦	16年(1941)			
	17年(1942)		税務代理士法公布	
太平洋戦争終戦	20年(1945)			
	22年(1947)	申告納税制度導入		
証券取引法公布	23年(1948)			公認会計士法公布
	昭和　24年(1949)	国税庁発足　第1次シャウプ勧告		全部改正
	25年(1950)	第2次シャウプ勧告		

◎序章

		年			改	正
		26年(1951)	税理士法公布			
		31年(1956)	31年改正			
日米安保条約		35年(1960)				
		36年(1961)	36年改正			
東京オリンピック		39年(1964)	39年改正法案提出(→40年廃案)		改	正
		41年(1966)				
変動相場制		46年(1971)				
		54年(1979)	54年改正案(→審議未了廃案)			
		55年(1980)	55年改正			
プラザ合意:バブル期へ		60年(1985)				
昭和天皇崩御		64年(1989)				
	平成	元年(1989)	消費税導入(3%)			
ソ連崩壊:バブル崩壊		3年(1991)				
		4年(1992)			改	正
阪神・淡路大震災		7年(1995)				
		9年(1997)	消費税(5%)			
		13年(2001)	財務省へ名称変更	13年改正		
小泉構造改革		14年(2002)				
		15年(2003)			改	正
		16年(2004)	電子申告運用開始			
会社法公布		17年(2005)				
		19年(2007)			改	正
民主党政権成立		21年(2009)				
東日本大震災		23年(2011)				
自民党政権復権		24年(2012)				
社会保障・税番号制度関連四法公布		25年(2013)				
		26年(2014)	消費税(8%)	26年改正		
	令和	31年・1年(2019)	消費税(10%)軽減税率制度			
新型コロナウイルス、世界各地に広がる		2年(2020)				
東京オリンピック・パラリンピック		3年(2021)				
ロシア、ウクライナ侵攻		4年(2022)		4年改正	改	正
		5年(2023)	インボイス制度導入			

税理士制度の歴史

＜税務代理業の出現＞

税に関する専門的職業の発生

　　明治初期の地租中心の税制から、日清戦争後の財源確保のため明治29年営業税法が
制定され、所得課税へと移った。この税制改正に伴いしだいに税負担が重くなり、大
阪地方の商工業者においては、退職税務官吏や会計知識のある者に税の相談を持ちか
け、営業税に関し申告を依頼した。これがわが国における税務代理業の起源とされて
いる。

　　その後、明治37年に日露戦争が起こり、戦費調達のため、営業税はさらに重課され
ることとなり、低所得の商工業者までも課税の対象とされ、この時代から税務の代理
業務を専門的に行う職業が発生し、税務代弁者や税務代弁人と呼ばれていた。しかし、
このような職業の発生は、納税者に有利な面と税務知識がないなどをもって不当に報
酬額を要求するなどの弊害を生じさせることもあった。

＜大阪税務代弁者取締規則・京都税務代弁者取締規則＞

警察による取締規則の制定

　　税務代理業者の増加に伴い、治安維持のために、大阪府では明治45年に大阪税務代
弁者取締規則が制定され、その後京都府でも昭和11年に京都税務代弁者取締規則が制
定された。

　　これは、警察による取締規則として制定され、先ず税務代弁者（他人の協議又は委
任を受け税務に関し指示をなし、又は税務官庁に対し申告、請求、願届その他一切の
手続の代弁をなすを業とする者）の職務内容を明らかにし、業務を行おうとする者は、
警察署長に対し許可を要するものとした。また、名義貸しを禁止し、一定の信用保持
義務を定め、義務違反に対しては業務停止又は許可取消しを行うほか、一定の事項を
記載した事件簿を備えつけ、許可を受けずに税務代弁業務を行った者に対しては拘置
又は科料に処されることとした。

＜税務代理士法公布・税務代理士会連合会の設立＞

大蔵大臣の厳重な監督支配下となった

　　太平洋戦争が昭和16年に勃発し、膨大な戦費調達のため大増税がなされた。しかも

税制が複雑になり税務に関する専門知識がますます必要となってきたため、税務代弁者は増加した。税務の相談に応じ、代理を行う税務代弁者は、納税者と税務官庁にとって有益であり、税務行政の運営に資するものであったが、税務官庁とのトラブルを生ずる業者も少なくなかった。

そこで、戦時下における税務行政の適正かつ円滑な運営を図るため、税務に関する職業専門家制度として、昭和17年2月23日税務代理士法が公布・施行された。

税務代理士法は税務代理士業務を行うことができる者を税務代理士に限定し、その資質の向上を図り、税務代理士となるためには大蔵大臣の許可を要件とした。そして、取締監督として、事務所の設置義務、帳簿の作成義務、作成書類の署名捺印の義務、脱税相談等の禁止等を規定した。

また、税務代理士は、この法律に基づき設立された税務代理士の組織団体である税務代理士会及び税務代理士会連合会への強制入会とされた。

なお、昭和44年、日本税理士会連合会はこの2月23日を税理士記念日として定めた。

〔税務代理士法要点〕

＊税務代理士の業務を第1条に規定

　「税務代理士は所得税、法人税、営業税其の他命令を以て定むる租税に関し他人の委嘱に依り税務官庁に提出すべき書類を作成し又は審査の請求、訴願の提起其の他の事項（行政訴訟を除く）に付き代理を為し若しくは相談に応ずるを業とす」

＊税務代理士となる資格を限定

　①弁護士、②計理士、③3年以上税務官庁在籍の税務職員

＊税務代理士の許可制

　大蔵大臣による許可、不許可処分に対する訴訟不可

＊監督

　事務所設置義務、帳簿設置義務、使用人届出義務、脱税相談禁止

＊税務代理士会

　・強制入会

　・報酬決定、会則違反等会員の退会処分権の自治機能

＜税理士法公布＞

民主的税務行政の円滑化に資する

太平洋戦争の終結後、米国のGHQの民主化政策の動きの中で、日本の資格制度は大幅な見直しが図られた。昭和17年に誕生した税務代理士制度については、税制全般の見直しとともに行われた。昭和22年の税制改正で賦課徴収制度から申告納税制度の導入へと税務行政も変革していく中で、昭和24年には国税庁－国税局－税務署という

系統的な税務機構が確立されていった。

　日本の租税制度を研究し税制改正のための勧告をなすため来日したシャウプ税制使節団は、わが国の税制に関連して、従来の税務代理士制度をも詳細に検討を加えた結果、税務運営の民主的な発達を図るために税務代理の業務の重要性を指摘した。そして、税務代理を行う者の水準を向上し、納税者及び税務官公署のためのよりよき協力者となって、税務行政の適正円滑化を推進すべきであるという考え方から日本政府に対し昭和24年８月に勧告（第１次シャウプ勧告）が行われた。

　また、第１次の勧告後の政府の経過報告に検討を加え、さらに税務代理士会との折衝が行われた後、昭和25年には税務代理士法の改善指針を明確に打ち出した勧告（第２次シャウプ勧告）が行われた。

　これら申告納税制度の導入による税制の民主化、また、税務代理士制度の改正に関する第２次シャウプ勧告などを背景として、納税義務を適正に実現すること等の見地から、税務代理士法の抜本的改革を行い、昭和26年６月15日、税理士法が公布、同年７月15日に施行された。これに伴い税務代理士法は廃止された。

〔税理士法要点〕

> ＊税理士の職責を第１条に規定
> 　「税理士は、中正な立場において、納税義務者の信頼にこたえ、租税に関する法令に規定された納税義務を適正に実現し、納税に関する道義を高めるように努力しなければならない」
> ＊従来の許可制度を廃止、原則、試験制度へ
> 　選考から試験による税理士業務に従事する税務専門職業家の資質向上
> ＊税理士となる資格を有する者を限定列挙
> 　①弁護士、②公認会計士、③税理士試験合格者、④税理士試験の免除者
> ＊登録制度の採用
> 　税理士となる資格を有する者が税理士となり、その業務に従事しようとする際には、国税庁に備える税理士名簿に登録を受けることを要件
> ＊税理士業務の拡張（対象税目の追加）
> 　事業税、固定資産税、市町村民税など主要な地方税が新たに税理士業務の対象税目に追加
> ＊税理士の権利義務の明確化
> 　・調査の通知を受ける権利、意見を述べる機会の税理士への付与
> 　・秘密保持・信用保持の義務
> ＊業務報酬の規定
> 　国税庁長官が最高限度額を規定

> *任意加入脱退制の税理士会
>> 全員加入制の税務代理士会は、その組織を変更して任意加入脱退制の旧民法34条の社団法人たる税理士会として設立、社団法人日本税理士会連合会が創立
> *税理士の監督
>> 従来の税務代理士会による自主的監督と大蔵大臣による監督との２本建てから国税庁長官に監督権限を一元化

＜昭和31年税理士法改正＞

税理士の業務運営の適正化を図る

　税理士法施行後、税務職員等に対する特典付与及び計理士救済の動きに警戒しつつ、税理士会は昭和30年４月、会計の整理立案業務及び監査証明業務ができるようになること等の陳情書を国税庁長官に提出した。国税庁はこれらの要望を大幅に取り入れつつ、これに税務職員及び計理士に通常の試験を経ないで税理士となる途を開くことを加えて、税理士法改正試案を作成し大蔵省側と交渉に入った。これに対し大蔵省側は、会計の整理立案業務及び監査証明業務については制度の趣旨と公認会計士法との関係から不適当とし、税務職員と計理士への特典については税理士業界からの強い反対によって時限立法による特別試験にまで後退させられた。

　政府はこのような情勢に立脚して、税理士の業務運営の適正化を図る見地から、改正案を昭和31年３月閣議決定、６月３日に成立し、同30日公布された。税理士会への強制加入制度の採用に伴い、税理士会の運営が中正かつ民主的に行われるよう政府及び税理士会において特段の措置を講ずることの附帯決議が付された。

〔昭和31年改正要点〕

> *書面添付制度の創設
>> 税理士の計算した事項等を記載した書面の添付
> *特別試験の実施
>> 勤続20年以上の税務職員又は業務経験10年以上の計理士に対して、以後５年間に限って特別試験を実施
> *間接強制入会制への移行
>> ・税理士会に入会しない者は税理士業務を行えない
>> ・税理士会の強化により、税理士の義務の遵守、税理士業務の改善進歩に資するための指導、連絡に関する事務を遂行
> *税理士会及び税理士会連合会が、税理士法に基づく特別法人へ組織換え

> 税理士法による特別法人とし、税理士会に関する規定を整備
> *退職税務職員に対する税理士業務の制限規定の強化
> 　国又は地方団体の税務職員で税理士となった者については、原則として離職後1年間その離職前1年間内に占めていた職の所掌に属すべき事件について税理士業務を行えない
> *通知公認会計士の制度
> 　公認会計士に関して、ごく稀に業務を行うような者の場合、あえて税理士会に加入しなくても、国税局長に一定事項を通知することにより、依頼された事件に限って税理士業務を行うことができる

＜昭和36年税理士法改正＞

税理士会の自主性を高めるため

　施行後10年が経過し税理士法のあり方について根本的な検討を行うべき時期であり、特に税理士会の自主性の確立及び試験制度に関して業界内部はもちろん各方面から意見が寄せられていた。

　このような時期にあたり、昭和36年1月、日本税理士会連合会は関係官庁に対し、税理士業務の明確化、税理士の資質の向上、税理士会の自主性の向上を主眼とする税理士法改正意見書の提出を行い、昭和36年3月閣議決定、6月8日に成立し、同15日公布された。

〔昭和36年改正要点〕

> *税理士の登録事務の移譲
> 　従来、国税庁長官が行うこととされていた税理士の登録事務が、日本税理士会連合会に移譲及びその関連の規定の整備
> *税理士会の自主性確立
> 　会則の認可制から届出制への変更、会員に対する監督権の付与及びその関連規定の整備
> *特別試験制度の存続期間の延長

＜昭和39年税理士法改正法案＞

　昭和36年の改正の際の参議院大蔵委員会において「政府において、本公布の日から3年間を目途として、税理士制度の全般にわたる検討を完了すべきことを要望する。」という付帯決議がなされた。このため政府は、昭和37年8月に税制調査会に対して「現行の税理士制度の改善策」について諮問し、答申は昭和38年12月に取りまとめられた。

それを受けて、税理士の地位向上及び業務運営の適正化を図ること、税理士業務の定義を整備改善すること、税理士となる資格について改善合理化を図ることを眼目とする改正案を昭和39年4月、第46回通常国会に提出した。しかし、政府案と税理士業界との意見とが食い違い、調整がつかなかったため、継続審議の末、昭和40年6月の第48回通常国会において廃案となった。

＜昭和54年税理士法改正案・昭和55年税理士法改正＞

税理士業務のより適正な運営に資する

日本税理士会連合会では、昭和40年6月廃案後、税理士制度のあり方を考究していくため昭和41年7月20日に「税理士制度調査会」を設置した。昭和43年12月10日には同調査会による答申「わが国における税理士制度のあり方について」、これを受けて、昭和47年4月12日に「税理士法改正に関する基本要綱」が取りまとめられ、大蔵省、自治省及び国税庁など関係各省に対して建議を行った。

昭和51年1月からの政府当局との協議、また、昭和53年に入り、自民党、民社党、社会党、新自由クラブに税理士制度改正問題について検討する委員会が設置され、政府は、税理士法改正をめぐる気運の高まりを受け、改正案を昭和54年5月12日、国会に提出した。

この改正案は、いったん審議未了廃案となったが、同年11月29日の臨時国会に再び上程され、次の通常国会へ引き継がれた後、ようやく昭和55年4月8日に成立し、4月14日公布され、同年10月13日施行された。

〔昭和55年改正要点〕

＊第1条 「税理士の職責」から「税理士の使命」へ、「中正な立場」を明確化
「税理士は、税務に関する専門家として、独立した公正な立場において、申告納税制度の理念にそって、納税義務者の信頼にこたえ、租税に関する法令に規定された納税義務の適正な実現を図ることを使命とする」
＊対象税目の拡大
国税、地方税を問わず、原則として全税目
＊税理士業務の範囲の明確化
・税務代理に代行を明記
・税務書類の具体的範囲と作成の要件を明確化
・税務相談の明確化
＊付随業務の新設
税理士業務に付随して会計業務を行うことができることを確認的に明示
＊試験制度の見直し

- ・特別税理士試験の廃止で一般税理士試験制度に一本化
- ・税務職員に対する会計学に属する科目の試験免除制度の導入
- ・酒税法又は物品税法のいずれか一科目が選択科目として追加
- ・住民税を事業税の代わりに選択可能
- ＊税理士の権利義務の改正
  - ・申告納税制度の国税又は申告納付若しくは申告納入の方法による地方税のすべてについて書面添付が可能
  - ・他人の作成した申告書の審査に関する書面の添付制度の創設
  - ・複数事務所の設置の例外規定を廃止
  - ・帳簿作成の義務の緩和・合理化
  - ・使用人等に対する監督義務が創設
  - ・委嘱者に脱税等の事実があったことを知った場合の委嘱者へ是正の助言義務の創設
- ＊懲戒処分の見直し
  - ・税理士審査会の創設により懲戒処分手続が慎重化
  - ・懲戒処分権者が国税庁長官から大蔵大臣へ
- ＊税理士会等組織の見直し
  - ・間接入会制から登録即入会制へ移行
  - ・一国税局一税理士会から国税庁長官へ分割請求することが可能
  - ・原則として一税務署一支部の支部設置義務の創設
- ＊許可公認会計士制度
  - ・通知公認会計士制度の廃止
  - ・当分の間、国税局長の許可を受けて、税理士業務の規模が小規模なものとして一定の規模の範囲内である場合に限り、税理士業務を行うことができる

＜平成13年税理士法改正＞

納税者の利便向上と信頼される税理士制度の確立を目指す

　　昭和55年の税理士法改正における衆・参大蔵委員会附帯決議「税理士制度のあり方については、今後とも、その運用の実態及び社会情勢の推移に対処し得るよう引き続き所要の検討を行うこと」以来、十数年が経過し、その間、納税者のニーズの変化、経済・社会の国際化、高度情報化の進展、また、規制改革委員会等における資格制度の横断的見直し等の議論があり、そのような中で税理士法の改正が検討課題として日税連において掲げられることとなった。

　　平成７年10月に21項目からなる「税理士法改正に関する意見（タタキ台）」の公表に

はじまり、各税理士会からの意見聴取及び財団法人日本税務研究所への研究を委託し、平成８年12月には「税理士法改正に関する意見（タタキ台）の審議状況について（報告）」が取りまとめられた。この後、規制緩和の流れの中で「業務独占資格の見直し」の問題が出てくることとなり、その動向にも対処しながら調整が進められ、平成10年４月からの財務省主税局、国税庁との「勉強会」を経て、平成12年９月には、日本税理士会連合会は「税理士法に関する改正要望書」を作成、機関決定の上、国税庁に提出した。

　これを受けて国税庁は、同年12月「税理士制度改正要望」を作成、主税局に提出した。主税局では、国税庁の税理士制度改正要望を受け、税制調査会で審議し、平成13年３月、「税理士法の一部を改正する法律案」が閣議決定され、３月９日参議院に提出、４月11日に可決、衆議院に送付、５月25日に成立し、６月１日に公布され、平成14年４月１日施行された。

〔平成13年改正要点〕

＊新しい業務形態
　・税理士法人制度の創設
　・補助税理士としての税理士登録
＊新たな業務展開
　・裁判所で陳述できる補佐人制度の創設
　・意見聴取制度について新たに調査通知前に税理士に意見を述べる機会が付与
＊試験制度の刷新
　・専修学校専門課程修了者で法律学又は経済学を修めた者等に新たに受験資格が認められる等受験資格要件が緩和
　・学位取得等による試験科目免除制度が税法科目又は会計科目ごとに一科目の試験合格者が、その修士学位取得に係る研究について国税審議会の認定を受ける制度へ
　・税務職員等の試験免除に係る指定研修について、国税審議会が毎年その研修が要件を満たしているどうか検証する
　・虚偽又は不正の事実に基づいて免除等を受けたことが判明した場合、国税審議会は事後的にその免除等を取り消すことができることとなった
＊研修受講の努力義務の規定
　・税理士会及び日本税理士会連合会が行う研修を受け、資質向上に努めなければならない
＊税理士会及び日本税理士会連合会の業務等に関する見直し
　・登録について、税理士法人や補助税理士への対応等の整備

・会則に会員の研修に関する規定の記載を義務づけ
　　・会員の業務に関する紛議の調停制度の創設
　　・報酬の最高限度額に関する規定が削除
　　・財務大臣による税理士会及び日本税理士会連合会の役員の解任権の廃止
　＊その他の改正
　　・弁護士法人制度の創設に伴い、弁護士法人の社員である弁護士全員が国税局長に通知した上で、その弁護士法人が、国税局長に通知した場合には、その国税局の管轄区域内において、随時、税理士業務を行うことができることとされた
　　・国税局長の許可を受けていた公認会計士が税理士の登録を受けることなく税理士業務を行うことができる特例が廃止された

＜平成26年税理士法改正＞

申告納税制度の円滑かつ適正な運営に資するよう、税理士に対する信頼と納税者利便の向上を図る

　　規制改革の流れの中で、平成18年7月7日に閣議決定された「経済財政運営と構造改革に関する基本方針2006」において「国の法令に関する規則（通知・通達を含む）について、各府省において法律ごとの見直し年度等を公表すること」が明記されたのを受けて、財務省が税理士法については、その見直しの必要性の検討を平成23年に実施することとし、IT社会への変革と経済社会の多様化、複雑化、TPPや番号制の導入、他士業資格制度の法改正などの環境変化への対応が不可欠となってきた。

　　平成13年の日税連制度部による次期税理士法改正に向けたグランドデザインの検討を経て、平成21年にプロジェクトチームを立ち上げ検討に入り、平成21年11月に「プロジェクトチームによる法改正タタキ台」の公表及びそれに対する会員への意見募集結果（意見数：3,251件）を受けて、平成22年6月に「税理士法改正に関する意見（案）」を作成した。

　　平成22年12月には、与党税制改正大綱に検討事項として税理士制度について明記され、日税連は平成23年4月に税理士法改正特別委員会より「税理士法改正に関する意見（案）」を17項目について改正意見として公表し、平成23年6月からの財務省主税局、国税庁との「勉強会」を経て、平成24年6月にはその検討結果を「論点整理メモ」として公表した。更に同年9月に「税理士法に関する改正要望書（17項目）」として取りまとめ、機関決定の上、国税庁に提出した。

　　その後、平成24年度・25年度税制改正大綱において引き続き検討事項として税理士制度の見直しが明記されたことを受け、日税連は平成25年3月に「平成26年改正要望

項目」を決定し、財務省主税局、国税庁に提出した後、日本税理士政治連盟との連携による国会議員への要請活動や関係士業団体との協議を進めた。これらの活動が結実し、平成26年３月、「所得税法等の一部を改正する法律案」の一部として税理士法改正法案が可決・成立し、同年３月31日に公布された。

〔平成26年改正要点〕

＊租税教育への取組の推進
　　租税に関する教育その他知識の普及及び啓発のための規定について、会則に定める事項として明定された
＊調査の事前通知の規定の整備
　　提出された税務代理権限証書に事前通知に関する同意があるときには、納税者への事前通知は税務代理人に対して行えば足りることとされた
＊報酬のある公職に就いた場合の税理士業務の停止規定の緩和と非税理士に対する名義貸しの禁止
　・兼業禁止規定がない一定の公職に就いた者を、税理士業務の停止から除外された
　・非税理士に対する名義貸しの禁止規定を設けた
＊税理士試験の受験資格要件の緩和
　　税理士事務所等での実務経験が３年以上から２年以上に緩和
＊補助税理士制度の見直し
　・呼称を従前の「補助税理士」から「所属税理士」に変更
　・使用者（税理士・税理士法人）の承諾を条件に税理士業務等を直接受任ができることとされた
＊公認会計士に係る資格付与の見直し
　　国税審議会が指定する研修の修了を要件とする規定の追加
＊懲戒処分の適正化
　　税理士業務の停止の期間が１年以内から２年以内へ伸張
＊懲戒免職等となった公務員等に係る税理士への登録拒否事由等の見直し
　　退職手当支給制限等処分又は退職手当支給制限等処分に相当する処分を受けた者についての欠格条項を設けた
＊事務所設置の適正化
　　日本税理士会連合会及び税理士会は、登録申請書の提出等があったときは申請者等に対して登録事項に対して必要に応じ、指導又は助言を行うことができることとされた
＊税理士証票の定期的交換

定期的に税理士証票を交換しなければならないこととされた

＊電子申告等に係る税理士業務の明確化

電子申告の代理送信業務が税理士業務であることが明確化された

＊会費滞納者に対する処分の明確化

財務省告示第35号（平成27年1月30日）で税理士懲戒処分の対象事案とされた

＜令和4年税理士法改正＞

税理士の業務の電子化等の推進、多様な人材の確保を図る

　日税連制度部では、平成26年改正後さらにその先の法改正を見据え、次世代を担う若年層にとってさらに魅力ある制度として将来にわたり維持・発展を図る観点から「あるべき税理士制度の構築」を目指して検討をスタートさせていたところ、日税連は、平成29年9月19日、制度部に対して「次期税理士法改正に向けた検討について（諮問）」（以下、「諮問」という。）を行った。

　一方、国税庁では、「税務行政の将来像～スマート化を目指して～」（平成29年6月23日）を公表し、ICTなどの活用によるデジタル化の推進、納税者利便の向上を進めていくほか、課税・徴収事務を効率化・高度化（インテリジェント化）するなどの事務運営の最適化を進めることとし、これらの社会環境の変化は、税理士制度（税理士業務のあり方）に少なからず影響を与えることが予想されていた。

　このような状況を受けて、諮問は、「あるべき税理士制度の構築へ向けた制度部意見」（平成29年6月12日）において重視されていた「次世代を担う若年層にとってさらに魅力ある制度として将来にわたり維持・発展を図るとの観点」から、税務行政の将来像及び納税環境の変化等を加味し、まず、税理士業界の未来予想図とも言うべきものを想定したうえで、現在から近未来につなげていける税理士制度についての検討を求めたものであった。

　この諮問を受け、日税連制度部で検討をさらに深化・加速させて制度部答申（平成31年4月17日公表）のとりまとめを行って公表するとともに、次期税理士法改正に資するべく各税理士会制度部及び会員に対して広く意見募集を行い、法改正に向けての検討を進めた。

〔制度部答申の内容〕

　日税連制度部は、平成31年4月17日に「次期税理士法改正に関する答申―時代の変化に対応し、未来を創る制度の構築に向けて―」（以下、「答申」という。）を公表した。

　答申の作成に当たっては、全国15税理士会制度部等及び日税連の各部・委員会から寄せられた延べ174項目の意見について、働き方改革の影響や第4次産業革命の進展が

もたらす経済活動の変化を見据えつつ、税務行政の将来像及び納税環境の変化等を踏まえながら、税理士制度に関し将来想定される問題点の検討を行い、近未来における税理士制度のあり方について論点の整理と議論が行われた。

答申では、主に、以下の7項目から検討が行われている。

一　ICT化への税理士法の対応
二　ICT化社会における税理士事務所のあり方
三　税理士法人への対応
四　試験制度のあり方
五　平成26年法改正における未実現項目の取扱い
六　業務の適正化に向けた環境整備
七　引き続き検討を要する項目

〔答申の意見募集とその結果〕

日税連制度部では、全国の税理士会員を対象として答申に対する意見募集を実施し（募集期間：令和元年5月13日〜同年11月30日）、1,182名の会員から、延べ20,667件の意見の提出を受けた。また、全国15税理士会に対しても同様に意見募集を実施した（募集期間：令和元年5月13日〜同年12月31日）。

日税連制度部では、会員等から寄せられた意見を参考にしながら、加速する社会情勢の変化への対応が遅れることのないよう危機感を持ちつつ、税理士制度の改正に向けて、検討を進めた。

〔日税連理事会「税理士法に関する改正要望書」機関決定と税制改正大綱（令和3年12月）〕

日税連総合企画室税理士法改正分科会（以下「法改正分科会」）は、制度部が答申や答申に対する会員等からの意見を踏まえた論点整理をもとに、関係分掌機関と連携しつつ、国税庁・財務省主税局との意見交換を行いながら法改正の検討を進めた。この検討を受けて、令和2年12月には与党税制改正大綱の検討事項に次のとおり記載された。

〔令和3年度税制改正大綱抜粋（自由民主党・公明党）（令和2年12月10日）〕

第三　検討事項

税理士制度については、ウィズコロナ・ポストコロナの新しい社会を見据え、税理士の業務環境や納税環境の電子化といった、税理士を取り巻く状況の変化に的確に対応するとともに、多様な人材の確保や、国民・納税者の税理士に対する信頼の向上を図る観点も踏まえつつ、税理士法の改正を視野に入れて、その見直し

> に向けて検討を進める。

　大綱への記載を受けてさらに検討を進め、令和3年6月23日の日税連理事会において、「税理士法改正に関する改正要望書」（以下、「要望書」という）を機関決定し、同日、国税庁長官及び財務省主税局に提出した。

　本要望書は、「ICT化とウィズコロナ時代への対応」、「多様な人材の確保」及び「税理士に対する信頼の向上を図るための環境整備」の三つの柱から成り、下記の13項目（会則等で措置する項目も含む）を要望する内容となっている。

〔**税理士法に関する改正要望書（日税連理事会）（令和3年6月23日）**〕

> Ⅰ　ICT化とウィズコロナ時代への対応
>
> 　1　税理士の業務のICT化推進の明確化
>
> 　2　税務代理における利便の向上
>
> 　3　税理士会等の通知等の電子化
>
> 　4　電子記録媒体の見直し
>
> 　5　事務所規定の見直し
>
> Ⅱ　多様な人材の確保
>
> 　6　受験資格要件の見直し
>
> Ⅲ　税理士に対する信頼の向上を図るための環境整備
>
> 　7　税理士法人の業務範囲拡充
>
> 　8　社員税理士の法定脱退事由の整備
>
> 　9　税理士法違反行為の時効制度の創設
>
> Ⅳ　その他
>
> 　10　法33条の2に規定する書面の名称変更及び資産税用の様式制定
>
> 【参考】会則等で措置する項目
>
> 　○　会則遵守義務の徹底
>
> 　○　周旋業者の利用に関する指針の整備
>
> 　○　税理士職業賠償責任保険制度のあり方の検討

　法改正分科会では、法改正要望項目の機関決定を受け、要望内容に関する意見を聴取すべく、全国15税理士会を対象に、「税理士法に関する改正要望書」に関する意見交換会を実施した。

　この全国15税理士会における意見交換会で寄せられた意見も参考にしながら、法改正分科会では国税庁・財務省主税局との勉強会等においてさらに検討を進め、令和3

年12月10日の「令和4年度税制改正大綱（自由民主党・公明党）」において、「税理士制度の見直し」が明記されるに至った。

〔令和4年度税制改正大綱抜粋（自由民主党・公明党）（令和3年12月10日）〕

> 第一　令和4年度税制改正の基本的考え方
>
> 4．円滑・適正な納税のための環境整備
>
> 　コロナ後の新しい社会を見据え、税理士の業務環境や納税環境の電子化といった、税理士を取り巻く状況の変化に的確に対応するとともに、多様な人材の確保や、国民・納税者の税理士に対する信頼と納税者利便の向上を図る観点から、税理士制度の見直しを行う。具体的には、税理士がその業務のICT化等を進める努力義務の創設や、税理士試験の会計学科目における受験資格の不要化、税理士法人が行うことのできる業務範囲の拡充等の措置を講ずる。

　その後、令和4年1月召集の通常国会に、「所得税法等の一部を改正する法律案」の一部として税理士法改正法案が上程され、令和4年3月22日可決・成立、同年3月31日に公布された。

〔令和4年改正要点〕

> ＊税理士の業務の電子化等の推進
> ・税理士及び税理士法人は、税理士の業務の電子化等を通じて、納税義務者の利便の向上及び税理士の業務の改善進歩を図るよう努めるものとする旨の規定を設けることとする
> ・税理士会及び日本税理士会連合会の会則に記載すべき事項に、税理士の業務の電子化に関する規定を加えるとともに、この規定についてその会則を変更するときは、財務大臣の認可を受けなければならないこととする
> ＊税理士事務所の該当性の判定基準の見直し
> ・税理士事務所に該当するかどうかの判定について、設備又は使用人の有無等の物理的な事実により行わないこととする等の運用上の対応を行う
> ＊税務代理の範囲の明確化
> ・税務代理を行うに当たって前提となる通知等について、税務代理権限証書に記載された税理士又は税理士法人が受けることができることを明確化する等の運用上の対応を行う
> ・税務代理権限証書について、税務代理に該当しない代理をその様式に記載することができることとする等の見直しを行う
> ＊税理士会の総会等の招集通知及び議決権の行使の委任の電子化

・税理士会及び日本税理士会連合会の総会等の招集通知及び議決権の行使の委任について、電磁的方法により行うことができることとする

＊税理士名簿等の作成方法の明確化
・税理士名簿及び税理士法人の名簿、税理士又は税理士法人が作成する税理士業務に関する帳簿等について、電磁的記録をもって作成すること（現行：磁気ディスク等をもって調製すること）ができることとする

＊税理士試験の受験資格要件の緩和
税理士試験の受験資格について、次の見直しを行う
・会計学に属する科目の受験資格を不要とする
・大学等において一定の科目を修めた者が得ることができる受験資格について、その対象となる科目を社会科学に属する科目（現行：法律学又は経済学）に拡充する

＊税理士法人制度の見直し
・税理士法人の業務の範囲に、次に掲げる業務を加える
　イ　租税に関する教育その他知識の普及及び啓発の業務
　ロ　後見人等の地位に就き、他人の法律行為について代理を行う業務等
・税理士法人の社員の法定脱退事由に、懲戒処分等により税理士業務が停止されたことを加える

＊懲戒処分を受けるべきであったことについての決定制度の創設等
・財務大臣は、税理士であった者につき税理士であった期間内に懲戒処分の対象となる行為又は事実があると認めたときは、その税理士であった者が懲戒処分を受けるべきであったことについて決定をすることができることとする。この場合において、財務大臣は、その税理士であった者が受けるべきであった懲戒処分の種類（その懲戒処分が税理士業務の停止の処分である場合には、懲戒処分の種類及び税理士業務の停止をすべき期間）を明らかにしなければならないこととする
・税理士の欠格条項に、上記により税理士業務の禁止の懲戒処分を受けるべきであったことについて決定を受けた者で、その決定を受けた日から３年を経過しないものを加える
・税理士の登録拒否事由に、上記により税理士業務の停止の懲戒処分を受けるべきであったことについて決定を受けた者で、上記により明らかにされた税理士業務の停止をすべき期間を経過しないものを加える

＊懲戒処分等の除斥期間の創設

・税理士等に係る懲戒処分について、懲戒の事由があったときから10年を経過したときは、懲戒の手続を開始することができないこととする

＊税理士法に違反する行為又は事実に関する調査の見直し

・税理士法に違反する行為又は事実に関する調査に係る質問検査等の対象に、税理士であった者及び税理士業務の制限又は名称の使用制限に違反したと思料される者を加える

・国税庁長官は、税理士法に違反する行為又は事実があると思料するときは、関係人又は官公署に対し、当該職員をして、必要な帳簿書類その他の物件の閲覧又は提供その他の協力を求めさせることができることとする

＊税理士が申告書に添付することができる計算事項、審査事項等を記載した書面に関する様式の整備

・税理士が申告書に添付することができる計算事項、審査事項等を記載した書面について、税理士の実務を踏まえたその書面に関する様式の簡素化等の見直しを行う

＊税理士試験受験願書等に関する様式の整備

・税理士試験受験願書に関する様式について、その税理士試験受験願書に添付すべき写真の大きさ以外の制限を不要とする等の見直しを行う

　なお、令和5年改正において、「税理士法に違反する行為又は事実に関する調査の見直し」に関連して、「税理士等でない者が税務相談を行った場合の命令制度」が創設された（法54の2）。

税理士制度に影響を及ぼした主な事象

＜地租改正＞

　資本主義社会以前の領主制の下では、領主は領地と領民とを支配するが、その経済的基盤は領民からの貢租収入にある。貢租とは、身分的・政治的支配に基づいて収奪される剰余労働のことである。幕藩体制から明治維新への転換は、石高制原理に基礎づけられた領主制から国民国家体制への移行であった。その内実は、領主－領民の身分的支配関係が、権利－義務関係を根幹とする国家－国民の近代的関係へと移り変わったところにある。国民の基本権利たる所有権保障の対象を土地に設定するとともに、地租を土地所有者の納税義務として規定した地租改正であった。統一的で公平な負担が資本主義に照応し、安定した租税収入が確保できる観点からも地租改正が近代日本における租税国家の原型を創り出したということができる。

＜シャウプ勧告＞

　昭和24年の初夏来日したシャウプ税制使節団は、わが国における税制と関連して、従来の税務代理士制度も詳細に検討を加えた結果、税務運営の民主的な発達を図るために税務代理業務の重要性を指摘した。そして、税務代理を行う者の水準を向上し、納税者及び税務官公署のためによりよき協力者となって、税務行政の適正円滑化を推進すべきであるという考え方から次の勧告を日本政府に対して行った。

（第一次シャウプ勧告＜昭和24年8月27日＞―抜粋）
　（シャウプ使節団日本税制報告書附録第四編E節　附帯問題第四款　納税者の代理より引用）
「税務官吏に対する職業的立場からする納税者の代理業務は、現在税務代理士によって取り扱われている。これらの代理士は大蔵省の認可を受け、その活動並びに手数料は同省によって監督される。税務代理士数は現在三千二百人である。一方少数の弁護士と、そしてこれよりも多くの会計士が税務代理士の認可を受けているが、この業務の大部分は以前に税務官吏であった者によって行なわれている。現在純所得の客観的補足が不十分で、これに伴い税務署と納税者との交渉が重要性を増してきた結果は、主として、納税者の代理としての税専門家というよりも、むしろ上手な取引者ができあがっている。ある場合においては、この「取引者」という語は、買収・収賄及びこれに類似するものを意味するえん曲な語句である。
　もし、単にえこひいき又は寛大を得るために交渉するのではなくて、納税者の代理を

立派につとめ、納税官吏をして法律に従って行動することを助ける積極的で見聞の広い職業群が存在すれば、適正な税務行政はより容易に生まれるであろう。また引き続いて、適正な税務行政を行なうためには、納税者が税務官吏に対抗するのに税務官吏と同じ程度の精通度をもってしようとすれば、かかる専門家の一団の援助を得ることが必要である。したがって、税務代理士階級の水準が相当に引き上げられることが必要である。かかる向上の責任は主に大蔵省の負うべきところである。税務代理士の資格試験については、租税法規並びに租税及び経理の手続と方法のより完全な知識をためすべきである。税務代理士の活動の監督は厳重に行なわなければならない。多分納税者を査察していると思われる国税庁における特別な査察官の一団は税務代理士の誠実を査察するために活用せらるべきである。税務代理士の業務に関する苦情は遅滞なくかつ十分に調査されなければならない。税務代理士は、税務官吏に面接する場合に、その身分を容易に明らかにする小型の公式証明書を交付さるべきである。税務官吏もまた業として納税者を代理するようになることは望ましいことである。法律の詳細且つ明確な規定の下における客観的課税は、訓練された叡知を必要とする。

　これらの専門家団のサーヴィスが十分に利用できないとすれば、納税者は、税務官吏の避け得られない誤謬に対して、その地位を適当に保持することが、不可能となるであろう。現在では、納税者は、その希望により、友人又はその他の個人に代理してもらってもさしつかえない。税務税理士の認可を受けなければならないのは、人が代理業に従事する場合に限られる。特別な場合に、納税者を個人的立場において援助するというこの能力は、存続せらるべきである。そうでないと、特に税務行政の現状に鑑み、納税者による異議の申立は、多くの場合余りにも費用がかかることとなろう。しかし、結局税務行政が改善せられ、より専門化し、かつ、階級としての税務代理士の能力と堅実性が保証されるようになれば、納税者代理をその階級に限定することが、おそらく望ましいことになるであろう。少なくとも、このことは、納税者のためになされる訴願の取扱いに関して然りである。各地の国税局及び税務署に対し、納税者を代理することは、本質的には個人的な問題である。事件は、個人的起訴の上に立って議論検討さるべきである。税務代理士又はその他の代理人は、通常その特定の出頭を特定の事件に限定すべきである。訴願及び異議の申立を、一括して取り扱うことは適当な手続ではない。租税事件は、一括して論議決定せられるべきものではない。納税者の階層に対するその影響の面から、全般的な行政的手続を検討することが妥当である。しかし、租税債務及び租税に関する論争を一括して検討することは、納税官吏によって許可さるべきものでもなく、また納税者の代理人の参加すべきものでもない。」

（第二次シャウプ勧告＜昭和25年９月21日＞―抜粋）

（四）納税者の代理人

　　われわれは、次のことを勧告する。

　　まず、弁護士及び公認会計士については、人物試験以外の試験を経ずに、税務当局に対し納税者を代理することを認めるべきである。

　　次に、現時開業中の税務代理士については、人物試験を受けるだけでその業務を継続することを認められるが、今後税務代理士の地位を得ようとする者は、専門知識に関する筆記試験に合格しなければならないこととする。また、現在計理士（税務代理士でないもの）であって、納税者の代理行為をしようとする者は、人物試験と専門知識に関する筆記試験とに合格しなければならない。今後は新しい計理士はあり得ない。このようにして、税務官吏に対し納税者を代理する権限を国税庁によって認められた者は、その氏名と職種とを記載した証票を与えられるであろう。（シャウプ使節団第二次日本税制報告書Ｃ所得税の執行に関する問題　四、納税者の代理人より引用）

（Ｆ）納税者の代理

　　Ⓐ納税者を代理する専門家

　　能率的な租税制度は、税務当局に対して納税者を代理する資格のある専門家の存在を必要とする。このような代理は、個人納税者にその個々の事件において、税務行政上の誤謬に対し必要な保護を与えるものである。加えるに、この専門家は、行政制度について見識のある批判を加える能力があるから、このような制度は、行政事務全般にわたる牽制として役立つのである。その結果、行政能率を増進させ、決定を一層公正ならしめるために、絶えず必要な刺激が与えられることになる。着々と納税者の代理者の数が増し、その素質が向上するということは、日本における税務行政の成功にとっては、極めて重要なことである。

　　（シャウプ使節団第二次日本税制報告書附録書　所得税及び法人税の執行に関する問題、Ｆ納税者の代理より引用）

＜弁護士法公布・弁護士法全部改正＞

　　日本の弁護士の制度は、明治時代になり近代的司法制度の導入とともにフランスの代言人に倣って創設されたもので、代言人と呼ばれていた。ただ、代言人の地位は決して高くはなく、軽蔑されることも多く、また、初期にはきちんとした資格制度が存在していなかったために、中には悪質な者も存在した。

　　明治26年３月４日にドイツ帝国弁護士法を範とした近代的な弁護士法が公布され、代言人に代わって弁護士という名称が使われるようになった。当時の弁護士は司法省の監督のもとにおかれ、その独占業務も法廷活動に限られていた。弁護士は裁判官や検察官よりも格下とされ、試験制度も異なっていた。

現在の弁護士法は昭和24年６月10日に公布された。これは、従前の弁護士法の全部改正となったものである。国家権力からの独立性が認められた。また、司法試験及び司法修習によって裁判官、検察官、弁護士の資格試験及び修習制度が一元化されることとなった。

＜計理士法公布・公認会計士法公布＞

東京、大阪を中心に全国で新たな企業が生まれ、企業の会計監査等の必要性が強く認識されるようになり、昭和２年、わが国最初の法定された職業会計人の基となる計理士法が公布された。同法は会計士制度を積極的に確立しようとするものではなく、計理士の資格を認めることで、自称会計士の取り締まりに利用しようという消極的なものだった。

終戦を迎えた日本では、ポツダム宣言受諾に伴いGHQによる間接統治が開始され、財閥の解体に伴う株式の放出によって投資家層が大衆にまで拡大していったこと、復興のための外国資本導入が不可欠であったことから、計理士制度は大きな変革を迫られた。こうして公正な株式取引市場の確立と並んで、投資家保護を目的とする会計監査制度とその制度を支える高度な会計の専門家を望む声が内外から高まり、昭和23年公認会計士法が成立した。

第1章

総則

(第1条―第4条)

税理士の使命 （第1条）

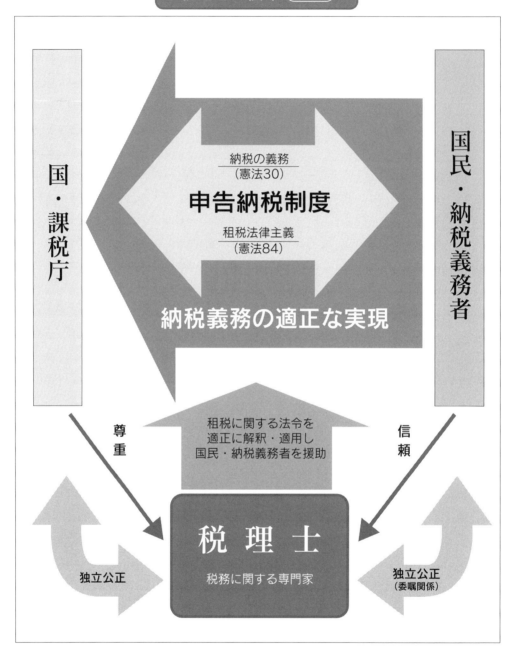

税理士の使命

第1条

　税理士は、税務に関する専門家として、独立した公正な立場において、申告納税制度の理念にそつて、納税義務者の信頼にこたえ、租税に関する法令に規定された納税義務の適正な実現を図ることを使命とする。

◆　職責から使命へ（昭和55年改正）

　税理士制度は、昭和17年に制定された「税務代理士法」を起源とし、これが業務独占規定を有する公的資格制度としての基礎となった。その後、昭和22年の申告納税制度の導入、さらには昭和25年の第2次シャウプ勧告を経て、民主的な税務運営と納税義務の適正な実現を図る等の観点から、これを改組し昭和26年に「税理士法」が制定され、ここに民主的税制下における税理士制度が確立した。

　税理士制度は、税務に関する専門家としての能力、識見を有する税理士が納税義務者を援助することを通じて、法令に規定された納税義務を適正に実現し、もって申告納税制度の円滑、適正な運営に資することを期待して設けられたものである。税理士は、かかる要請に十分応えることにより、申告納税制度の発展に寄与し、その結果、税理士に対する社会一般の信頼と評価を高め、社会的地位を向上させることになる。

　税理士には、法律に規定された使命が課されている。憲法30条（納税の義務）及び84条（租税法律主義）を受けて税理士の使命を規定しているのが法1条である。なお、法3条において税理士となる資格を有する弁護士・公認会計士との使命を比較したものが「弁護士法・公認会計士法との使命規定の比較」(033ページ参照) である。

　昭和55年改正においては、職務上の責任である「職責」を「使命」とされた。その改正の意義は、申告納税制度の中において、制定当初に比してますます社会公共性が増してきた税理士の役割を明確にした上で、税理士法全体の精神を表し、その解釈・運用に当たってよるべき基本原則を規定したことである。

　税理士はこの「使命」を自らの行動規範として誠実に職務を遂行していくことが肝要であり、「使命」を全うすべく社会的責務が課せられていると自覚しなければならない。

（参考）日本国憲法（抜粋）

> （納税の義務）
>
> 第30条　国民は、法律の定めるところにより、納税の義務を負ふ。
>
> （租税法律主義）
>
> 第84条　あらたに租税を課し、又は現行の租税を変更するには、法律又は法律の定める
> 　　　条件によることを必要とする。

◆　税務に関する専門家として

　税理士は、税務に関する専門家であり、職業専門家の常として、自己の信念に基づく公正な判断と良識とを保持すべきことは当然である。

　税務に関する専門家とは、税法の専門家、つまり、単に税法を解釈し適用するだけでなく、税法以上に広く、さらに実務への適用判断を加えながら、納税者に対する援助をすることができる専門家であると解されている。

　税理士は税務の専門家であること、また、その職業的公共性から、法2条1項に規定される税理士業務については、法52条において業務の制限が規定され、無償独占業務とされる。

　無償独占業務とは、営利目的の有無ないし有償無償の別を問わず、税理士又は税理士法人以外の者が税理士業務を行うことができないことをいう（基通2−1）。

◆　独立した公正な立場において

　税理士は、納税義務者の委嘱を受けてその業務を行うに際しては、納税義務者あるいは税務当局のいずれにも偏しない独立した公正な立場を堅持すべきことが特に要求されている。

　昭和55年の税理士法改正における国会での政府委員の答弁（参考「国会会議録（抄）昭和54年6月1日　衆議院大蔵委員会（答弁）」(030ページ参照)、「国会会議録（抄）昭和54年6月5日　衆議院大蔵委員会（答弁）」(031ページ参照)）は、「独立した公正な立場」とは、「専門家としての独立・公正な立場」であるとしている。このことは、税理士が自由職業専門家として、公正な立場に立ってその職務を遂行すべきであることを示したものである。つまり、税理士業務の公共性と税理士の使命達成のための立場、あり方、姿勢を明らかにしたものであり、「独立した公正な立場において」とは、税理士それ自身の職業倫理を表現したものと考えられる。

　税理士法は、税理士業務が、社会的、公共的な性格を有するものであることを前提

として、税理士業務を税理士のみに認められた独占業務（法52）とすることにより、税理士に対し、職業上の特権を与え、同時に、これに伴う義務を課することとしているものである。

◆　申告納税制度の理念にそつて

　わが国は、申告納税制度の採用により、国民が納税義務を履行するときは、租税法規に従って、自ら課税標準等を計算して申告及び納付をすることが原則となっている。しかし、日本の税体系は複雑多岐にわたり、かつ、難解であるが故に、納税者が税知識の不足等により、不利益を被ったり、間違った申告をする事態が予見される。このようなことのないよう、納税者を援助するために税理士制度が設けられた。

　税務の専門家としての能力、識見を有する者である「税理士」が納税者に代って税務代理等を行うことにより、納税者の信頼にこたえ、申告納税制度の円滑、適正な運営に資することが望まれている。

　昭和55年改正時の国会での答弁において、次のようにその提案理由を挙げている。

　「申告納税制度は、国民主権の政治原理に立って主権者たる納税者にみずから租税債務を確定する権能を認めたものです。…こうした申告納税制度下の税理士制度のあり方は、税理士のみならず、納税者を含めての共通の理解となっています。この基本的な理念が、税理士制度とこの税理士法の適用に貫かれていけば、主権者たる納税者の期待と信頼は一段と強まるに違いありません。このことが、納税義務の適正な実現に通ずることは、言うまでもありません。」

◆　納税義務者の信頼にこたえ

　税理士が「税務に関する専門家として、独立した公正な立場」で、租税に関する法令に規定された納税義務の適正な実現を図るという使命を果たすことは、納税義務者との間に健全かつ強固な信頼関係を育成し、また、税理士に対する社会的評価をより高いものとする。

◆　租税に関する法令に規定された納税義務の適正な実現

　租税に関する法令に基づき「過大でもなく過少でもなく納税する」（参考「国会会議録（抄）　昭和54年12月7日　衆議院大蔵委員会（答弁）」(032ページ参照)）ことにより、憲法30条に規定する「納税の義務」が適正に履行されることとなる。

　また、租税に関する法令に規定された納税義務が適正に実現することによって、そ

の過程においても納税者の権利利益は擁護されることとなる。

参考

○昭和55年改正前　昭和55年改正部分

◇税理士の職責

　第１条

　税理士は、中正な立場において、納税義務者の信頼にこたえ、租税に関する法令に規定された納税義務を適正に実現し、納税に関する道義を高めるように努力しなければならない。

参考

○【国会会議録（抄）】昭和54年６月１日　衆議院大蔵委員会（答弁）

高橋元政府委員（大蔵省主税局長）

　現行の第１条は、「税理士は、中正な立場において、納税義務者の信頼にこたえ、租税に関する法令に規定された納税義務を適正に実現し、納税に関する道義を高めるように努力しなければならない。」ご承知のようにこういう規定が設けられております。ところで、この中の「中正な立場」という言葉でございますが、先ほども他の委員に御答弁を申し上げましたように、中正な立場、中立公正という言葉を詰めて中正というふうに言っておるわけでありますけれども、中正な立場がいかなる意味を持つかということは必ずしも明確ではない、これをめぐっていろんな御議論があるというのが実情であったと思います。納税者の委嘱を受け、報酬を受けて業務を行っている税理士がなぜ中立なのかというのが、論議の一番の焦点であったかと思います。

　今度御提案申し上げております新法では、この点を「税務に関する専門家として、独立した公正な立場において、」という表現に改めることを案としておるわけでありますが、その点を明確にする、いわゆる中正ということをめぐる論議を明確にすることを考えてこういう文言にまとめたわけであります。改正によって内容が特に変わったというわけじゃございませんけれども、一つは税理士さんは、税務に関する専門家として、また独立した公正立場において、納税義務者の信頼に応えて、納税義務の適正な実現を図ることを使命にするということを明らかにしておるわけであります。

（中略）

　もう一点、旧法の「納税に関する道義を高めるように努力しなければならない。」

という文言があったわけでございますが、今回の案ではそれを切っております。その趣旨は、納税道義の高揚ということは税理士さんが当然やられておるわけでございますけれども、納税道義の高揚ということは即、適正な納税義務の実現ということであります。したがって、適正な納税義務の実現という言葉の中に吸収されているということを考えまして、今度御提案申し上げているようなその部分を削るという改正案をまとめておるわけでございますが、この末尾の部分を削ることによって、旧法と新法の間で法文の趣旨が異なったものになったというふうには理解はいたしておらないわけでございます。

○【国会会議録（抄）】昭和54年6月5日　衆議院大蔵委員会（答弁）
福田幸弘政府委員（大蔵大臣官房審議官）
（中略）
　第1条のそういう独立公正な立場での判断が加わる理由は、やはり適正な納税義務を実現するという特殊のお仕事をおやりになっておるということから来るわけで、それがまた独占権の与えられている理由でもあるわけでして、納税者の立場は、適正な納税義務の実現というところで、適法、合理的な課税が行われるということを専門家として援助するわけですから、過大な課税がここで行われないということを適正な納税義務の中に含めているわけでございます。それが納税者の信頼にこたえるということであるわけで、これは本当の意味の委嘱者との信頼関係であろうと思うのです。
　そういう意味で、この規定自体は、従来の規定の趣旨をもっと明らかにして、職業会計人としての地位の向上、また、それによって来るいろいろな社会的な評価の今後の高まりを期待しておる、それがわれわれとしても税理士を尊敬し、その意見を尊重する、また、税理士の方も見識を持ってわれわれに意見を言ってもらうという、対等で緊張した関係というのが本来のあり方だろうと思うのです。
　そこはそういうふうに御理解いただきたいことと、従来の認識をさらに高めておること、それが権利擁護という問題にまで行くかどうかは、私が繰り返しますように、司法と行政の違いということで、弁護士法とは違うことが大事であろうと思います。常に国が侵害をしておる、それに対して対抗するという認識はわれわれとしてはとれないところであります。

○【国会会議録（抄）】昭和54年12月7日　衆議院大蔵委員会（答弁）

福田幸弘政府委員（大蔵大臣官房審議官）

（中略）

　司法の場合は権利を直ちに侵害されておるところから出発いたしますけれども、納税義務というものを適正に実現するというのが税務の執行における税理士の立場でありますので、権利というよりも、その税務の執行過程において——適正というのは、過大に課税してはいけない、過少に課税してはいけないということを意味しますので、その過程において納税者の立場が擁護されるということが適正な納税義務の実現ということで、おっしゃる趣旨もそういう形で含まれておると考えます。

◎第 1 章　総則

弁護士法・公認会計士法との使命規定の比較

	税理士法	弁護士法	公認会計士法
使　命	税理士は、税務に関する専門家として、独立した公正な立場において、申告納税制度の理念にそつて、納税義務者の信頼にこたえ、租税に関する法令に規定された納税義務の適正な実現を図ることを使命とする （法1）	弁護士は、基本的人権を擁護し、社会正義を実現することを使命とする （弁護士法1①）	公認会計士は、監査及び会計の専門家として、独立した立場において、財務書類その他の財務に関する情報の信頼性を確保することにより、会社等の公正な事業活動、投資者及び債権者の保護等を図り、もつて国民経済の健全な発展に寄与することを使命とする （公認会計士法1）
業　務	税理士は、他人の求めに応じ、租税に関し、次に掲げる事務を行うことを業とする 一　税務代理 二　税務書類の作成 三　税務相談 （法2①）	弁護士は、当事者その他関係人の依頼又は官公署の委嘱によつて、訴訟事件、非訟事件及び審査請求、再調査の請求、再審査請求等行政庁に対する不服申立事件に関する行為その他一般の法律事務を行うことを職務とする （弁護士法3①） 弁護士は、当然、弁理士及び税理士の事務を行うことができる （弁護士法3②）	公認会計士は、他人の求めに応じ報酬を得て、財務書類の監査又は証明をすることを業とする （公認会計士法2①）
業務等の制限	税理士又は税理士法人でない者は、税理士法に別段の定めがある場合を除くほか、税理士業務を行ってはならない （法52）	弁護士又は弁護士法人でない者は、報酬を得る目的で訴訟事件、非訟事件及び審査請求、再調査の請求、再審査請求等行政庁に対する不服申立事件その他一般の法律事件に関して鑑定、代理、仲裁若しくは和解その他の法律事務を取り扱い、又はこれらの周旋をすることを業とすることができない ただし、この法律又は他の法律に別段の定めがある場合は、この限りでない （弁護士法72）	公認会計士又は監査法人でない者は、法律に定のある場合を除くほか、他人の求めに応じ報酬を得て2条1項に規定する業務を営んではならない （公認会計士法47の2）

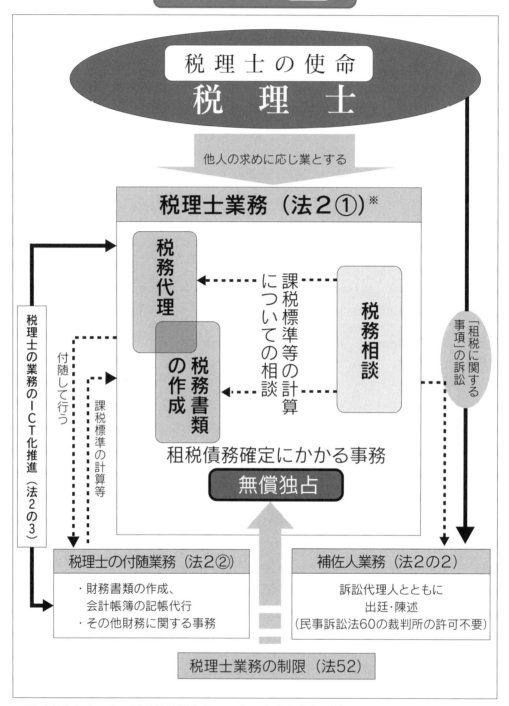

税理士の業務 （第2条）

税理士の使命
税 理 士

他人の求めに応じ業とする

税理士業務 （法2①）※

税務代理

税務書類の作成

課税標準等の計算についての相談

税務相談

租税債務確定にかかる事務

無償独占

税理士の業務のICT化推進 （法2の3）

付随して行う

課税標準の計算等

税理士の付随業務 （法2②）
・財務書類の作成、
　会計帳簿の記帳代行
・その他財務に関する事務

補佐人業務 （法2の2）
訴訟代理人とともに
出廷・陳述
（民事訴訟法60の裁判所の許可不要）

「租税に関する事項」の訴訟

税理士業務の制限 （法52）

※電子申告をはじめ、電磁的記録をもってする事務を含む （基通2－1）

税理士の業務

第2条

　税理士は、他人の求めに応じ、租税（印紙税、登録免許税、関税、法定外普通税（地方税法（昭和25年法律第226号）第10条の4第2項に規定する道府県法定外普通税及び市町村法定外普通税をいう。）、法定外目的税（同項に規定する法定外目的税をいう。）その他の政令で定めるものを除く。第49条の2第2項第11号を除き、以下同じ。）に関し、次に掲げる事務を行うことを業とする。

一　税務代理（税務官公署（税関官署を除くものとし、国税不服審判所を含むものとする。以下同じ。）に対する租税に関する法令若しくは行政不服審査法（平成26年法律第68号）の規定に基づく申告、申請、請求若しくは不服申立て（これらに準ずるものとして政令で定める行為を含むものとし、酒税法（昭和28年法律第6号）第2章の規定に係る申告、申請及び審査請求を除くものとする。以下「申告等」という。）につき、又は当該申告等若しくは税務官公署の調査若しくは処分に関し税務官公署に対してする主張若しくは陳述につき、代理し、又は代行すること（次号の税務書類の作成にとどまるものを除く。）をいう。）

二　税務書類の作成（税務官公署に対する申告等に係る申告書、申請書、請求書、不服申立書その他租税に関する法令の規定に基づき、作成し、かつ、税務官公署に提出する書類（その作成に代えて電磁的記録（電子的方式、磁気的方式その他人の知覚によつては認識することができない方式で作られる記録であつて、電子計算機による情報処理の用に供されるものをいう。以下同じ。）を作成する場合における当該電磁的記録を含む。以下同じ。）で財務省令で定めるもの（以下「申告書等」という。）を作成することをいう。）

三　税務相談（税務官公署に対する申告等、第1号に規定する主張若しくは陳述又は申告書等の作成に関し、租税の課税標準等（国税通則法（昭和37年法律第66号）第2条第6号イからへまでに掲げる事項及び地方税（森林環境税及び特別法人事業税を含む。以下同じ。）に係るこれらに相当するものをいう。以下同じ。）の計算に関する事項について相談に応ずることをいう。）

2　税理士は、前項に規定する業務（以下「税理士業務」という。）のほか、税理士の名称を用いて、他人の求めに応じ、税理士業務に付随して、財務書類の作成、会計帳簿の記帳の代行その他財務に関する事務を業として行うことができる。ただし、他の法律においてその事務を業として行うことが制限されている事項については、この限りでない。

3　前2項の規定は、税理士が他の税理士又は税理士法人（第48条の2に規定する税理士法人をいう。次章、第4章及び第5章において同じ。）の補助者として前2項の業務に従事することを妨げない。

◆ 「他人の求めに応じ」

「他人の求め」とは、その「他人」が、税理士に対して、その者のために、「税理士業務」の内容を構成する行為を「業として」行うことを内容とする契約の申し込みをすることであり、「求めに応じ」とは、その契約の申し込みを受けた税理士が、その申し込みの承諾をすることである。このことについては、「税理士は、他人の求めに応じて税理士法2条に規定する租税に関し、税務代理、税務書類の作成等の事務を行うことを業とするものであります。この業務は、他人の求めに応じた税理士が直接行わなければなりません。」という国税庁の見解が参考になる。

◆ 「租税」

税理士業務の対象税目は、原則として国税及び地方税のすべてである。ただし、税理士の援助を特に要しないと認められる税目については業務の対象から除外されている。具体的には、印紙税・登録免許税・関税・自動車重量税等が除外項目とされている。

また、「第49条の2第2項第11号を除き」により「租税に関する教育その他知識の普及及び啓発のための活動に関する規定」における「租税」は税理士業務の対象税目にとどまらず除外項目である税目をも含むこととなる。

従来、税理士業務の対象税目は、法定列挙されていたが、昭和55年の改正において、原則として国税及び地方税のすべてを対象税目とするいわゆる包括規定をもって定められた。これは、租税に関する法令に規定された納税義務の適正な実現に資するために税務の専門家としての税理士の制度が設けられている趣旨からすれば、原則としてすべての税目を税理士業務の対象とすることが合理的であり、納税者にとっても便宜であるとの考えによるものである。

◆ 「業とする」

「業とする」とは法2条1項各号に掲げる事務を反復、継続して行い、必ずしも有償であることを要しない（基通2−1）。対象者が不特定であり、他人の求めに応じ、具体的事実について本条の事務を行うものである以上、それは税理士業務ということになる。ただ、具体的事実に立ち入らず、一般的に税法の内容を説明し、これを解明することは税理士業務の範囲外となる。また、会社の使用人等がその会社の税務書類を作成するような特定の者の租税に関する事務を行うことも税理士業務の範囲外となる。

また、国税又は地方税に関する行政事務に従事する者がその事務を遂行するために必要な限度においてこれらの事務を行う場合には、これに該当しない（基通2－1）。

　なお、税理士の使命の重要性にかんがみ、法52条により、税理士業務は税理士の独占業務とし、税理士又は税理士法人でない者は、税理士業務（法2①に限られる）を行ってはならないと規定されている。

◆　税務代理

　「税務代理」とは、税務官公署に対する租税に関する法令若しくは行政不服審査法の規定に基づく申告等につき、又は当該申告等若しくは税務官公署の調査若しくは処分に関し税務官公署に対してする主張若しくは陳述につき、代理し、又は代行することである。

　「代理」とは、代理人が本人に代わって法律行為〈準法律行為を含む。〉（意思表示及び法律効果を伴う観念通知・意思通知等）を行い、又は法律行為を受領する行為をいい、その法律効果は直接本人に帰属するものである。このように、「代理」は、法律行為の場合について用いられる概念である。これに対し、「代行」は、本人に代わって行う事実行為を示している。

　税理士が納税義務者のためにいわゆる「税務代理」をする場合には、税務調査に際し、税理士が納税義務者のために事実の解明、陳述等法律行為とはいえない行為によって援助する事例が多い。このような行為が税理士業務に該当しないこととなれば、納税義務者の期待に反することとなる。それゆえ、「税務代理」には、法律行為の「代理」にとどまらず、事実行為の「代行」も含まれることを明らかにしているのである。昭和55年の改正において、「代理」と「代行」を並列して定めることによって、これが立法的に明確化された。

　昭和55年改正の国会質疑では、「代理」・「代行」について、「納税義務者への援助」・「納税義務に関する重大な問題」・「税務専門家としての判断」という三つの要素（独占の範囲）から、「専門家が独占権を持って代理・代行する。主張・陳述する。」という応答がされている。

　なお、令和4年改正において、税務官公署に対してする主張若しくは陳述の前提となるような、更正通知書や賦課決定通知書等の通知等の代理受領行為は、税務代理に含まれることが明確化された（基通2－3）。

【参考】税務代理の整理

税務代理	・申告書の作成・提出（従前より税務代理） ・申告に関する税務官公署の質問への回答（従前より税務代理） ・税務官公署に対する主張・陳述（従前より税務代理） ・調査の事前通知の受領（国税通則法で規定） ・調査の結果通知・説明の受領（国税通則法で規定） ・処分の通知の受領（令和４年改正で明確化）
一般の代理	・マイナポータルに格納されている納税義務者等の情報の取得 ・請求した納税証明書の受領※

※　納税証明書の交付請求自体は、国税通則法に基づく請求行為であるため、税務代理に該当する。

◆　税務書類作成

　「税務書類の作成」とは、税務官公署に対する申告等に係る申告書等を作成することである。この場合、申告書等は、租税に関する法令の規定に基づき、作成し、かつ、税務官公署に提出する書類に限られる。また、この税務書類の作成に係る申告書等にはその作成に代えて電磁的記録を作成する場合におけるその電磁的記録も含む。

　いわゆる財務諸表については、もともと租税法の要請のみにより作成されるものではないので、ここでいう「申告書等」には含まれない。

　「書類を作成する」とは、自己の判断に基づいて作成することをいい、単なる代書は含まれない（基通２－５）。

◆　税務相談

　「税務相談」とは、税務官公署に対する申告等、法２条１項１号に規定する主張若しくは陳述又は申告書等の作成に関し、租税の課税標準等の計算に関する事項について相談に応ずることである。「相談に応ずる」とは、具体的な質問に関して答弁し、指示し、又は意見を表明することをいう（基通２－６）ものであって納税義務者の具体的事実について行うことを必要とし、一般的な租税法の解説、講習会において仮説例に基づいて税額の計算練習をするような行為は「税務相談」には該当しない。

◆　付随業務

　税理士は、税理士業務のほか、税理士の名称を用いて、他人の求めに応じ、税理士業務に付随して、財務書類の作成、会計帳簿の記帳の代行その他財務に関する事務を業として行うことができる。

この規定は、昭和55年の改正において創設されたものである。この規定が設けられた趣旨は、租税法に基づく税務計算が、企業の会計経理に関する知識を踏まえてその基礎の上に租税法に定められた納税義務の計算を行うもので、税理士の実際上の業務は、財務書類の作成や記帳の代行と極めて密接な関連があり、これらの業務と併せて税理士業務を行っている実態にあるため、こうした現実を踏まえて、税務書類の作成、税務相談という本来の税理士業務の委嘱を受けた納税義務者についてその税理士業務に付随して会計業務を行うことができることを、確認的に明らかにすることにより、税理士の税務会計面における専門家としての地位を高めることにある。

　この「付随業務」は法52条の独占業務には含まれず、この規定を設けたからといって、税理士が税理士業務の委嘱者以外の者について会計業務を行うことが制限されるものではない。

　当然のことながら、税理士は、財務書類の監査又は証明のように他の法律で行うことが制限されている事項については、会計業務であっても行うことができない。

　なお、その他財務に関する事務としては、例えば、税理士業務に付随して行われる社会保険労務士業務（社会保険労務士法27但書、同法施行令2二）などがある。

◆　所属税理士制度

　法2条3項（税理士の業務）の規定により税理士又は税理士法人の補助者として常時税理士業務に従事する者は、その従事する税理士又は税理士法人が委嘱を受けた事案について、自らの名において税理士業務を行うことができることとされている。これは、税理士登録をしていながら他の税理士等に雇用されているような税理士についての規定であり、法2条3項に規定する「補助者」とは、規8条二号ロに規定する「所属税理士」をいう。

【平成13年改正】

　元来、税理士業務とは、他人の求めに応じて行われるものであるとされており、他の税理士等に雇われて業務を行うという制度は、平成13年の改正において「補助税理士」として制度化された。ただし、財務省令において、税理士等の補助者として「常時」従事することとされていること等から、補助税理士は、自ら委嘱を受けて税理士業務を行うことはできなかった。

【平成26年改正】

　平成26年の改正において、税理士業務の活性化を図る等の観点から、補助税理士は、その使用者である税理士又は税理士法人の承諾を条件に、他人の求めに応じ自ら委嘱

を受けて税理士業務に従事することができることになった（規1の2②）。また、この見直しに伴い、その名称（呼称）についても従来の「補助税理士」から「所属税理士」に改めるとともに、登録事項、税務書類等への付記等について次のとおり所要の見直しが行われた。

① 登録事項

　登録事項について、法2条3項の規定により税理士又は税理士法人の補助者として「当該税理士の税理士事務所に勤務し、又は当該税理士法人に所属し、同項に規定する業務に従事する者（所属税理士）」（改正前：「常時同項に規定する業務に従事する者（補助税理士）」）に改められた（規8二ロ）。そして、法2条3項に定める「他の税理士又は税理士法人の補助者」として従事する税理士業務については、この所属税理士が行うものとされ、法律関係の明確化が図られた（規1の2①）。

② 所属税理士の業務

　所属税理士の税理士業務への従事それ自体については、基本的に従前と変わるものではないが、所属税理士が他人の求めに応じ自ら委嘱を受けて税理士業務に従事しようとする場合には、顧客等に対する責任の所在の明確化、顧客の情報管理（守秘義務）の徹底を図る等の観点から、その使用者である税理士又は税理士法人の承諾を得ること、自らの責任において業務を行うこと等を委嘱者に対し明示することなど、次のような手続を踏まねばならない。

イ　まず、所属税理士が他人の求めに応じ自ら委嘱を受けて税理士業務に従事しようとする場合には、その都度、あらかじめ、その使用者である税理士又は税理士法人の書面による承諾を得なければならない（規1の2②）。

　　この承諾を得た所属税理士は、次に掲げる事項を記載した書面にその承諾を得たことを証する書面の写しを添付し、これを委嘱者（納税者）に対して交付するとともに、当該事項につき説明しなければならない（規1の2③）。

　　a　所属税理士である旨

　　b　その勤務する税理士事務所の名称及び所在地又はその所属する税理士法人の名称及び勤務する事務所（当該事務所が従たる事務所である場合には、主たる事務所及び当該従たる事務所）の所在地

　　c　その使用者である税理士又は税理士法人の承諾を得ている旨

　　d　自らの責任において委嘱を受けて税理士業務に従事する旨

　　なお、この書面の交付に当たっては、所属税理士は、当該書面に署名しなければならない（規1の2④）。

ロ　次に、所属税理士は、委嘱者に対して上記の説明を行った場合には、その旨を記載した書面にその委嘱者の署名を得るとともに、その写しをその使用者である税理士又は税理士法人に提出しなければならない（規1の2⑤⑥）。

ハ　なお、所属税理士は、上記の承諾を得て自ら委嘱を受けた税理士業務が終了したとき又は承諾を得たにもかかわらず委嘱を受けるに至らなかったときは、速やかに、その使用者である税理士又は税理士法人にその旨を報告しなければならない（規1の2⑦）。

③　税務書類等への付記

　所属税理士が他人の求めに応じ自ら委嘱を受けて税理士業務に従事する場合には、税務書類等に税理士である旨、その勤務する税理士事務所の名称又はその所属する税理士法人の名称に加え、「直接受任」（自らの責任において委嘱を受けて税理士業務に従事することをいう。）である旨を付記する（規16③）。

◆　**所属税理士制度（税理士法施行規則第1条の2）に関するQ＆A**（参考資料345ページ参照）

　日本税理士会連合会は、所属税理士及びその使用者であり承諾者となる税理士又は税理士法人が、所属税理士制度を運用するに当たり、生じると想定される様々な疑問点について、一定の解釈を示したQ＆A及び、同施行規則第1条の2の各項に規定される各種書面のひな型を策定した。

税理士登録区分の違い

第2条③、30条、33条、40条、48条の14、規1条の2、8条二、16条、18条、
基通33−1、18−1

	開業税理士	所属税理士	社員税理士
自己の事務所	設置が必要	設置できない	設置できない
納税者等との委嘱契約	納税者から直接委嘱を受ける	原則、納税者から直接委嘱を受けることはできない 　開業税理士等との委嘱契約を通じて受任 　よって、税務代理権限証書は提出できない 　ただし、あらかじめ、従事する開業税理士等の書面による承諾を得ることにより、納税者から直接委嘱を受けることができる 　その場合は、税務代理権限証書の提出ができる	納税者から直接委嘱を受けることはできない 　税理士法人との委嘱契約を通じて受任
開業税理士（自己以外）又は税理士法人の業務への従事	自らの名において税理士業務は行えない（署名や調査立会いはできない） 　ただし、共同代理又は復代理により税理士業務を行うことができる	1. 開業税理士等の補助者として、自らの名において税理士業務を行える（署名「所属税理士表示」や調査立会いができる） 2. 従事する開業税理士等以外の者の補助者としての従事はできない	出資する税理士法人の行う業務以外はできない

◎第1章　総則

税理士の業務

第2条の2

税理士は、租税に関する事項について、裁判所において、補佐人として、弁護士である訴訟代理人とともに出頭し、陳述をすることができる。

2　前項の陳述は、当事者又は訴訟代理人が自らしたものとみなす。ただし、当事者又は訴訟代理人が同項の陳述を直ちに取り消し、又は更正したときは、この限りでない。

◆　制度創設の趣旨

税理士の補佐人制度は、租税に関する争訟が高い専門技術性を有していることにかんがみ、行政上の不服申立て手続と同様、訴訟手続においても、税務の専門家である税理士が補佐人という立場を通じて納税者を援助する活動を常に行い得るようにすることが、ひいては、申告納税制度の円滑、適正な運営に資することになるとの趣旨から、平成13年の改正で設けられた。

◆　補佐人制度に係る業務

この制度は、弁護士である訴訟代理人とともに出頭し、陳述することを認めているものであり、訴訟代理人である弁護士が出廷しない場合には、税理士は裁判所の許可を得ないで出頭して陳述することは認められていない。また、税理士は訴訟事務に関しての専門家ではないため、陳述するにとどまり、尋問はすることができないと解されているが、実務上は、裁判官の訴訟指揮権の範囲内において尋問している事例があるといわれている。

税理士の業務における電磁的方法の利用等を通じた納税義務者の利便の向上等

第2条の3

税理士は、第2条の業務を行うに当たつては、同条第1項各号に掲げる事務及び同条第2項の事務における電磁的方法（電子情報処理組織を使用する方法その他の情報通信の技術を利用する方法をいう。第49条の2第2項第8号において同じ。）の積極的な利用その他の取組を通じて、納税義務者の利便の向上及びその業務の改善進捗を図るよう努めるものとする。

令和4年改正において税理士及び税理士法人は、税理士業務・付随業務における電磁的方法の積極的な利用等を通じて、納税義務者の利便の向上等を図るよう努めるものとして、法2条の3が新設された。

　本条の目的は納税者利便のために業務の改善進捗を図ることにあり、税理士及び税理士法人に対して電子申告などの電磁的方法による業務を行うことを義務化するものではない（努力義務）。

　当該規定は、税理士自らがICT化を通じた納税者利便を図る努力義務規定となっており、e-Taxを利用していないことのみをもって、この「努力義務」を果たしていないことにはならず、行政指導や懲戒処分の対象にはならない。

　また、この新設条文によって法2条の業務は電磁的方法により行われることも含む旨が明確になった。これまでも法令解釈として通達に明記されてはいたが、今回法令に明記されたものである。

　この条文は法2条1項の税理士業務（税理士の独占業務）に限定されるものではなく、2項業務（付随業務）にも及ぶことにも留意すべきである。

　これに併せて、日税連及び各税理士会の会則には、税理士業務・付随業務において電磁的方法により行う事務に関する規定を記載しなければならないこととなった（これらの記載に係る会則の変更に当たっては、財務大臣の認可を必要とする。）。

参考

> 【国会会議録（抄）】令和4年3月15日　参議院財政金融委員会（答弁）
> 重藤哲郎政府参考人（国税庁次長）
> 　今委員御指摘もございましたとおり、税理士業務を取り巻くICT化も変化しており、また、今般の税理士法の改正におきましては、ただいま委員から御指摘がありましたような規定が設けられているところでございます。国税庁といたしましては、これまでも日本税理士会連合会から寄せられたe-Taxの使い勝手を向上させるための要望に対応するなど、税理士業務のICT化に資する取組を行ってきているところでございます。また、必ずしもICT知識が高くない税理士の方もおられるということは日税連も認識されており、こうした方にどのようなサポートができるかについても検討されていると承知しております。国税庁といたしましても、税理士業務のICT化をサポートするため、日税連の議論にしっかりと関与し、必要な対応を行ってまいりたいと考えております。

税理士の使命

税 理 士

税理士の資質

「税務に関する専門家」としての識見（正しい判断能力）

| 専門性 | 適格性 |

登録前

【資格制度】(法3、法5～13)
・税理士試験合格者
・試験科目免除者
・弁護士有資格者
・公認会計士有資格者

該当者 → 資格付与

【登録制度】(法18～29、法4)
〈登録制度〉
・欠格条項
・登録拒否事由

該当者 → 登録拒否

登録後

【研修制度】 (法39の2)
・研修受講義務（努力義務）
× 研修を受講すること
○ 研修を受講して資質の向上に努めること

〈登録抹消制度〉
・登録の取消し
・欠格条項

該当者 → 登録抹消

資格取得制度（第3条）

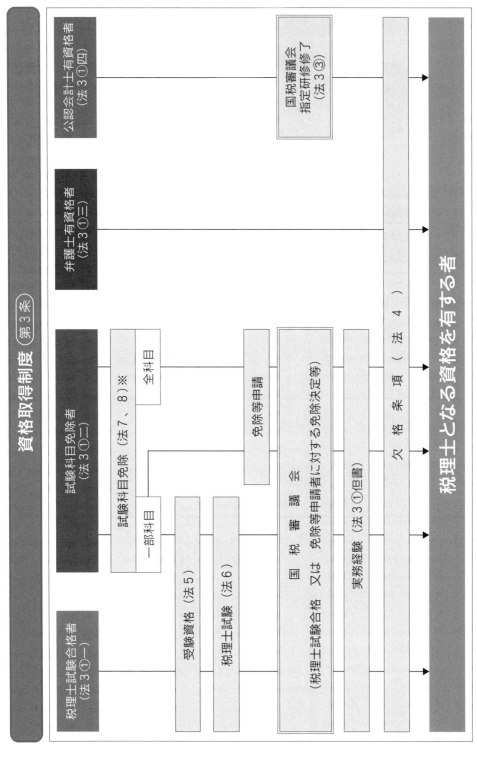

税理士となる資格を有する者

税理士試験合格者（法3①一）
- 受験資格（法5）
- 税理士試験（法6）
- 実務経験（法3①但書）

試験科目免除者（法3①二）
- 試験科目免除（法7、8）※
  - 一部科目
  - 全科目
- 免除等申請
- 国税審議会
- （税理士試験合格 又は 免除等申請者に対する免除決定等）

弁護士有資格者（法3①三）

公認会計士有資格者（法3①四）
- 国税審議会指定研修修了（法3③）

欠格条項（法4）

※ 試験科目免除については、069ページ「税理士試験における科目免除の取扱い」を参照。

税理士の資格

第3条

　次の各号の一に該当する者は、税理士となる資格を有する。ただし、第1号又は第2号に該当する者については、租税に関する事務又は会計に関する事務で政令で定めるものに従事した期間が通算して2年以上あることを必要とする。

一　税理士試験に合格した者

二　第6条に定める試験科目の全部について、第7条又は第8条の規定により税理士試験を免除された者

三　弁護士（弁護士となる資格を有する者を含む。）

四　公認会計士（公認会計士となる資格を有する者を含む。）

2　公認会計士法（昭和23年法律第103号）第16条の2第1項の規定により同法第2条に規定する業務を行うことができる者は、この法律の規定の適用については、公認会計士とみなす。

3　第1項第4号に掲げる公認会計士は、公認会計士法第16条第1項に規定する実務補習団体等が実施する研修のうち、財務省令で定める税法に関する研修を修了した公認会計士とする。

◆　税理士試験合格者

　昭和26年に税理士法が制定されてから昭和55年改正までは、税理士有資格者は(1)弁護士、(2)公認会計士、(3)税理士試験合格者、(4)税理士試験免除者の配列順であった（参考「国会会議録（抄）　昭和26年3月30日　衆議院大蔵委員会（提案理由）」(052ページ参照)）。

　これが社会的要請により国民の権益を援助するため各種の業務を独占的に取り扱う資格は、通常国民の多くが納得できる厳しい公正な国家試験（資格試験）によって付与されるべき観点から、昭和55年改正時に、税理士となる資格を有する者として、第一に税理士試験に合格した者が挙げられることとなった。

　税理士試験は税理士の使命を達成し、もって納税者の信頼と期待に応えるための資質を検証するための制度である。税理士となるのに必要な学識及びその応用能力を有しているか否かを判定することを目的として、税法及び会計学について行われるものであることから、税理士となる資格を有する者について、税理士試験に合格した者を本則とする趣旨を明確にしたものである。

なお、後述する弁護士については弁護士法3条があることから法3条1項3号に、公認会計士は本来監査業務に専心する立場であることから同4号に記載されるに至っている（参考「国会会議録（抄）　昭和54年6月5日　衆議院大蔵委員会（質問・答弁）」(052ページ参照))。

◆　税理士試験免除者

　税理士試験は科目合格制による合格方式を採用していることに特徴がある。一度合格した科目については、以後の税理士試験においてその試験が免除される。また、税理士試験についてはその者の資格及び経験によって税理士試験の合格者と同等の学識及び応用能力を有している者については、試験科目の一部が免除される(詳細は法7、8、図表 (069ページ参照))。これらの免除科目が税理士試験全科目に及んだ者は税理士となる資格を有する。

◆　実務経験（2年）

　税理士試験合格者及び税理士試験免除者は、租税又は会計に関する事務として通算して2年以上の実務経験が必要となるが、実務経験の期間は税理士試験の前後を問わない。

　租税又は会計に関する事務とは税務官公署における事務のほか、その他の官公署及び会社等における税務又は会計に関する事務（特別の判断を要しない機械的事務を除く。）とされている（基通3－1）。

　この「特別な判断を要しない機械的事務」とは簿記会計に関する知識がなくてもできる単純な事務等やパソコン等を使用して行う単純な入力事務等をいう(基通3－2)。

◆　弁護士（弁護士となる資格を有する者を含む。）

　弁護士の職務は「当事者その他関係人の依頼又は官公署の委嘱によつて、訴訟事件、非訟事件及び審査請求、再調査の請求、再審査請求等行政庁に対する不服申立事件に関する行為その他一般の法律事務を行うこと」（弁護士法3①）であり、弁護士は法律事務に関する専門家であることから、租税に関する法令等税理士の扱う法令に関する事務についてもこれを行うに足る能力を有するものとして、税理士資格を付与しているものと解されている。

　しかし、税理士は財務書類の作成等財務に関する事務を業務として行うことができる（法2②）ほか、会計参与の有資格者でもあり、相当な会計知識が必須であること

から、税理士となる弁護士については、会計学に属する科目の合格を必要とすべきとの指摘もある。

　弁護士と、弁護士となる資格を有する者との差異は、弁護士登録を行っているか否かにあり、税理士業務を行うための学識経験には差がないものとして、昭和55年改正において「弁護士となる資格を有する者」も税理士となる資格を有する者に含められ、弁護士となる資格を有する者は、弁護士登録をしなくても税理士登録を行い、税理士業務を行うことができる。

◆　通知弁護士制度（法51条）(237ページ参照)

◆　公認会計士（公認会計士となる資格を有する者を含む。）
　公認会計士の職務は「他人の求めに応じて報酬を得て、財務書類の監査又は証明をすること」(公認会計士法2①) を業としていること、公認会計士試験には租税及び会計に関する試験が含まれていること等の観点により税理士となる資格が付与されていることから、弁護士と同様に公認会計士となる資格を有する者も税理士登録を行い、税理士となることができる。

　しかし、平成15年の公認会計士試験の見直しにより多数の合格者が輩出された現状等も踏まえ、公認会計士への自動資格付与が、税理士の資格制度を設けている趣旨にも反し、税理士制度への信頼を損ねているのではないかとの意見等があった。

　こうした中、平成26年の改正において、税理士制度の信頼性向上に資するとともに、監査の信頼性確保にも配慮する観点から、税理士の資格について、公認会計士は、公認会計士法第16条第1項に規定する実務補習団体等が実施する研修のうち、一定の税法に関する研修を修了した公認会計士とすることとされた (法3③)（参考「国会会議録（抄）　平成26年3月18日　参議院財政金融委員会（指定研修について）」）(053ページ参照)。

　この一定の税法に関する研修は、税理士試験の税法に属する科目（法6一）について、一定基準（満点の60％）以上の成績を得た者が有する学識（法7①、令6）と同程度のものを習得することができるものとして国税審議会が指定する研修とされた (規1の3①)。

　なお、国税審議会は、その研修を指定したときは、その旨を官報をもって公告しなければならないこととされた (規1の3②)。

　この改正により、公認会計士に対する税理士資格の自動付与の制度は廃止されたこ

とになる。

　これを受けて、国税審議会では、日本公認会計士協会及び同協会が主体となって設立した一般財団法人会計教育研修機構が行う実務補習について、平成28年６月16日付で、「税法に関する研修」に指定し、同年６月24日付で官報に公告した。

　この「税法に関する研修」の修得は、会計教育研修機構等が行う実務補習の修了要件の一つとされ、また、修了考査の受験要件の一つに位置付けられている考査について、①「税に関する理論及び実務」に関する考査（全10回中２回分）について、透明性向上等の観点から、現在各補習所によって異なる試験日や試験問題を統一した上で、過去５年分の試験問題を日本公認会計士協会又は会計教育研修機構のホームページ上に公表する、②考査の合格基準に、現行各回４割以上基準に加えて「重要な科目については６割以上」との基準を追加した上で、税法科目を「重要な科目」の一つに位置付ける、こととされている。また、修了考査についても、同様の観点から、過去５年分の試験問題を日本公認会計士協会のホームページ上に公開することとされている（参考「公認会計士協会 HP「修了考査について」」）。

　なお、国税審議会は、実務補習の制度又は運営に関する重大な事情変更が発生した場合、実務補習により税理士試験合格者と同程度の学識が習得できるものであるかどうかについて改めて確認するほか、この事情変更の有無を確認するため、毎年、実務補習の状況について日本公認会計士協会から報告を受けることにより、税理士試験合格者との同等性の確保も図られることとなる。

公認会計士試験及び実務補習の概要

公認会計士試験 ※試験公告（前年6月）

短答式試験

○年2回試験（12月と5月）
○試験科目（4科目）
①財務会計論　②管理会計論
③監査論　④企業法
※短答式試験に合格した者は
2年間短答式試験免除

合格 →

論文式試験

○年1回試験（8月）
○試験科目
【必須】①会計学　②監査論
　　　　③企業法　④租税法
【選択】以下から1科目選択
①経営学　②経済学
③民法　④統計学
※相当と認める成績を得た科目は
2年間論文式試験免除

合格 →

※3年以上の経験

業務補助
（監査業界での実務経験）
又は
実務従事
（経済界等での実務経験）
※試験合格の前後は不問

及び

実務補習（原則3年）

登録 →

実務補習

○原則3年（業務補助等期間により軽減有）
○一般財団法人会計教育研修機構が実施
（日本公認会計士協会を中心に創設された財団）
○実務補習規則（第2条、第3条）以下の事項について、①講義及び実地演習、②考査、③課題研究の方法により実施する。
　・会計に関する理論及び実務
　・監査に関する理論及び実務
　・経営に関する理論及び実務
　・税に関する理論及び実務
　・コンピューターに関する理論及び実務
　・公認会計士の業務に関する法規及び職業倫理
※国際的な動向にも十分配慮して実施する。

①講義等

○3年間を通じて360時間（単位）以上実施される講義等のうち、270時間（単位）以上取得する。36時間（単位）以上の必修科目がある。

+

②考査

○10回以上（1回100点）行われる考査のうち、各回4割以上で、合計6割以上取得する。
○各回につき1年に1回のみ追試の受験が可能。

+

③課題研究

○6回以上（1回10単位）行われる課題研究のうち、各回4単位以上で、合計36単位以上取得する。

④修了考査

○日本公認会計士協会が実施
○年1回試験（12月）
○実務補習規則（第7条第4項各号）修了考査の科目は以下のとおり
①会計に関する理論及び実務
②監査に関する理論及び実務
③経営に関する理論及び実務
※コンピューターに関する理論含む
④税に関する理論及び実務
⑤公認会計士の業務に関する法規及び職業倫理
○合格基準は総得点の60%で、1科目40%以上。

税法に関する研修

○税法に関する研修は、実務補習のうち、税法科目について税理士試験合格者と同程度の学識を修得できるものとして国税審議会が指定する研修とする（法3③、規1の3①）。
　（注）国税審議会は、研修を指定したときは、その旨を官報をもって公告しなければならない。これを解除したときも同様とする（規1の3②）。
○国税審議会は、実務補習の制度又は運営に関する重大な事情変更が発生した場合、実務補習により税理士試験合格者と同程度の学識が習得できるものであるかどうかについて改めて確認する。
○上記の事情変更の有無を確認するため、国税審議会は毎年、実務補習の状況について日本公認会計士協会から報告を受ける。

○考査の合格基準に（現行基準に加えて）「重要な科目については6割以上」との基準を追加した上で、税法関係の科目（2回分／全10回）を「重要な科目」の一つに位置付ける。
　（注）追加基準は税法関係の考査全体の得点に適用。（⇒税法科目は、各回4割以上で2回合計6割以上）
○税法関係の考査について、試験日及び試験問題を全ての補習所で統一した上で試験問題（過去5年分）を日本公認会計士協会又は会計教育研修機構のHPに公開する。

○修了考査の試験問題（過去5年分）を日本公認会計士協会のHPに公開する。

（「第74回国税審議会税理士分科会」（平成28年6月3日）資料より作成）

※令和4年公認会計士法改正において、実務経験（業務補助等）期間が2年以上から3年以上に見直された。

【国会会議録（抄）】昭和26年3月30日　衆議院大蔵委員会（提案理由）

三宅則義委員（元東京税理士会会長）

　税理士として業務を行うためには、現行の選考による許可制度を廃止して、原則として試験による登録制度に改め、税理士の水準の向上を図りたいと考えたのであります。そこで税理士となる資格を有する者としては、まず弁護士、公認会計士が適当であると考えられ、これに加えて税理士試験に合格した者及び税理士試験における全科目の試験の免除を受けた者であり、税務又は会計につき2年以上の実務経験を有する者が適当であると考えたのであります。

【国会会議録（抄）】昭和54年6月5日　衆議院大蔵委員会（質問・答弁）

宮地正介委員

　たとえば、これは法律案の言葉じりをとらえて言うわけじゃないのですが、第3条の税理士の資格の中の順番が逆転しているわけですね、今度の改正案。公認会計士は第四番目にきているわけですね。現在の法律は弁護士が一番、二番目は公認会計士、三番目に税理士試験に合格した者、四番目云々。今回は公認会計士が一番最後なんです。おれたちはどうも一番最後に置かれているんじゃないか、別にそういうふうにひがんでいるわけじゃないでしょうけれども、非常にぴりぴりしているわけですね。そういうところに、まさか感情的でこんな書き方をしたのではないと思いますよ。ですけれども、そのくらい関係団体の方々は神経をとがらせているわけですから、やはり細心の注意と配慮をするくらいの大きな立場に立った大蔵省であってほしい、こういうことを私は感じるわけですが、これは何かやはり理由があったのでしょうか、この点伺っておきたい

福田幸弘政府委員（大蔵大臣官房審議官）

　これは理由がございまして、税理士法でございまして税理士の資格の問題でありますから、税理士の試験に通ったものが冒頭に来るというのがやはりほかの立法例から見ても当然のことであります。あと順番が、次がそれに匹敵する資格。三番目と四番目が後に回っておりますのは、さきのように弁護士法3条の問題があるということでございます。それから公認会計士の方は、本来監査業務に専心される立場でございますので、税理士の業務に入られる際はやはり付随的な立場でございます。したがってこの辺は、一般の考え方に即しただけで、決して感情的とかそういうこ

とは絶対ございません。法律を出す以上は客観的、合理的なものをつくっております。

参考

【国会会議録（抄）】平成26年3月18日　参議院財政金融委員会（指定研修について）
尾立源幸委員

　その研修内容について具体的な中身やレベルがどのようなものを想定しているのか、現時点で答えられる範囲で答えていただきたいと思いますし、もう一点、確認までででございますが、この研修については、内容を国税審議会が決めるもので、従来のように公認会計士への資格の自動付与ではなく、高度な税法に関する研修を受けることと修了することによって資格が付与されるものと承知しておりますが、その理解でよいのか、改めて大臣にお聞きしたいと思います。

麻生太郎財務大臣

　現在、御存じのように、公認会計士は公認会計士の資格を取りますと自動的に税理士資格を付与される制度となっておりますのが税理士法第3条ということになっております。

　今回御指摘のありましたように、この制度を改めさせていただいて、公認会計士法に定める実務補習団体等の実施する研修のうち、国税審議会が指定する研修を修了した公認会計士のみに税理士資格を与えるということにいたしております。この国税審議会が指定する研修の内容につきましては、税理士試験のいわゆる税法科目の合格者と同程度の学識を修得できる研修ということを考えさせていただいております。

参考

国税審議会

　国税通則法、税理士法並びに酒税の保全及び酒類業組合等に関する法律の規定によりその権限に属された事項を処理することを目的として、平成13年1月に国税庁に設置された（財務省設置法第21条）。

　国税審議会には、その所掌事項に応じて、次の3つの分科会が置かれている（国税審議会令第2条、6条）。

・国税審査分科会…国税通則法による処理事項

・税理士分科会…税理士法による処理事項（税理士試験・懲戒審査委員）

・酒類分科会…酒税の保全等に関する法律による処理事項等

◆　国税審議会

　平成13年１月に、それまで国税庁に設置されていた国税審査会、税理士審査会及び中央酒類審議会が統合され、国税通則法、税理士法並びに酒税の保全及び酒類業組合等に関する法律の規定によりその権限に属された事項を処理することを目的として、発足した」(財務省設置法21)。

　国税審議会は、20人以内の委員で組織することとされており、所掌事務を処理するため、その分科会として、国税審査分科会、税理士分科会及び酒類分科会が置かれている。

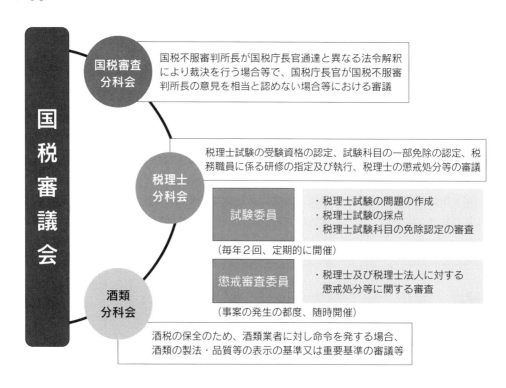

欠格条項

第4条

　次の各号のいずれかに該当する者は、前条の規定にかかわらず、税理士となる資格を有しない。

一　未成年者

二　破産手続開始の決定を受けて復権を得ない者

三　国税（森林環境税及び特別法人事業税を除く。以下この条、第24条、第36条、第41条の3、第46条及び第54条の2第1項において同じ。）若しくは地方税に関する法令又はこの法律の規定により禁錮以上の刑に処せられた者で、その刑の執行を終わり、又は執行を受けることがなくなつた日から5年を経過しないもの

四　国税若しくは地方税に関する法令若しくはこの法律の規定により罰金の刑に処せられた者又は国税通則法、関税法（昭和29年法律第61号）（とん税法（昭和32年法律第37号）及び特別とん税法（昭和32年法律第38号）において準用する場合を含む。）若しくは地方税法の規定により通告処分を受けた者で、それぞれその刑の執行を終わり、若しくは執行を受けることがなくなつた日又はその通告の旨を履行した日から3年を経過しないもの

五　国税又は地方税に関する法令及びこの法律以外の法令の規定により禁錮以上の刑に処せられた者で、その刑の執行を終わり、又は執行を受けることがなくなつた日から3年を経過しないもの

六　懲戒処分により税理士業務を行うことを禁止された者で、当該処分を受けた日から3年を経過しないもの

七　第48条第1項の規定により第44条第3号に掲げる処分を受けるべきであつたことについて決定を受けた者で、当該決定を受けた日から3年を経過しないもの

八　国家公務員法（昭和22年法律第120号）、国会職員法（昭和22年法律第85号）又は地方公務員法（昭和25年法律第261号）の規定により懲戒免職の処分を受け、当該処分を受けた日から3年を経過しない者

九　国家公務員法若しくは国会職員法の規定による懲戒免職の処分を受けるべき行為をしたと認められたことにより退職手当支給制限等処分（国家公務員退職手当法（昭和28年法律第182号）第14条第1項第3号に該当することにより同項の規定による一般の退職手当等（同法第5条の2第2項に規定する一般の退職手当等をいう。以下この号において同じ。）の全部若しくは一部を支給しないこととする処分又は同法第15条第1項第3号に該当することにより同項の規定による一般の退職手当等の額の全部若しくは一部の返納を命ずる処分をいう。以下この号において同じ。）を受けた者又は地方公務員法の規定による懲戒免職の処分を受けるべき行為をしたと認め

られたことにより退職手当支給制限等処分に相当する処分を受けた者で、こ
　　れらの処分を受けた日から３年を経過しないもの
　十　弁護士法（昭和24年法律第205号）若しくは外国弁護士による法律事務の取扱
　　い等に関する法律（昭和61年法律第66号）、公認会計士法、弁理士法（平成12年
　　法律第49号）、司法書士法（昭和25年法律第197号）、行政書士法（昭和26年法律第４
　　号）、社会保険労務士法（昭和43年法律第89号）又は不動産の鑑定評価に関する
　　法律（昭和38年法律第152号）の規定による懲戒処分により、弁護士会からの除
　　名、公認会計士の登録の抹消、弁理士、司法書士若しくは行政書士の業務の
　　禁止、社会保険労務士の失格処分又は不動産鑑定士の登録の消除の処分を受
　　けた者でこれらの処分を受けた日から３年を経過しないもの（これらの法律
　　の規定により再び業務を営むことができることとなつた者を除く。）
　十一　税理士の登録を拒否された者のうち第22条第４項の規定に該当する者又
　　は第25条第１項第１号の規定により税理士の登録を取り消された者で、これ
　　らの処分を受けた日から３年を経過しないもの

◆　欠格条項

　欠格条項に該当する場合、税理士試験合格者等であっても、税理士となる資格を有
しない。税理士は、申告納税制度のもと「納税義務者の信頼にこたえ納税義務の適正
な実現を図る」ために納税者を援助するという極めて重要な公共的使命を持っている。
したがって、本条のいずれか一つに該当した場合は、税理士としての適正性を欠き、
税理士となる資格を有しない。

　なお、既に税理士登録をしている者であっても、欠格条項に該当するときは税理士
登録を抹消される（法26①四）。

　具体的には、059ページの表の欠格条項が法定されている。

　平成26年改正において、この欠格条項に、「国家公務員法若しくは国会職員法の規
定による懲戒免職を受けるべき行為をしたと認められたことにより退職手当支給制限
等処分を受けた者又は地方公務員法の規定による懲戒免職の処分を受けるべき行為を
したと認められたことにより退職手当支給制限等処分に相当する処分を受けた者で、
これらの処分を受けた日から３年を経過しないもの」が追加された（法４九）。

　「退職手当支給制限等処分」とは、国家公務員退職手当法14条１項３号に該当する
ことにより同項の規定による一般の退職手当等（同法２条の４に規定する一般の退職
手当等をいう。）の全部若しくは一部を支給しないこととする処分又は同法15条１項
３号に該当することにより同項の規定による一般の退職手当等の額の全部若しくは一

部の返納を命ずる処分をいう。つまり、退職後において、公務員としての在職期間中における非行行為が発覚した場合に行われる、退職手当の支給を制限する処分又は返納を命ずる処分である。

　国家公務員法、国会職員法又は地方公務員法の規定によりその在任期間中に懲戒免職の処分を受けた場合については、改正前においても3年間の欠格期間が設けられていたが、非行時が公務員であり、その事実が退職後に発覚した場合には、懲戒処分ができないことから、これまでは、同様の非行行為を行っていたにもかかわらず処分時の身分が公務員であるか否かにより著しく均衡を欠く状態となっていた。

　このような不均衡を是正するため、平成26年改正において、登録拒否事由の見直しと合わせ、退職手当支給制限等処分又は退職手当支給制限等処分に相当する処分を受けた者についての欠格条項が新設された。

　さらに、令和4年の改正において、この欠格事項に、「法48条1項の規定により法44条3号に掲げる処分を受けるべきであつたことについて決定を受けた者で、当該決定を受けた日から3年を経過しないもの」が追加され、当該元税理士は税理士業務の禁止の「懲戒処分を受けるべきであったことの決定」を受けた日から3年間税理士となる資格を有しないこととされた（法4七）。

参考

国家公務員退職手当法（昭和28年法律第182号）

（退職後禁錮以上の刑に処せられた場合等の退職手当の支給制限）

第14条　退職をした者に対しまだ当該退職に係る一般の退職手当等の額が支払われていない場合において、次の各号のいずれかに該当するときは、当該退職に係る退職手当管理機関は、当該退職をした者（第1号又は第2号に該当する場合において、当該退職をした者が死亡したときは、当該一般の退職手当等の額の支払を受ける権利を承継した者）に対し、第12条第1項に規定する政令で定める事情及び同項各号に規定する退職をした場合の一般の退職手当等の額との権衡を勘案して、当該一般の退職手当等の全部又は一部を支給しないこととする処分を行うことができる。

一・二　省　略

三　当該退職手当管理機関が、当該退職をした者（定年前再任用短時間勤務職員等に対する免職処分の対象となる者を除く。）について、当該退職後に当該一般の退職手当等の額の算定の基礎となる職員としての引き続いた在職期間中に

懲戒免職等処分を受けるべき行為をしたと認めたとき。

2～6　省　略

(退職をした者の退職手当の返納)

第15条　退職をした者に対し当該退職に係る一般の退職手当等の額が支払われた後において、次の各号のいずれかに該当するときは、当該退職に係る退職手当管理機関は、当該退職をした者に対し、第12条第1項に規定する政令で定める事情のほか、当該退職をした者の生計の状況を勘案して、当該一般の退職手当等の額(当該退職をした者が当該一般の退職手当等の支給を受けていなければ第10条第2項、第5項又は第7項の規定による退職手当の支給を受けることができた者（次条及び第17条において「失業手当受給可能者」という。）であつた場合にあつては、これらの規定により算出される金額（次条及び第17条において「失業者退職手当額」という。）を除く。）の全部又は一部の返納を命ずる処分を行うことができる。

一・二　省　略

三　当該退職手当管理機関が、当該退職をした者（定年前再任用短時間勤務職員等に対する免職処分の対象となる職員を除く。）について、当該一般の退職手当等の額の算定の基礎となる職員としての引き続いた在職期間中に懲戒免職等処分を受けるべき行為をしたと認めたとき。

2～6　省　略

欠格条項のまとめ （第4条）

適用法令	内容	期間
民法	未成年者 ※1	成年に達するまで
破産法	破産者 ※2	復権を得るまで
国税若しくは地方税に関する法令	禁錮以上の刑に処せられた者 ※3	執行終了等から5年を経過するまで ※4
税理士法	罰金の刑に処せられた者 ※5	執行終了等から3年を経過するまで ※4
国税通則法、関税法、とん税法、特別とん税法、地方税法	通告処分を受けた者	
その他の法令	禁錮以上の刑に処せられた者 ※3	
税理士法	業務禁止の処分を受けた者 ※6	処分の日から3年を経過するまで
	虚偽記載申請により登録の拒否又は取消し処分を受けた者	
	元税理士に対する懲戒処分相当であったことの決定を受けた者 ※7	決定を受けた日から3年を経過するまで
国家公務員法、国会職員法又は地方公務員法	懲戒免職の処分を受けた者 ※8	処分の日から3年を経過するまで
	懲戒免職の処分を受けるべき行為により、退職手当支給制限等処分又は退職手当支給制限等処分に相当する処分を受けた者	
弁護士法、公認会計士法等 ※9	除名、抹消等	

※1　年齢18歳未満の者（民法4）
※2　破産手続開始の決定を受けた者（破産法30）
※3　死刑、懲役及び禁錮をいう。（刑法9）
※4　刑に処せられた者でその刑の執行を猶予されている者から税理士登録申請書が提出された場合には、それぞれ欠格事由に該当するものとして、登録が拒否されることとなる。（法22①、基通4－4）
※5　原則1万円以上をいう。（刑法15）
※6　財務大臣は、税理士法に違反した税理士に対し、「税理士業務の禁止の処分」を行うことができる。この処分は、当該処分を受けた税理士が資質に欠けると認めて行われるものである。
※7　財務大臣は、元税理士につき在職期間中に税理士法に違反した行為・事実があると認めた場合には、懲戒処分を受けるべきであったことについて決定することができる。
※8　公務員としてふさわしくない行為をしたことにより、免職処分を受けた者については、税理士の社会公共的使命に照らし、税理士資格を認めることはできないとの趣旨から規定されている。
※9　弁護士法、外国弁護士による法律事務の取扱い等に関する法律、公認会計士法、弁理士法、司法書士法、行政書士法、社会保険労務士法又は不動産の鑑定評価に関する法律の規定をいう。

税理士試験

（第 5 条―第17条）

税理士試験受験資格一覧表 （第5条）

学　歴	大学、短大又は高等専門学校を卒業した者で、社会科学に属する科目を１科目以上履修した者	
	大学３年次以上の学生で社会科学に属する科目を含め62単位以上を取得した者	
	専修学校の専門課程（①修業年限が２年以上かつ②課程の修了に必要な総授業時数が1,700時間以上に限る。）を修了した者等で、社会科学に属する科目を１科目以上履修した者	
	司法試験に合格した者	
	旧司法試験法の規定による司法試験の第二次試験又は旧司法試験の第二次試験に合格した者	
	公認会計士試験短答式試験合格者（平成18年度以降の合格者に限る。）	
	公認会計士試験短答式試験全科目免除者	
資　格	日本商工会議所主催簿記検定試験１級合格者	
	公益社団法人全国経理教育協会主催簿記能力検定試験上級合格者（昭和58年度以降の合格者に限る。）	
	会計士補	
	会計士補となる資格を有する者	
職　歴	右欄の事務又は業務に通算２年以上従事した者	弁理士・司法書士・行政書士・社会保険労務士・不動産鑑定士の業務
		法人又は事業を営む個人の会計に関する事務
		税理士・弁護士・公認会計士等の業務の補助の事務
		税務官公署における事務又はその他の官公署における国税若しくは地方税に関する事務
		行政機関における会計検査等に関する事務
		銀行等における貸付け等に関する事務
認　定	国税審議会より受験資格に関して個別認定を受けた者	

（出典　国税庁ホームページ税理士試験に関するQ&A）

受験資格

第5条

　税理士試験（次条第1号に定める科目の試験に限る。）は、次の各号のいずれかに該当する者でなければ、受けることができない。

一　次に掲げる事務又は業務に従事した期間が通算して2年以上になる者

　　イ　税務官公署における事務又はその他の官公署における国税（関税、とん税、特別とん税、森林環境税及び特別法人事業税を除く。第24条、第36条、第41条の3、第46条及び第54条の2第1項を除き、以下同じ。）若しくは地方税に関する事務

　　ロ　行政機関における政令で定める会計検査、金融検査又は会社その他の団体の経理に関する行政事務

　　ハ　銀行、信託会社（信託業法（平成16年法律第154号）第3条又は第53条第1項の免許を受けた者をいう。）、保険会社又は特別の法律により設立された金融業務を営む法人における政令で定める貸付けその他資金の運用（貸付先の経理についての審査を含む。）に関する事務

　　ニ　法人（国又は地方公共団体の特別会計を含む。）又は事業を営む個人の会計に関する事務で政令で定めるもの

　　ホ　税理士若しくは税理士法人、弁護士、弁護士法人若しくは弁護士・外国法事務弁護士共同法人又は公認会計士若しくは監査法人の業務の補助の事務

　　ヘ　弁理士、司法書士、行政書士その他の政令で定める法律上資格を有する者の業務

二　学校教育法（昭和22年法律第26号）の規定による大学若しくは高等専門学校を卒業した者でこれらの学校において社会科学に属する科目を修めたもの又は同法第91条第2項の規定により同法による大学を卒業した者と同等以上の学力があると認められた者で財務省令で定める学校において社会科学に属する科目を修めたもの

三　司法修習生となる資格を得た者

四　公認会計士法第8条第1項に規定する公認会計士試験の短答式による試験に合格した者又は当該試験を免除された者（当該試験の試験科目の全部について試験を免除された者を含む。）

五　国税審議会が社会科学に属する科目に関し前3号に掲げる者と同等以上の学力を有するものと認定した者

2　前項第1号イからへまでに掲げる事務又は業務の二以上に従事した者は、これらの事務又は業務の二以上に従事した期間を通算した場合に、その期間

が２年以上になるときは、同号に該当する者とみなして、同項の規定を適用
　　する。
　３　第１項第１号イからへまでに掲げる事務又は業務に類する事務又は業務と
　　して国税審議会の認定を受けた事務又は業務は、同号イからへまでに掲げる
　　事務又は業務とみなして、前２項の規定を適用する。
　４　第１項第５号及び前項に規定する国税審議会の認定の手続については、財
　　務省令で定める。

◆　受験資格が設けられている意義

　国家試験における受験資格については、段階的に第一次、第二次等と順次試験を行
い、第一次試験の受験資格については、広く一般的に開放しているものと、一定の実
務経験又は資格要件（図表「税理士試験受験資格一覧表」）としているものとの二つ
の方式があるが、税理士試験においては、税理士業務は、実務経験と学識との上に期
待されるものであることから、後者の方式をとっている。

参考

　国税審議会税理士分科会（平成20年12月９日）「税理士試験の受験資格の検証」
　２　税理士試験の受験資格の意義
　○　受験資格を設けている意義
　　税理士業務を行うためには、専門的な学識や応用能力のみならず、一定レベルの
　教育又は一定の実務経験を通じて備えられる税理士業務に関連する基礎的学識又は
　技能も必要

◆　平成13年改正

　受験資格については、規制緩和の要請から見直しが行われた。
　具体的には、より多くの者に受験の門戸を開くため、職歴については一律に３年と
し、学歴については、いわゆる大学編入に認められている専門学校の修了者で、法律
学、経済学を修めた者が追加された。

【国会会議録（抄）】平成13年5月25日　衆議院財務金融委員会（質問・答弁）

植田至紀委員（共産党）

　税理士試験の受験資格緩和及び試験免除規定についても、一昨年、規制改革についての第2次見解がなされておりますし、また、規制緩和推進3カ年計画でも、分野別の措置事項としての見直しが決まっているというふうなところでございます。

　その辺のところの動きも含めて今回の改正に当たって議論がなされたかと思うわけですが、その背景及び、具体的に、じゃ、どういうふうに変更されたのか、緩和されたのかということを含めて御説明いただけますでしょうか。

尾原榮夫政府参考人（財務省主税局長）

　お答え申し上げます。

　今先生からお話がございましたように、税理士試験制度につきましては、一つは規制緩和の要請、もう一つは信頼される税理士制度の確立という観点からの見直しが行われております。

　まず、第一点目の規制緩和推進3カ年計画では、公的資格制度の受験資格の見直し、つまり規制緩和の要請がございます。つまり、より多くの方に受験の門戸を開くということが計画の精神になっておりまして、今回、職歴、学歴による受験資格の要件を緩和するということにしてございます。

　具体的に申し上げさせていただきますと、今まで、職務の種類によって3年から10年という差がございました。これを一律に最も短い3年にさせていただく。

　また、学歴による受験資格でございますが、いわゆる大学編入が認められている専門学校の修了者の方がおられます。こういう方の中で、法律学、経済学を修められた方について新たに受験資格を認めるという改正を行うこととしているわけでございます。

◆　平成26年改正

　更に平成26年改正において、幅広い層から人材を確保する等の観点から、職歴による受験資格者について、その事務又は業務に従事した期間が2年以上（改正前：3年以上）になる者とすることとされた（法5①一）。また、2以上の事務又は業務に従事した場合のその通算した期間についても2年以上（改正前：3年以上）となるときは、受験資格が与えられることとされた（法5②）。

◆ 令和4年改正

　会計学科目（簿記論・財務諸表論）について、受験資格を撤廃とするとともに、税法科目の受験資格において、学識による受験資格を満たそうとする場合に修める必要がある学問の範囲（履修科目要件）について、従来の「法律学又は経済学（に属する科目）」を緩和し、「社会科学（に属する科目）」とされた（法5①二）。なお、この社会科学とは、法律・経済のほか、政治・行政・社会・経営・教育・福祉・情報など、広く社会に関わる多様な学問分野をいうものとされる。

参考

> 【国会会議録（抄）】令和4年2月15日　衆議院財務金融委員会（答弁）
> 岡本三成財務副大臣
> 　税理士試験の受験資格の要件につきましては、一定レベルの教育や実務経験を通じて得られます税理士業務に関連する基礎的学識等を確認する観点から、一定の必要性があるというふうに考えています。
> 　受験資格要件の廃止等の税理士試験制度の大幅な見直しにつきましては、受験者への影響も大変に大きいことから、試験運営上、必要な受験者数の絞り込みをどのように行っていくかなど、制度面、運用面、様々な観点から慎重に検討を進める必要があるというふうに考えています。
> 　また、言及のありました、大学を卒業しなければ受けられないのではないかという御指摘に関しましては、この受験資格の要件は、大学等において一定の科目を履修した学生や卒業生といった学識に関するもの以外にも、一定の簿記試験の合格者又は二年以上の一定の会計法律事務経験者といった、資格や職歴に関するものも認められておりまして、必ずしも大学等への進学が必要となっているわけではありません。
> 　いずれにいたしましても、更なる見直しについては、本改正の効果を注視した上で、よく検討していきたいというふうに考えています。

試験の目的及び試験科目

第6条

　税理士試験は、税理士となるのに必要な学識及びその応用能力を有するかどうかを判定することを目的とし、次に定める科目について行う。

一　次に掲げる科目（イからホまでに掲げる科目にあつては、国税通則法その他の法律に定める当該科目に関連する事項を含む。以下「税法に属する科目」という。）のうち受験者の選択する３科目。ただし、イ又はロに掲げる科目のいずれか１科目は、必ず選択しなければならないものとする。

イ　所得税法

ロ　法人税法

ハ　相続税法

ニ　消費税法又は酒税法のいずれか１科目

ホ　国税徴収法

ヘ　地方税法のうち道府県民税（都民税を含む。）及び市町村民税（特別区民税を含む。）に関する部分又は地方税法のうち事業税に関する部分のいずれか１科目

ト　地方税法のうち固定資産税に関する部分

二　会計学のうち簿記論及び財務諸表論の２科目（以下「会計学に属する科目」という。）

◆　趣旨

税理士試験は、税理士として必要な学識及びその応用能力の有無を判定するものであり、応用的問題とともに租税に関する原理、基礎的学理にもわたる必要があるとされている。また、所得税法、法人税法等とは、これらに関する法令という意味で、法律規定のみならず、政省令、規則、告示等も含まれている。

◆　合格

税理士資格の合格基準点は各科目とも満点の60パーセントとされており（令６）、合格科目が会計学に属する科目２科目及び税法に属する科目３科目の合計５科目に達したとき合格者となる。

税理士試験の試験科目 (第6条)

全11科目

		科目	範囲	
必須	2科目	簿記論	複式簿記の原理、その記帳・計算及び帳簿組織、商業簿記のほか工業簿記を含む。ただし、原価計算を除く。	会計科目
		財務諸表論	会計原理、企業会計原則、企業会計の諸基準、会社法中計算等に関する規定、会社計算規則（ただし、特定の事業を行う会社についての特例を除く。）、財務諸表等の用語・様式及び作成方法に関する規則、連結財務諸表の用語・様式及び作成方法に関する規則	

+

		科目	範囲	
選択必須	1科目又は2科目	法人税法	当該科目に係る法令に関する事項のほか、租税特別措置法、国税通則法など当該科目に関連する他の法令に定める関係事項を含む。	
		所得税法	当該科目に係る法令に関する事項のほか、租税特別措置法、国税通則法など当該科目に関連する他の法令に定める関係事項を含む。	

+

		科目	範囲	
選択	2科目又は1科目	相続税法	当該科目に係る法令に関する事項のほか、租税特別措置法、国税通則法など当該科目に関連する他の法令に定める関係事項を含む。	税法科目
		酒税法　どちらか1科目しか選択できません	当該科目に係る法令に関する事項のほか、租税特別措置法、国税通則法など当該科目に関連する他の法令に定める関係事項を含む。	
		消費税法	当該科目に係る法令に関する事項のほか、租税特別措置法、国税通則法など当該科目に関連する他の法令に定める関係事項を含む。	
		固定資産税	当該科目に係る地方税法、同施行令、施行規則に関する事項のほか、地方税法総則に定める関係事項及び当該科目に関連する他の法令に定める関係事項を含む。	
		事業税　どちらか1科目しか選択できません	当該科目に係る地方税法、同施行令、施行規則に関する事項のほか、地方税法総則に定める関係事項及び当該科目に関連する他の法令に定める関係事項を含む。	
		住民税	当該科目に係る地方税法、同施行令、施行規則に関する事項のほか、地方税法総則に定める関係事項及び当該科目に関連する他の法令に定める関係事項を含む。	
		国税徴収法	当該科目に係る法令に関する事項のほか、租税特別措置法、国税通則法など当該科目に関連する他の法令に定める関係事項を含む。	

◎第2章　税理士試験

税理士試験における科目免除の取扱い（第7条、8条）

資格取得の態様				税 法			会 計 学	
				所得税法	法人税法	選択科目	簿記論	財務諸表論
税理士試験				1科目選択合格		2科目選択合格	全2科目合格	
税理士試験免除又は資格付与	学位取得者等※1	修士	税法2科目免除	1科目選択合格			全2科目合格	
			会計学1科目免除	1科目選択合格		2科目選択合格	1科目選択合格	
		博士教授等	税法免除	免除			全2科目合格	
			会計学免除	1科目選択合格		2科目選択合格	免除	
	公認会計士試験合格者等※2			1科目選択合格		2科目選択合格	免除	
	公務員※3	地方税免除		1科目選択合格		免除	全2科目合格	
		上記＋指定研修修了		1科目選択合格		免除	免除	
		税法又は国税免除		免除			全2科目合格	
		上記＋指定研修修了		免除			免除	
弁護士（有資格者を含む）				資格付与				
公認会計士（有資格者を含む）※4				資格付与				

※1　大学等の教授、准教授、講師の職にあった期間が通算して3年以上の者及び博士の学位取得者については、その学問領域が税法科目等の場合は税法科目の全部を、会計学科目等の場合は会計学科目の全部を免除する（法8①一二）が、修士の学位取得者については、免除科目のうち1科目の合格を条件とする（法7②③）。

※2　公認会計士試験の論述式による会計学の科目について試験の免除を受けた者のほか、会計士補（会計士補となる資格を有する者を含む。）も同様の取扱いとなる。

※3　国税職員のうち国税の賦課又は立法に関する事務に従事した期間が通算して10年以上になる者、それ以外の国税の事務に従事した期間が通算して15年以上になる者については、国税科目を免除する（法8①四五）。

　　地方公務員のうち地方税の賦課又は立法に関する事務に従事した期間が通算して10年以上になる者、それ以外の地方税の事務に従事した期間が通算して15年以上になる者については、地方税科目を免除する（法8①六七）。

　　地方公務員のうち地方税の賦課又は立法に関する事務に従事した期間が通算して15年以上になる者、それ以外の地方税の事務に従事した期間が通算して20年以上になる者については、税法科目を免除する（法8条①八九）。

　　国税職員及び地方公務員（地方税の賦課又は立法に関する事務に限る）として23年以上、地方公務員（前記以外の地方税に関する事務）として28年以上事務に従事した者で、官公署における国税若しくは地方税に関する事務を管理し、若しくは監督することを職務とする職又は国税若しくは地方税に関する高度な知識若しくは経験を必要とする事務を処理することを職務とする職として財務省令で定めるもの（係長以上の職、国税調査官、国税徴収官など）に在職した期間が通算して5年以上になるもののうち、国税審議会の指定した研修を修了した者については、会計学科目を免除する（法8①十）。

※4　公認会計士は、公認会計士法16条1項に規定する実務補習団体等が実施する研修のうち、一定の税法に関する研修を修了した公認会計士とする（法3③）。

　　なお、平成29年4月1日以後に公認会計士試験に合格した者について適用され、同日前に公認会計士試験に合格した者については、なお従前の例による（改正法附則136①）。

試験科目の一部の免除等

第7条

　税理士試験において試験科目のうちの一部の科目について政令で定める基準以上の成績を得た者に対しては、その申請により、その後に行われる税理士試験において当該科目の試験を免除する。

2　税法に属する科目その他財務省令で定めるもの（以下この項及び次条第1項第1号において「税法に属する科目等」という。）に関する研究により修士の学位（学校教育法第104条に規定する学位をいう。次項及び次条第1項において同じ。）又は同法第104条第3項に規定する文部科学大臣の定める学位で財務省令で定めるものを授与された者で税理士試験において税法に属する科目のいずれか1科目について政令で定める基準以上の成績を得た者が、当該研究が税法に属する科目等に関するものであるとの国税審議会の認定を受けた場合には、試験科目のうちの当該1科目以外の税法に属する科目について、前項に規定する政令で定める基準以上の成績を得たものとみなす。

3　会計学に属する科目その他財務省令で定めるもの（以下この項及び次条第1項第2号において「会計学に属する科目等」という。）に関する研究により修士の学位又は学校教育法第104条第3項に規定する文部科学大臣の定める学位で財務省令で定めるものを授与された者で税理士試験において会計学に属する科目のいずれか1科目について政令で定める基準以上の成績を得た者が、当該研究が会計学に属する科目等に関するものであるとの国税審議会の認定を受けた場合には、試験科目のうちの当該1科目以外の会計学に属する科目について、第1項に規定する政令で定める基準以上の成績を得たものとみなす。

4　税理士試験の試験科目であつた科目のうち試験科目でなくなつたものについて第1項に規定する成績を得た者については、当該科目は、前条第1号に掲げられている試験科目とみなす。

5　第2項及び第3項に規定する国税審議会の認定の手続については、財務省令で定める。

第8条

　次の各号のいずれかに該当する者に対しては、その申請により、税理士試験において当該各号に掲げる科目の試験を免除する。

一　大学等（学校教育法の規定による大学若しくは高等専門学校又は同法第104条第7項第2号に規定する大学若しくは大学院に相当する教育を行う課程が置かれる教育施設をいう。次号において同じ。）において税法に属する科目等の教授、准教授

又は講師の職にあつた期間が通算して3年以上になる者及び税法に属する科目等に関する研究により博士の学位を授与された者については、税法に属する科目

二　大学等において会計学に属する科目等の教授、准教授又は講師の職にあつた期間が通算して3年以上になる者及び会計学に属する科目等に関する研究により博士の学位を授与された者については、会計学に属する科目

三　公認会計士法第3条に規定する公認会計士試験に合格した者又は同法第10条第2項の規定により公認会計士試験の論文式による試験において会計学の科目について公認会計士・監査審査会が相当と認める成績を得た者については、会計学に属する科目

四　官公署における事務のうち所得税、法人税、相続税、贈与税、消費税若しくは酒税の賦課又はこれらの国税に関する法律の立案に関する事務に従事した期間が通算して10年以上になる者については、税法に属する科目のうち国税に関するもの

五　官公署における国税に関する事務のうち前号に規定する事務以外の事務に従事した期間が通算して15年以上になる者については、税法に属する科目のうち国税に関するもの

六　官公署における事務のうち道府県民税（都民税を含む。）、市町村民税（特別区民税及び森林環境税を含む。）、事業税（特別法人事業税を含む。）若しくは固定資産税の賦課又はこれらの地方税に関する法律の立案に関する事務に従事した期間が通算して10年以上になる者については、税法に属する科目のうち地方税に関するもの

七　官公署における地方税に関する事務のうち前号に規定する事務以外の事務に従事した期間が通算して15年以上になる者については、税法に属する科目のうち地方税に関するもの

八　第6号に規定する事務に従事した期間が通算して15年以上になる者については、税法に属する科目

九　第7号に規定する事務に従事した期間が通算して20年以上になる者については、税法に属する科目

十　次に掲げる者で、官公署における国税若しくは地方税に関する事務を管理し、若しくは監督することを職務とする職又は国税若しくは地方税に関する高度の知識若しくは経験を必要とする事務を処理することを職務とする職として財務省令で定めるものに在職した期間が通算して5年以上になるもののうち、国税審議会の指定した研修（財務省令で定める要件を満たす研修のうち、国税審議会が税理士試験の試験科目のうち会計学に属する科目について前条第1項に規定する成績を得た者が有する学識と同程度のものを習得することができ

るものと認めて指定したものをいう。）を修了した者については、会計学に属する科目

イ　第4号から第6号までに規定する事務に従事した期間が通算して23年以上になる者

ロ　第7号に規定する事務に従事した期間が通算して28年以上になる者

ハ　イに規定する期間を通算した年数の23分の28に相当する年数とロに規定する期間を通算した年数とを合計した年数が28年以上になる者

2　前項第1号又は第4号から第9号までに規定する職又は事務のうち、試験の免除科目を同じくする職又は事務の二以上に従事した者に対しては、それぞれ当該職又は事務についてこれらの号に規定する年数を10年とする割合により年数を換算してこれらの職又は事務の二以上に従事した期間を通算した場合に、その期間が10年以上になるときは、その申請により、税理士試験において当該科目の試験を免除する。この場合において、第1号又は第8号若しくは第9号に規定する職又は事務に従事した者については、当該職又は事務に従事した期間を税法に属する科目のうち国税に関するもの又は地方税に関するもののいずれかを免除する他の事務に従事した期間に通算することができるものとする。

◆　試験の科目別合格制度

　税理士試験においては、いわゆる科目別合格制度が採用されており、必ずしも全科目を一回の試験で合格することを必要とせず、受験科目1科目ごとにその成績を判定し、その科目について満点の60パーセント以上の成績を得ていれば、以後の税理士試験では、その合格点に達した科目の試験は免除されることとなる（法7①、令6）。この試験免除の適用に当たっては有効年数はないことから、何年間にわたってでも、必要とされる5科目の受験科目について、それぞれ合格していけば税理士となる資格を取得することができる。

　合格点に達した科目については、受験者にその旨が通知され、次回以降の税理士試験において、その科目の試験の免除を受けようとする者は、免除を申請する科目を税理士試験受験願書に記載し（規2の4②）、免除を受ける資格を証する書面として合格点に達した旨の通知書を添付することを必要とする（税理士試験における科目免除の取扱いについては、069ページ「税理士試験における科目免除の取扱い」を参照）。

◆ 修士学位等取得者

　税法又は会計学に属する科目等に関する研究により、学校教育法104条に規定する修士の学位又は学位規則5条の2に定める修士（専門職）の学位若しくは法務博士（専門職）の学位を授与された者が、税法2科目の免除又は会計学1科目免除を受けるには、その研究がそれぞれの科目に関するものであるとの国税審議会の認定を必要とする。

◆ 国税職員に対する指定研修

　指定研修とは、次の要件（法8①十、規2の8）を満たす研修で、国税審議会が指定したものをいう。なお、指定研修は、国税審議会が1年に1回以上検証し、指定した場合は、その旨が官報に公告される。

① 官公署がその職員に対し必要な職務上の訓練として行う研修であること。

② 会計学に属する科目を必修とする研修であること。

③ 会計学に属する科目について、高度の研修を行うものであること。

④ 前号に規定する研修の内容を習得するのに必要かつ十分な研修時間が確保されていること。

⑤ 会計学に属する科目に係る研修の効果を測定するために試験が行われ、その試験に合格することが研修の修了要件とされていること。

受験手数料等

第9条

　税理士試験を受けようとする者は、実費を勘案して政令で定める額の受験手数料を納付しなければならない。

2　第7条第2項又は第3項の規定による認定を受けようとする者は、実費を勘案して政令で定める額の認定手数料を納付しなければならない。

3　第1項の規定により納付した受験手数料は、税理士試験を受けなかつた場合においても還付しない。

・税理士試験を受験する場合

税理士試験願書	受験科目の数が1科目である場合	4,000円
	受験科目の数が2科目以上の場合	4,000円＋1,500円×(受験科目数－1)

・修士の学位等を授与された者が国税審議会の認定を受けようとする場合

研究認定申請書　若しくは研究認定申請書兼税理士試験免除申請書	8,800円

◆　上記の受験手数料及び認定手数料は、収入印紙をそれぞれの申請書に貼付して納付する。この収入印紙は、消印してはならない（令6の2、規4）。

　受験手数料は、税理士試験を受けなかった場合にも還付されない。

合格の取消し等

第10条

　　国税審議会は、不正の手段によつて税理士試験を受け、又は受けようとした者に対しては、その試験を停止し、又は合格の決定を取り消すことができる。

2　国税審議会は、第7条第2項若しくは第3項の規定による認定又は第8条第1項各号の規定による免除を決定した後、当該認定又は免除を受けた者が虚偽又は不正の事実に基づいてその認定又は免除を受けた者であることが判明したときは、その認定又は免除を取り消すことができる。

3　国税審議会は、第1項の規定による処分を受けた者に対し、情状により3年以内の期間を定めて税理士試験を受けることができないものとすることができる。

◆　国税審議会は、不正の手段によって税理士試験を受験し、又は受けようとした者に対しては、その試験を停止し、又は合格の決定を取り消すことができる。

　「不正の手段」とは

・受験資格の偽装

・代人による受験

・参照することを許されていない参考書類の試験中の使用

・他の受験者の答案の盗用

などをいい、これらの手段によって税理士試験を受け、又は合格の決定取り消しの処分を受けた者に対するペナルティとして、国税審議会により3年以内の税理士試験の受験の禁止を受けることになる。

　また、学位論文が盗作であった場合等による虚偽又は不正の事実に基づいて試験科目免除等（法7、8（図表（069ページ参照）））を受けた者であることが判明したときは、その認定又は免除を取り消すことができる。

合格証書等

第11条

　税理士試験に合格した者には、当該試験に合格したことを証する証書を授与する。
2　試験科目のうちの一部の科目について政令で定める基準以上の成績を得た者には、その基準以上の成績を得た科目を通知する。

◆　税理士試験に合格した者には、合格証書が授与される。この場合、「税理士試験に合格した者」とは、その試験により税理士試験の全部に合格した者をいう。既に試験科目の一部の免除を受け、残余の科目について合格点に達すれば、その者は合格した者となり合格証書が授与されるが、一部の試験科目について既に合格点に達する成績を得て、その後に残余の試験科目について免除を受けた場合には、その者は税理士の資格を有することとなるものの、税理士試験に合格した者として合格証書は授与されず、税理士試験免除決定通知書の通知を受けることになる。

　なお、試験科目のうちの一部の科目について合格点に達した者に対しては、税理士試験一部科目合格通知書により通知がされる。

試験の執行

第12条

　税理士試験は、国税審議会が行う。
2　税理士試験は、毎年1回以上行う。

◆　税理士試験は、国税庁に置かれている国税審議会が問題の作成、採点、合格決定などの実施にあたっており、毎年１回以上行うこととされている。

　なお、税理士試験の執行ごとに、その問題の作成、採点を行う試験委員について、税理士試験を行うのに必要な実務経験のある者及び学識経験のある者のうちから、国税審議会の推薦に基づき、財務大臣が任命することとされている（国税審議会令３②）。

試験の細目

第13条

　この法律に定めるもののほか、税理士試験（第８条第１項第10号の規定による指定を含む。）の執行に関する細目については、財務省令で定める。

◆　税理士試験の執行に関する細目については、税理士法施行規則により定められる。

　試験実施地は、北海道、宮城県、埼玉県、東京都、石川県、愛知県、大阪府、広島県、香川県、福岡県、熊本県、沖縄県及び国税審議会の指定するその他の場所において行われる（規５）。

　試験実施の日時及び場所並びに税理士試験受験願書の受付期間その他税理士試験に関する必要事項については、国税審議会会長が税理士試験実施の初日の２か月前までに、相当と認める期間、インターネット上のWEBサイトに掲載する方法により不特定多数の者が閲覧することができる状態に置く措置をとるとともに、官報をもって公告しなければならない（規６）。

　税理士試験に合格した者の受験番号を、相当と認める期間、インターネット上のWEBサイトに掲載する方法により不特定多数の者が閲覧することができる状態に置く措置をとるとともに、国税審議会会長が官報に公告しなければならない（規７）。

（第14条〜第17条）削除（昭55法第26号削除）

第3章

登録

（第18条—第29条）

登録等手続の流れ（第18条－28条）

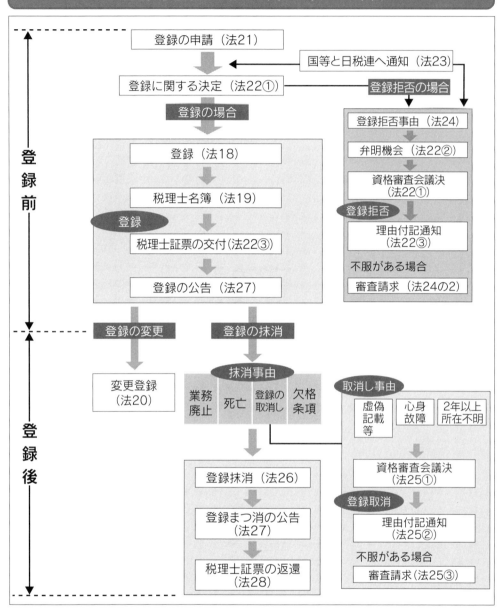

登録前

登録後

登録の申請（法21）

国等と日税連へ通知（法23）

登録に関する決定（法22①）

登録拒否の場合

登録の場合

登録（法18）

税理士名簿（法19）

登録

税理士証票の交付（法22③）

登録の公告（法27）

登録拒否事由（法24）

弁明機会（法22②）

資格審査会議決（法22①）

登録拒否

理由付記通知（法22③）

不服がある場合

審査請求（法24の2）

登録の変更

登録の抹消

変更登録（法20）

抹消事由

業務廃止 死亡 登録の取消し 欠格条項

取消し事由

虚偽記載等 心身故障 2年以上所在不明

登録抹消（法26）

登録まつ消の公告（法27）

税理士証票の返還（法28）

資格審査会議決（法25①）

登録取消

理由付記通知（法25②）

不服がある場合

審査請求（法25③）

登録の申請等に関する手続（規11条の2）

登録事務の適正な運営を確保

※税理士事務所設置等に関する留意事項

```
                    登録申請者
                        ↑
                税理士登録申請書 ┐
                変更登録申請書 ──┘
                        ↑
                申請内容が
                適正である
                か を確認
                        ↑
    指導又は助言 ← 【法的権限】
                    ┌─────────┐
                    │  日税連  │
                    │ 税理士会 │
                    └─────────┘
                登録事項に変更が
                生じているにもか
                かわらず変更登録
                申請がないとき
                        ↓
                その他登録事項
                        ↓
        変更登録申請
        をすべき者
                ↑（変更登録申請の要請）
```

事務所の名称及び所在地

税理士業務を行うための事務所とは、税理士業務の本拠をいい、委嘱者等に示す連絡先など外部に対する表示に係る客観的事実によって判定する

税理士業務の本拠であるかどうかは、税理士会及び支部からの指導・連絡・監督、

その他登録事項

・氏名
・生年月日
・本籍
・住所
・税理士となる資格その取得日

※税理士事務所設置等に関する留意事項

・税理士業務の本拠は、税理士業務の契約上の所在地を表すための法律関係の明確化と税理士会及び支部からの指導・連絡・監督、行政からの指導・連絡が遅滞なく行われる環境であること。
・使用人等に対する監督義務が疎かにならないこと。
・非税理士が税理士の名を借りて二セ税理士行為を行わないこと（税理士等の使用人その他の従業員を含む）。
・守秘義務が守られていること。

登録

第18条

税理士となる資格を有する者が、税理士となるには、税理士名簿に、財務省令で定めるところにより、氏名、生年月日、事務所の名称及び所在地その他の事項の登録を受けなければならない。

◆ 登録制の意義

我が国の税理士制度は、税務に関する専門家としての税理士が、租税に関する法令に規定された納税義務の適正な実現に資することを期待して、税務に関する一定範囲の業務について税理士にのみ独占的に業として営むことを認めており、この税理士業務を行うにふさわしい者であると認められるものを一般に公認する行為として、税理士名簿に登録する制度が採られている。また、このような登録制度は、他の資格制度においても採用されている。

◆ 登録事項

税理士となる資格を有する者が、税理士となるには税理士名簿に登録を受けて初めて税理士となる。税理士名簿には、次の項目を記載する。

① 氏名、生年月日、本籍及び住所並びに資格及びその資格の取得年月日

② 次のイからハまでに掲げる場合の区分に応じ、それぞれイからハまでに定める事項

    イ 税理士法人の社員となる場合は、その所属する税理士法人又は設立しようとする税理士法人の名称及び執務する事務所の所在地

    ロ 所属税理士となる場合は、その勤務する税理士事務所の名称及び所在地又はその所属する税理士法人の名称及び勤務する事務所の所在地

    ハ 開業税理士となる場合は、設けようとする税理士事務所の名称及び所在地

③ 国税又は地方税に関する行政事務に従事していた者については、その者の当該事務に従事しなくなった日前5年間に従事した職名及びその期間

◆ 税理士としての登録

税理士となる資格を有するだけでは税理士となることができず、税理士となるには、社員税理士（税理士法人の社員である税理士）、所属税理士又は開業税理士（社員税

理士及び所属税理士以外の税理士）のいずれか一の税理士として登録する必要がある（基通18－1）。

◆ 旧姓使用

婚姻、離婚、養子縁組又は離縁等（以下「婚姻等」という）の事由により戸籍上の氏に変更が生じた後も、日本税理士会連合会の承認を受けることにより、税理士の業務の遂行上、婚姻等の前の戸籍の氏（以下「旧姓」という）を使用することができる。

また、平成21年には、税理士法人の社員税理士についても、旧姓使用が認められることとなった。

税理士名簿

第19条

税理士名簿は、日本税理士会連合会に備える。

2　税理士名簿の登録は、日本税理士会連合会が行う。

3　日本税理士会連合会は、財務省令で定めるところにより、第1項の税理士名簿を電磁的記録をもつて作成することができる。

◆ 日本税理士会連合会が行う登録事務

日本税理士会連合会は、税理士名簿を備え、その登録事務を行っている。登録事務は、従来、国税庁が行っていたが、昭和36年の法改正で日本税理士会連合会の自主性の確立に資するため、日本税理士会連合会に移譲された（参考「国会会議録（抄）昭和36年3月27日参議院大蔵委員会（提案理由）」）。

参考

【国会会議録（抄）】昭和36年3月27日　参議院大蔵委員会（提案理由）

田中茂穂政府委員（大蔵政務次官）

政府は、昭和26年に税理士法が施行されて以来の税理士制度の運営の経験に顧みまして、今後早急に税理士のあり方その他税理士制度の全般について根本的な検討を加える方針でありますが、その結論を得るにはなお時日を要しますので、今回は、税理士の登録事務の移譲及び税理士特別試験の存続期間の延長等当面必要な事項について税理士法の一部を改正しようとするものであります。

以下、改正案の内容につきまして簡単に御説明申し上げます。

第一に、税理士の自主制を高めるため、税理士の登録事務を日本税理士会連合会に移譲することとし、所定の規定の整備をはかっております。

税理士制度の適正な運営をはかるためには、個々の税理士が、その職責を自覚し、自主的にみずから規律を守る態勢が確立されることが望ましいことは言うまでもありません。このような観点から、さしあたり従来国税庁長官が行っていた税理士の登録事務を日本税理士会連合会に移譲することとしております。

この移譲に伴い、登録事務の公正な運営をはかるため、日本税理士会連合会に、同連合会長ほか、税理士、国税又は地方税の行政事務に従事する職員及び学識経験者からなる資格審査会を設け、問題のある事案については、同審査会の議決に基づいて処理することといたしております。また、登録を拒否され事案及び登録事務が相当期間遅延している事案については、国税庁長官に対して異議申し立てを行い、その救済を求めることができることといたしております。

なお、従来税理士会の会則の変更は、すべて大蔵大臣の認可を要していたのでありますが、税理士会の自主性を高めるため、できる限り、届出制に改めることといたしております。

変更登録

第20条

税理士は、第18条の規定により登録を受けた事項に変更を生じたときは、遅滞なく変更の登録を申請しなければならない。

税理士名簿に登録を受けた事項に変更を生じたときは、遅滞なく変更の登録を申請しなければならない。変更の登録を申請する者は、所属税理士会を経由して、日本税理士会連合会に、変更の内容及び理由、変更の生じた年月日その他参考となるべき事項を記載した変更登録申請書を提出しなければならない。

変更登録の対象となるべき事項は、登録者の氏名、税理士事務所の名称、所在地、本籍、住所及び税理士となる資格の区分等の変更はもちろんのこと、開業税理士が社員税理士又は所属税理士になるような場合等、現に登録を受けている区分から他の区分への変更も当然含まれる。

登録の申請

第21条

　　第18条の規定による登録を受けようとする者は、同条に規定する事項その他の財務省令で定める事項を記載した登録申請書を、第3条第1項各号のいずれかに該当する者であることを証する書面を添付の上、財務省令で定める税理士会を経由して、日本税理士会連合会に提出しなければならない。

　2　前項の規定による登録申請書には、その副本3通を添付するものとし、同項の税理士会は、当該申請書を受理したときは、遅滞なく当該副本1通ずつを当該申請者の住所地の所轄税務署長並びに当該住所地を管轄する市町村（特別区を含む。以下同じ。）及び都道府県の長に送付するものとする。

◆　登録の申請及び登録事務の適正な履行

　税理士として登録を受けようとする者は、氏名、生年月日、事務所の名称及び所在地その他の事項（法18）を記載した登録申請書を、税理士となる資格を有することを証する書面等を添付の上、その登録を受けようとする税理士事務所又は税理士法人の事務所の所在地を含む区域に設立されている税理士会を経由して、日本税理士会連合会に提出しなければならない（規11）。

　税理士会及び日本税理士会連合会は、登録申請書（変更登録申請書を含む。）の提出があったとき又は変更の登録が必要であるにもかかわらずその申請がないと認めるときは、その申請者又はその変更の登録を申請すべきと認める者に対して、事務所の名称及び所在地その他の登録事項に関し必要な指導又は助言を行うことができる（規11の2）。

　このため、今回、日本税理士会連合会が行っている登録事務の適正な履行はもとより、会員たる税理士の指導、連絡及び監督を行う日本税理士会連合会・税理士会の事務の円滑な運営を図る観点から、明文化されたものである。

◆　税理士会経由の日本税理士会連合会提出

　税理士として登録を受けようとする者は、法18条に規定する事項を記載した登録申請書を、その登録を受けようとする税理士事務所又は税理士法人の所在地を含む区域に設立されている税理士会を経由して、日本税理士会連合会に提出しなければならない。

登録に関する決定

第22条

　日本税理士会連合会は、前条第１項の規定による登録申請書を受理した場合においては、当該申請者が税理士となる資格を有し、かつ、第24条各号のいずれにも該当しない者であると認めたときは税理士名簿に登録し、当該申請者が税理士となる資格を有せず、又は同条各号のいずれかに該当する者であると認めたときは登録を拒否しなければならない。この場合において、次条第１項の規定による通知に係る者につき登録をしようとするとき、又は登録を拒否しようとするときは、第49条の16に規定する資格審査会の議決に基づいてしなければならない。

2　日本税理士会連合会は、前項の規定により登録を拒否しようとするときは、あらかじめ当該申請者にその旨を通知して、相当の期間内に自ら又はその代理人を通じて弁明する機会を与えなければならない。

3　日本税理士会連合会は、第１項の規定により税理士名簿に登録したときは当該申請者に税理士証票を交付し、同項の規定により登録を拒否するときはその理由を付記した書面によりその旨を当該申請者に通知しなければならない。

4　日本税理士会連合会は、第１項の規定により登録を拒否する場合において、当該申請者が税理士となる資格又は第24条各号に規定する登録拒否事由に関する事項について、記載すべき事項を記載せず、又は虚偽の記載をして前条第１項の規定による登録申請書を提出した者であるときは、前項の規定による通知の書面においてその旨を明らかにしなければならない。

　日本税理士会連合会は、登録申請書を受理した場合、その申請者が税理士となる資格（法3、4）を有し、かつ、登録拒否事由（法24）に該当しない者等であると認めたときは税理士名簿に登録し、その申請者に対し税理士証票を交付する。

　他方、その申請者が税理士となる資格を有せず、又は登録拒否事由に該当する者であると認めたときは登録を拒否しなければならない。

◆　登録を拒否する場合

　日本税理士会連合会は、登録を拒否しようとするときは、あらかじめその申請者にその旨を通知して、相当の期間内に自ら又はその代理人を通じて弁明する機会を与えなければならない。

また、登録を拒否するときは、その理由を付記した書面により通知を行うこととされており、その申請者が税理士となる資格又は登録拒否事由に関する事項について、記載すべき事項を記載せず、又は虚偽の記載をして登録申請書を提出した者であるときは、登録を拒否する通知の書面で、その旨を明らかにしなければならない。これは、虚偽の記載等により登録を拒否された者は、登録拒否の処分を受けた日から3年を経過しない間は、税理士としての資格を有しない欠格条項（法4十一）に該当することから、処分の事実を明確にするための措置である。

　なお、税務署長等から税理士となる資格を有しない旨若しくは登録拒否事由に該当する旨の報告を受けた者について、登録をしようとするとき、又は登録を拒否しようとするときは、資格審査会（法49の16）の議決に基づいて行わなければならないとされている（図表「登録等手続の流れ」（078ページ参照））。

国等と日本税理士会連合会との間の通知

第23条

　税務署長並びに市町村及び都道府県の長は、第21条第1項の規定による登録申請書を提出した者が税理士となる資格を有せず、又は次条各号の一に該当する者であると認めたときは、第21条第2項の規定により登録申請書の副本の送付を受けた日から1月以内に、その事実を日本税理士会連合会に通知するものとする。

2　日本税理士会連合会は、前条第1項の規定により登録を拒否したときは、その旨を国税庁長官並びに当該申請者の住所地を管轄する市町村及び都道府県の長に通知しなければならない。

◆　双方通知の趣旨

　この規定は、登録事務の適正な運営を確保するため採られた措置であり、日本税理士会連合会は、登録前に国、市町村及び都道府県の3者から情報を得るとともに、登録を拒否したときは3者に通知することとされている。

登録拒否事由

第24条

　次の各号のいずれかに該当する者は、税理士の登録を受けることができな

い。

一　懲戒処分により、弁護士、外国法事務弁護士、公認会計士、弁理士、司
　　法書士、行政書士若しくは社会保険労務士の業務を停止された者又は不動
　　産の鑑定評価に関する法律第5条に規定する鑑定評価等業務（第43条におい
　　て「鑑定評価等業務」という。）を行うことを禁止された不動産鑑定士で、現
　　にその処分を受けているもの

二　報酬のある公職（国会又は地方公共団体の議会の議員の職、非常勤の職その他財
　　務省令で定める公職を除く。第43条において同じ。）に就いている者

三　不正に国税又は地方税の賦課又は徴収を免れ、若しくは免れようとし、
　　又は免れさせ、若しくは免れさせようとした者で、その行為があつた日か
　　ら2年を経過しないもの

四　不正に国税又は地方税の還付を受け、若しくは受けようとし、又は受け
　　させ、若しくは受けさせようとした者で、その行為があつた日から2年を
　　経過しないもの

五　国税若しくは地方税又は会計に関する事務について刑罰法令に触れる行
　　為をした者で、その行為があつた日から2年を経過しないもの

六　第48条第1項の規定により第44条第2号に掲げる処分を受けるべきであ
　　つたことについて決定を受けた者で、同項後段の規定により明らかにされ
　　た期間を経過しないもの

七　次のイ又はロのいずれかに該当し、税理士業務を行わせることがその適
　　正を欠くおそれがある者
　　イ　心身に故障があるとき。
　　ロ　第4条第3号から第11号までのいずれかに該当していた者が当該各号
　　　　に規定する日から当該各号に規定する年数を経過して登録の申請をした
　　　　とき。

八　税理士の信用又は品位を害するおそれがある者その他税理士の職責に照
　　らし税理士としての適格性を欠く者

　日本税理士会連合会は、登録申請書を受理した場合に、その申請者が税理士となる
資格を有せず（法4）、又は登録拒否事由に該当する者であると認めたときは登録を拒
否しなければならない。この「登録拒否事由に該当する者」は次のとおり規定されて
いる。

◆ 登録拒否事由のまとめ

1	懲戒処分による弁護士等の業務停止等の処分中の者
2	報酬のある公職者
3	不正に国税等の賦課徴収を免れた等の行為があり、その行為から2年を経過しない者
4	不正に国税等の還付を受けた等の行為があり、その行為から2年を経過しない者
5	国税等又は会計の事務につき刑罰法令に触れる行為があり、その行為から2年を経過しない者
6	元税理士に対する懲戒処分相当であったことの決定を受けた者で、その業務停止をすべきであった期間を経過しない者
7	以下のいずれかに該当し、税理士業務を行うのに適正を欠くおそれのある者 イ　心身に故障があるとき ロ　第4条第3号から第11号までのいずれかに該当する者で、各号の規定する年数経過後に登録申請したとき。
8	信用失墜等のおそれがあり税理士としての適格性を欠く者

◆ 報酬のある公職

　税理士は、「独立した公正な立場」で業務を遂行しなければならず、使命にかんがみて報酬のある公職に就いている場合は、税理士となるに相応しくないとされている。

　この場合の「報酬」とは、一定の役務の給付の対価として与えられる反対給付をいい、費用の弁償は含まれないものとする（基通24－1）。

　また「公職」とは、おおむね、国会、裁判所、国の行政機関、都道府県及び市町村、地方自治法に規定する特別区、地方公共団体の組合、財産区及び地方開発事業団のすべての職をいい、その職は公選のものであると否とを問わない（基通24－2）。

　税理士の登録申請があった場合に、その申請者が、報酬のある公職（国会又は地方公共団体の議会の議員の職、非常勤の職その他財務省令で定める公職を除く。）に就いている者に該当するときは、その職務に専念しなければならず、税理士業務を行わせることは適当でないことから、日本税理士会連合会は、その登録を拒否しなければならないこととされている（法24二）。

　また、税理士が、報酬のある公職（国会又は地方公共団体の議会の議員の職、非常勤の職その他財務省令で定める公職を除く。）に就いた場合には、その職にある間は税理士業務を停止しなければならないこととされている（法43）。

　報酬のある公職に就いている者は、税理士業務を行うことにつき制限（登録の拒否、税理士業務の停止）がされているが、国会又は地方公共団体の議会の議員の職、非常勤の職その他財務省令で定める公職については、例外として除かれている。

なお、例外事由における「その他財務省令で定める公職」とは、「国税又は地方税の賦課又は徴収に関する事務に従事する職以外の公職であって、国家公務員法その他の法令（条例を含む。）又はその公職の服務に関する規範により税理士業務との兼業が制限されていないもの」をいい（法24二、規12の２）、平成26年改正において、税理士に求められる社会貢献をよりよく遂行できるようその例外事由に追加された。

　「国税又は地方税の賦課又は徴収に関する事務に従事する職」については、普通地方公共団体の長（地方自治法149三）など、賦課・徴収権者等が納税義務者の税務代理人になることは利益相反の関係になること等から税理士業務との兼業を認めることは適当でない。また、兼業の制限のある公職としては、国家公務員（国家公務員法103①）、地方公務員（地方公務員法38①）、国務大臣等（国務大臣、副大臣及び大臣政務官規範（平成13年１月６日閣議決定））などが該当する。

　したがって、例えば、兼業禁止規定がない地方公共団体の監査委員のような公職は、税理士登録の拒否事由及び税理士業務の停止事由とされる「報酬のある公職」から除かれている。

◆　懲戒処分相当であったことの決定を受けた元税理士

　令和４年の改正において、この登録拒否事由に、「法48条１項の規定により法44条２号に掲げる処分を受けるべきであつたことについて決定を受けた者で、同項後段の規定により明らかにされた期間を経過しないもの」が追加され、当該決定を受けた元税理士は税理士業務の停止の「懲戒処分を受けるべきであったことの決定」を受けた日から決定に係る停止期間まで登録拒否事由に該当することとされた。

◆　心身に故障のある者

　この規定に該当する場合は、委嘱者に不測の損害を与える虞があるため登録拒否事由の一つとなっている。ただし、心身の故障が税理士の使命を果たしつつ適正な税理士業務を行えない程度に達しない場合は、登録拒否事由に当たらない。

◆　法４条の欠格条項に該当していた者が年数を経過して登録申請をする場合

　法４条３号から11号までのいずれかに該当していた者が、その欠格期間を経過して登録の申請をしたとしても、当該申請者が「税理士業務を行わせることがその適正を欠くおそれがある」場合には、その登録が拒否される（法24七ロ）。

昭和24年5月12日　参議院法務委員会　衆議院法制局参事の答弁
　弁護士法における本規定の趣旨として「3年経ってから請求して来たときにも、尚これを弁護士として職務を行わせるということが弁護士事務の重要性から適正を欠く虞れがあると認められたときには進達を拒絶することができるということにいたした」とされています。

（税理士業務を行わせることがその適正を欠くおそれがある者の判定）
基通24-7
　法第24条第7号ロの登録の申請に関し、当該申請者が「税理士業務を行わせることがその適正を欠くおそれがある者」に該当するか否かについては、過去における当該申請者の非行の性質や内容、当該非行からの経過期間、その間における本人の反省や謹慎の具体的状況等を総合的に勘案して判定するものとする。
　なお、単に法第4条第3号から第11号までに規定する年数が経過したことのみをもって、当該登録拒否事由に該当しないと判定することがないよう留意する。

（税理士の信用又は品位を害するおそれがある者の判定）
基通24-8
　過去に非行があった者が法第24条第8号に規定する「税理士の信用又は品位を害するおそれがある者」に該当するか否かについては、当該非行の性質や内容、当該非行からの経過期間、その間における本人の反省や謹慎の具体的状況等に加え、当該非行による社会的影響の大きさやその沈静化の程度等も勘案して判定するものとする。なお、単に法第24条第3号から第6号までに規定する年数が経過したことのみをもって、当該登録拒否事由に該当しないと判定することがないよう留意する。

◆　**資格審査会の議決**

　法24条1号から6号までに掲げる登録拒否事由は客観性があり事実をもって証拠づけることができるが、同7号及び8号は主観的な要素が強く、その認識について争いが生じる場合も考えられる。そこで、法22条で、日本税理士会連合会が税理士の登録を拒否しようとするときは、資格審査会の議決に基づいて行うことを要し、さらに、

あらかじめその申請者に対して登録を拒否しようとする旨を通知して、相当の期間内に申請者自ら又はその代理人を通じて弁明する機会を与えなければならないこととされている（法22）。

登録を拒否された場合等の審査請求

第24条の2

　　第22条第1項の規定により登録を拒否された者は、当該処分に不服があるときは、国税庁長官に対して審査請求をすることができる。

2　第21条第1項の規定による登録申請書を提出した者は、当該申請書を提出した日から3月を経過しても当該申請に対して何らの処分がされない場合には、当該登録を拒否されたものとして、国税庁長官に対して審査請求をすることができる。この場合においては、審査請求があつた日に日本税理士会連合会が第22条第1項の規定により当該登録を拒否したものとみなす。

3　前2項の規定による審査請求を棄却する場合において、審査請求人が第22条第4項の規定に該当する者であるときは、国税庁長官は、裁決書にその旨を付記しなければならない。

4　第1項又は第2項の場合において、国税庁長官は、行政不服審査法第25条第2項及び第3項並びに第46条第2項の規定の適用については、日本税理士会連合会の上級行政庁とみなす。

◆　国税庁長官に対する審査請求の意図

　この場合の審査請求の相手が国税庁長官とされているのは、日本税理士会連合会の行っている登録に関する処分は、行政庁に代わって日本税理士会連合会が行っているものであり、その救済措置については、責任ある行政庁が最終的な裁決権を行使するのが適当であるとの見地によるものである。

　また、審査請求があった場合、国税庁長官は行政不服審査法の規定に従って審査手続を進め裁決を行わなければならないが、審査請求に理由があるときは、日本税理士会連合会に対し相当の処分（登録すべき旨）を命じることができ、日本税理士会連合会はこの裁決に従う義務を負う。

登録の取消し

第25条

　日本税理士会連合会は、税理士の登録を受けた者が、次の各号のいずれかに該当するときは、第49条の16に規定する資格審査会の議決に基づき、当該登録を取り消すことができる。

一　税理士となる資格又は第24条各号に規定する登録拒否事由に関する事項について、記載すべき事項を記載せず若しくは虚偽の記載をして第21条第1項の規定による登録申請書を提出し、その申請に基づき当該登録を受けた者であることが判明したとき。

二　第24条第7号（イに係る部分に限る。）に規定する者に該当するに至つたとき。

三　2年以上継続して所在が不明であるとき。

2　日本税理士会連合会は、前項第1号又は第2号のいずれかに該当することとなつたことにより同項の規定により登録を取り消すときは、その理由を付記した書面により、その旨を当該処分を受ける者に通知しなければならない。

3　前条第1項及び第4項の規定は、第1項の規定により登録を取り消された者において当該処分に不服がある場合について準用する。この場合において、同条第4項中「第46条第2項」とあるのは、「第46条第1項」と読み替えるものとする。

◆　所在不明による登録の取消し

　長期行方不明税理士が税理士業務を行うことにより納税者に不測の損害を与えた場合、その者に対し税理士会の指導、連絡及び監督が及ばないこととなり、税理士会の社会に対する責任が果たせないこととなる。

　「所在が不明であるとき」に該当するかどうかは、税理士名簿に登録された事務所所在地や住所等の現況により判定される（基通25－1）。

◆　登録取消し後の再登録制限

　登録の取消処分を受けた者は欠格事項（法4十一）の規定により登録拒否の処分を受けた日から3年間は税理士となる資格を有しない。

登録の抹消

第26条

　日本税理士会連合会は、税理士が次の各号のいずれかに該当することとなつたときは、遅滞なくその登録を抹消しなければならない。
一　その業務を廃止したとき。
二　死亡したとき。
三　前条第１項の規定による登録の取消しの処分を受けたとき。
四　前号に規定するもののほか、第４条第２号から第６号まで又は第８号から第10号までのいずれかに該当するに至つたことその他の事由により税理士たる資格を有しないこととなつたとき。
２　税理士が前項第１号、第２号又は第４号のいずれかに該当することとなつたときは、その者、その法定代理人又はその相続人は、遅滞なくその旨を日本税理士会連合会に届け出なければならない。

　日本税理士会連合会は、税理士が次のいずれかの事項に該当することとなったときは、遅滞なくその登録を抹消しなければならない。

① 業務廃止のとき

　税理士がその業務を廃止したときは、税理士である必要はなくなるので、その登録を抹消する。

　この場合の税理士としての資格（身分）は、登録が抹消されるまで失われないものと解される。

② 死亡したとき

　税理士となる資格は、自然人である税理士に一身専属に与えられたものであり、その者が死亡した場合、その死亡の時点で、税理士の資格は失われる。

　この場合の税理士の資格は死亡の時点ですでに失われており、登録の抹消はその確認及び税理士名簿の単なる整理にすぎない。

③ 登録の取消処分を受けたとき

　税理士の登録を受けた者が、税理士となる資格又は登録拒否事由に関する事項について記載すべき事項を記載せず若しくは虚偽の記載をして登録申請書を提出し、その申請に基づき登録を受けた者であることが判明したときは、日本税理士会連合会は、資格審査会の議決に基づきその登録を取り消すことができる（法25①一）。この登録の取消処分が行われると、処分を受けたときに、その税理士の

資格は失われる。

　この場合の税理士の資格は、登録の取消処分を受けたときに失われており、登録の抹消は、事後手続にすぎないものと解されている。

④　欠格条項、その他の事由により税理士たる資格を有しないこととなったとき

　税理士の登録を受けた者が、前記③の登録の取消処分を受けたとき以外でも、欠格条項（法４七・法４十一を除く。）のいずれかに該当することとなったとき、その他、税理士試験の合格を取り消された場合、公認会計士の資格で税理士となった者がその資格を失った場合などの事由により、税理士たる資格を有しないこととなったときは、その時点で当然に税理士の資格は失われる。

　この場合の税理士の資格は、それぞれの条項等に該当するに至ったときに失われており、登録の抹消は、事後手続にすぎないものと解されている。

◆　登録抹消に関する届出

　税理士の登録を受けていた者が、前述の①業務を廃止したり、②死亡したり、あるいは④欠格条項（前記③を除く。）に該当することとなったときは、本人、その法定代理人又はその相続人は、遅滞なくその旨を、その税理士登録をしていた者が所属していた税理士会を経由して日本税理士会連合会に届け出なければならない。

◆　登録抹消の制限

　税理士が懲戒の手続に付された場合、日本税理士会連合会は、その手続が結了するまでは、当該税理士の登録の抹消はできないとされている（法47の２）。

登録及び登録のまつ消の公告

第27条

　日本税理士会連合会は、税理士の登録をしたとき、及び当該登録をまつ消したときは、遅滞なくその旨及び登録をまつ消した場合にはその事由を官報をもつて公告しなければならない。

◆　遅滞なくの理由

　税理士業務は税理士の独占業務であること、また、申告納税制度の下、納税義務の適正な実現を図るという税理士の社会的使命に鑑み、登録及び抹消の事実は、常に公

正に処理し国民に知らしめなければならない。

　そのため、日本税理士会連合会は、税理士名簿に登録したとき又は当該登録した事項を抹消したときは、遅滞なくその旨及び登録を抹消した場合にはその事由（業務の廃止、死亡等の区分）を官報に公告しなければならないとされている。

税理士証票の返還

第28条

　　税理士の登録がまつ消されたときは、その者、その法定代理人又はその相続人は、遅滞なく税理士証票を日本税理士会連合会に返還しなければならない。税理士が第43条の規定に該当することとなつた場合又は第45条若しくは第46条の規定による税理士業務の停止の処分を受けた場合においても、また同様とする。

　2　日本税理士会連合会は、前項後段の規定に該当する税理士が税理士業務を行うことができることとなつたときは、その申請により、税理士証票をその者に再交付しなければならない。

◆　税理士証票の返還

　税理士証票は、税理士となる資格を有する者が税理士名簿に登録されたときに交付される。また、税理士が税務代理をする場合において、税務官公署の職員と面接する際に提示が義務付けされている（法32）。このように、税理士証票は、税理士の登録を受けたことを公に証明するものである。

　税理士登録が抹消された場合、税理士が懲戒処分により弁護士等の他士業の業務の停止又は禁止の処分を受けている間、報酬のある公職にある間、税理士が税理士法による懲戒処分を受けて税理士業務の停止の処分を受けた場合には、税理士証票を返還しなければならない（法28①）。

◆　税理士証票の再交付・差替え

　税理士業務を行うことを停止されていた者が、再び税理士業務を行うことができるようになったときには、日本税理士会連合会は、申請により税理士証票をその者に再交付しなければならない（法28②）。また、税理士証票を亡失又は損壊した場合には再交付を受けることができるとするほか（規13②）、必要があると認めたときは、古い税

理士証票を新しいそれに差し替えることができることとされている（規13⑤）。

◆ 税理士証票の定期的交換

　税理士は、その所属税理士会及び日本税理士会連合会の会則で定めるところにより、定期的に税理士証票の交換をしなければならない（規13④（図表（096ページ参照）））。

　税理士証票については、運転免許証やパスポートのように更新や有効期間の定めはないが、単に経年劣化等による差し替え等にとどまらず、税理士がその所属する税理士会の会則の定めるところにより定期的に税理士証票の交換をしなければならないとすることは、税理士に対する指導、連絡及び監督を行う税理士会・日本税理士会連合会の事務の適正・円滑な運営を図る観点からも合理的であり、税理上・税理士制度への信頼向上にも資することとなる。

◆ 返還手続

① 　税理士証票を亡失又は損壊したときは、参考事項を記載した書面を所属税理士会を経由して日本税理士会連合会に提出しなければならない。損壊したときは、損壊した税理士証票を当該書面に添付して返還しなければならない。

② 　税理士登録が抹消された場合等に該当するときは、所属税理士会を経由して日本税理士会連合会に返還しなければならない。

③ 　再交付を申請するときは、再交付申請書を所属税理士会を経由して日本税理士会連合会に提出しなければならない。

税理士証票の定期的交換（規13条④）

○税理士の登録を受けたことを公に証明する票
○証票交換の機会を通じて税理士名簿の登載事項の確認
事務所所在地に変更が生じている者にも関わらず、変更登録を
しない者等の情報収集が可能

税理士証票
(氏名) 近税　太郎
(登録番号)
(税理士事務所又は
税理士法人の名称)
○年○月○日
日本税理士会連合会

○税理士の身分の証明及び非税理士の排除
法30（税務代理権限の明示）及び同31（特別の委任を要する
事項）の規定とともに税理士の資格を有するものが適法な税務
代理の権限により税務代理を行うことを担保し、同時に非税理
士を排除する効果も併せて期待

交付

定期的に交換

提示

税務官公署

日本税理士会連合会・税理士会

変更登録をしない者等に対する指導又は助言

税理士会・日本税理士会連合会の事務の適正・円滑な運営

身分の証明義務及び適法な税務代理の担保

税理士・税理士制度への信頼向上

登録の細目

第29条

　この法律に定めるもののほか、登録の手続、登録のまつ消、税理士名簿、税理士証票その他登録に関する細目については、財務省令で定める。

　税理士登録に関しては、前述のとおり定められているもののほか、税理士の登録の手続、登録の抹消、税理士名簿、税理士証票その他登録に関する細目について、財務省令で定められている。これを受けて、財務省令（税理士法施行規則）では、登録事項、書式、申請書の提出先等を定めている。

税理士の権利及び義務

（第30条―第43条）

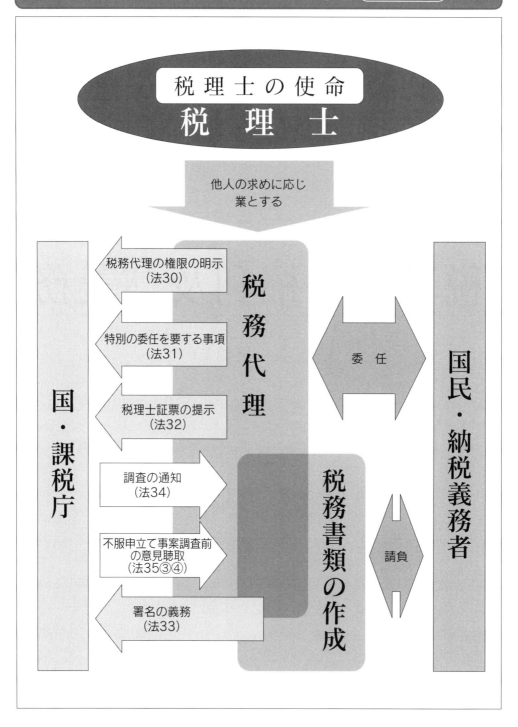

税理士の使命

税　理　士

他人の求めに応じ
業とする

税務代理

税務書類の作成

国・課税庁

国民・納税義務者

委任

請負

税務代理の権限の明示
（法30）

特別の委任を要する事項
（法31）

税理士証票の提示
（法32）

調査の通知
（法34）

不服申立て事案調査前
の意見聴取
（法35③④）

署名の義務
（法33）

税務代理の権限の明示

第30条

　税理士は、税務代理をする場合においては、財務省令で定めるところにより、その権限を有することを証する書面を税務官公署に提出しなければならない。

　法2条に定める税理士の代理・代行行為は、適法な権限に基づいて行われるものでなければならない。税務官公署に対してもそのことを明示するための証拠を提示する必要があり、税理士法は、税理士が税務代理をする場合にその権限を有することを証する書面（税務代理権限証書）を税務官公署に提出しなければならないこととされている。

◆　税務代理権限証書の様式

　平成13年の改正で地域により異なっていた様式が統一され、同様式により、

①　包括的な委任が可能となった。

②　税目及び年分について複数の税務代理をまとめて3つまで記載できることとなった。

③　その他の事項には税務代理から除外する事項、又は税務代理の範囲を限定する場合にその旨を記載することとなった。

　平成26、27年度税制改正に伴う国税通則法及び税理士法の一部改正により、税務代理権限証書の様式が改訂され、

①　「過年分に関する税務代理」欄及び「調査の通知に関する同意」欄が設けられた（平成26年度税制改正）。

②　「税務代理の対象に関する事項」について、税務調査の度合いが多い税目と思われる「所得税」、「法人税」、「消費税」及び「源泉徴収に係る所得税」についてあらかじめ記載できるようになった（平成26年度税制改正）。

③　「代理人が複数ある場合における代表する代理人の定め」欄が設けられた（平成27年度税制改正）。

◆　税務代理の利便性の向上

　令和4年改正により、税務代理における利便性の向上が図られ、

① 税務官公署に対してする主張若しくは陳述の前提となるような、更正通知書や賦課決定通知書等の書類の代理受領行為は、税務代理に含まれることが通達で明確化された。

② 税務代理に含まれない代理行為についても、その代理関係を税務代理権限証書の中で明示できるよう、税務代理権限証書の様式が見直された（令和6年4月1日施行）（参考資料291ページ参照）。

③ 税務代理に関する代理関係が終了した場合の手続について通達で明確化された（令和6年4月1日施行）（参考資料293ページ参照）。

◆ 税務代理権限証書の提出時期

　原則として、最初に代理・代行行為をするときであり、通常は、申告時に税務申告書に添付して提出することとなる。

◆ 調査の通知（法34条）及び意見の聴取（法35条1項）との関連

　この税務代理権限証書の提出は、税理士に対する税務調査の事前通知（法34）、及び計算事項、審査事項等を記載した書面を添付した税理士に対する税務調査の事前通知前の意見聴取（法35①）等の要件となっている。

特別の委任を要する事項

第31条

　税理士は、税務代理をする場合において、次の行為をするときは、特別の委任を受けなければならない。
一　不服申立ての取下げ
二　代理人の選任

　不服申立ては、納税義務者が自ら申告を通じて確定した租税債務等を税務官公署が補正するために行った更正決定等の課税処分等に不服があるときに行うものであり、その取下げは、納税義務者の利害に極めて大きな影響を与えるものである。また、納税義務者の依頼を受けている税理士が、第三者を代理人（復代理人）に選定した場合、その代理人が行った法律行為の効果は納税義務者に帰属することとなる。税理士は、税務代理をする場合において、①不服申立ての取下げ、②代理人の選任といった納税

義務者の利害に重大な影響を及ぼす事項を行うときは、依頼人である納税義務者本人の特別の委任を受けなければならないとされている。ここでいう「特別の委任」とは、当該行為を具体的に行う場合の個別的な委任をいう（基通31－1）。

◆　税務代理権限証書との関係

　税理士が税務代理をする場合には、法30条の規定によりその権限を有することを証する書面（税務代理権限証書）の提出が義務付けられているところであるが、特に納税者の利害に重大な影響を及ぼす事項については、その提出とは別に、委任状の形式を具備した「特別の委任を受けたことを証する書面」を提出する必要がある。

参考

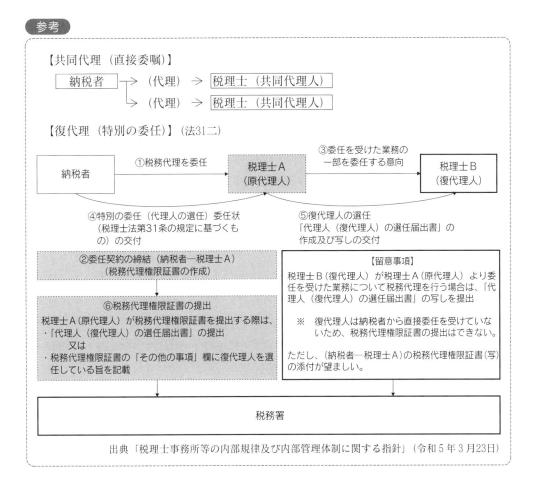

出典「税理士事務所等の内部規律及び内部管理体制に関する指針」（令和5年3月23日）

◆委任状（税理士法第31条の規定に基づくもの）(参考資料381ページ参照)
◆代理人（復代理人）の選任届出書 (参考資料382ページ参照)

税理士証票の提示

第32条

　税理士又は税理士法人が税務代理をする場合において、当該税務代理に係る税理士が税務官公署の職員と面接するときは、当該税理士は、税理士証票を提示しなければならない。

◆　**提示義務を課す趣旨**

　法30条（税務代理権限の明示）及び同31条（特別の委任を要する事項）の規定とともに税理士又は税理士法人が適法な税務代理の権限により税務代理を行うことを担保し、同時に非税理士を排除する効果も併せて期待している。

署名の義務

第33条

　税理士又は税理士法人が税務代理をする場合において、租税に関する申告書等を作成して税務官公署に提出するときは、当該税務代理に係る税理士は、当該申告書等に署名しなければならない。この場合において、当該申告書等が租税の課税標準等に関する申告書又は租税に関する法令の規定による還付金の還付の請求に関する書類であるときは、当該申告書等には、併せて本人（その者が法人又は法人でない社団若しくは財団で代表者若しくは管理人の定めがあるものであるときは、その代表者又は管理人）が署名しなければならない。

2　税理士又は税理士法人が税務書類の作成をしたときは、当該税務書類の作成に係る税理士は、当該書類に署名しなければならない。

3　税理士は、前2項の規定により署名するときは、税理士である旨その他財務省令で定める事項を付記しなければならない。

4　第1項又は第2項の規定による署名の有無は、当該書類の効力に影響を及ぼすものと解してはならない。

◆　**署名義務の趣旨**

　税理士又は税理士法人が税務代理をし、又は税務書類の作成をした場合にその責任を明らかにするため、税理士が作成した書類には署名をしなければならないこととさ

れている。

◆　所属税理士である旨の付記

　税務代理又は税務書類の作成に係る税理士が所属税理士である場合には、所属税理士である旨を表示するものとされている（基通33−1）。

◆　書類の効力

　税理士に対しては署名の義務が課されているが、この義務に反して税理士の署名のない申告書等の書類が税務官公署に提出されたとしても、税理士の署名のないことは、その書類の効力には何らの影響を及ぼすものではない。

◆　本人署名を求める意義

　租税に関する申告書等は、納税義務の確定及び還付金の請求という本人及び税務官公署にとって極めて重要なものであることから、納税義務者本人もその書類の作成及びその書類の意味内容について十分認識していることが重要であり、代理人たる税理士の責任のみならず納税義務者本人の責任をも明らかにするためである。

◆　例外として署名押印を求める書類

①　担保提供関係書類及び物納手続関係書類のうち、実印の押印及び印鑑証明書の添付を求めている書類（詳細は106ページ）

②　相続税及び贈与税の特例における添付書類のうち財産の分割の協議に関する書類（詳細は107ページ）

③　実印の押印及び印鑑登録証明書等の添付などにより委任の事実を確認している特定個人情報の開示請求や閲覧申請手続に係る委任状

押印（実印）及び印鑑証明書の添付を要する
「担保提供関係書類」及び「物納手続関係書類」

　下表のとおり、国税に関する法律の規定により担保を提供し又は相続税の物納に係る手続を行う際に提出する書類については、押印等が必要となりますので、御留意ください。

手続	押印等が必要な提出書類	押印等の内容
納税の猶予の申請等（土地等を担保提供する場合又は第三者が納税保証を行う場合） （国税通則法第46条の2ほか）	担保提供者や保証人等の真意を確認するための書類 （「納税保証書」「抵当権設定登記承諾書」等）	左記の書類については、法令に定める者の押印（実印）と、その押印に係る印鑑証明書の添付が必要となります。
換価の猶予の申請等（土地等を担保提供する場合又は第三者が納税保証を行う場合） （国税徴収法第151条の2ほか）		
徴収の猶予の申請（土地等を担保提供する場合又は第三者が納税保証を行う場合） （租税条約等の実施に伴う所得税法、法人税法及び地方税の特例等に関する法律第11条）		
相続税・贈与税の延納の申請（土地等を担保提供する場合又は第三者が納税保証を行う場合） （相続税法第39条ほか）		
相続税の物納の申請（土地等を物納に充てようとする場合） （相続税法第42条ほか）	物納に充てようとする財産の所有権移転登記を嘱託する際に必要となる書類（「所有権移転登記承諾書」）	

押印（実印）及び印鑑証明書の添付を要する「財産の分割の協議に関する書類」
【相続税・贈与税の特例関係】

　下表のとおり、相続税又は贈与税の特例の適用を受ける際に「財産の分割の協議に
関する書類」（遺産分割協議書等の写し）を添付する際には、押印等が必要となりま
すので、御留意ください。

対象の特例	押印等の内容
配偶者に対する相続税額の軽減 （相続税法第19条の２）	財産の取得状況を証する書類として「財産の分割の協議に関する書類（遺産分割協議書等）」を添付する場合は、その相続に係る全ての共同相続人等の押印（実印）があるものの写しと、その押印に係る印鑑証明書の添付が必要となります。
小規模宅地等についての相続税の課税価格の計算の特例 （租税特別措置法第69条の４）	
特定計画山林についての相続税の課税価格の計算の特例 （租税特別措置法第69条の５）	
農地等についての相続税の納税猶予及び免除等 （租税特別措置法第70条の６）	
山林についての相続税の納税猶予及び免除 （租税特別措置法第70条の６の６）	
特定の美術品についての相続税の納税猶予及び免除 （租税特別措置法第70条の６の７）	
個人の事業用資産についての相続税の納税猶予及び免除 （租税特別措置法第70条の６の10）	
非上場株式等についての相続税の納税猶予及び免除 （租税特別措置法第70条の７の２）	
非上場株式等についての相続税の納税猶予及び免除の特例 （租税特別措置法第70条の７の６）	
医療法人の持分に係る経済的利益についての贈与税の納税猶予及び免除 （租税特別措置法第70条の７の９）	
医療法人の持分についての相続税の納税猶予及び免除 （租税特別措置法第70条の７の12）	
医療法人の持分についての相続税の税額控除 （租税特別措置法70の７の13）	

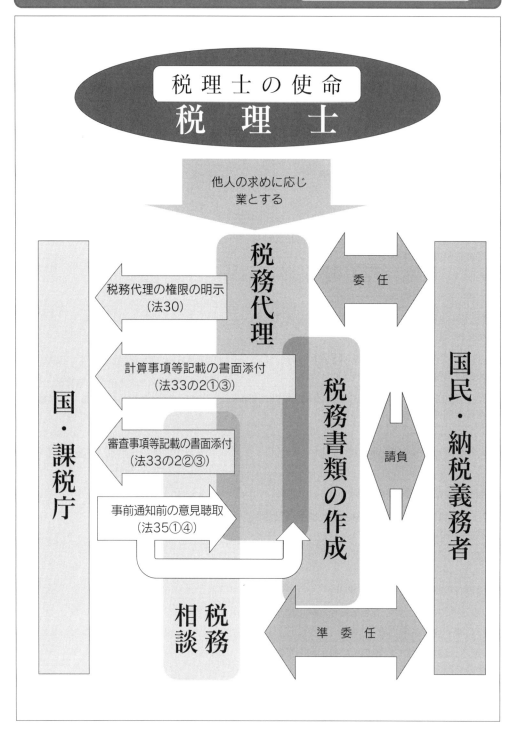

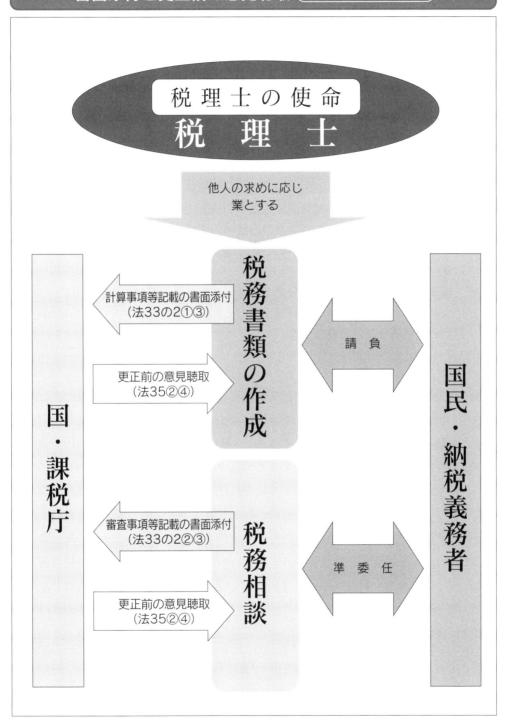

計算事項、審査事項等を記載した書面の添付

第33条の2

税理士又は税理士法人は、国税通則法第16条第1項第1号に掲げる申告納税方式又は地方税法第1条第1項第8号若しくは第11号に掲げる申告納付若しくは申告納入の方法による租税の課税標準等を記載した申告書を作成したときは、当該申告書の作成に関し、計算し、整理し、又は相談に応じた事項を財務省令で定めるところにより記載した書面を当該申告書に添付することができる。

2　税理士又は税理士法人は、前項に規定する租税の課税標準等を記載した申告書で他人の作成したものにつき相談を受けてこれを審査した場合において、当該申告書が当該租税に関する法令の規定に従つて作成されていると認めたときは、その審査した事項及び当該申告書が当該法令の規定に従つて作成されている旨を財務省令で定めるところにより記載した書面を当該申告書に添付することができる。

3　税理士又は税理士法人が前2項の書面を作成したときは、当該書面の作成に係る税理士は、当該書面に税理士である旨その他財務省令で定める事項を付記して署名しなければならない。

　税理士又は税理士法人は、所得税法又は法人税法等による申告書の作成に関し、計算事項、審査事項等を記載した書面を添付することができる。自己の作成した申告書に計算事項等を記載した書面を添付すること（法33の2①）は、その申告書の作成に関してどの程度まで関与し、税務に関する専門家の立場からどのように調製したのかを明らかにすることにより、租税に関する納税義務の適正な実現ともに、税務行政の円滑化に資するものといえる。また、他人が作成した申告書に審査事項等を記載した書面を添付すること（法33の2②）は、税理士が税務に関する専門家の立場からどのように調製されたかを審査し、納税義務者の正しい申告を援助することは、納税義務の適正な実現という税理士制度の本旨に合致するものである。なお、添付することができる申告書は、申告納税方式の国税又は申告納付若しくは申告納入方式の地方税のすべてとなっている。

◆　書面添付制度の歴史

昭和31年改正
＊1

①日本税理士会連合会の要請により創設。
②更正時の意見陳述の機会を与えるという制度。
③税理士の社会的評価とその地位の向上に寄与した。
④国税庁側からは「税理士が課税標準又は税額の計算の適否について監査証明をすることを業とすることができる」との案も示されたが、大蔵省から「税務書類については、税務官公署が最終監査を行うものである」とし、計算事項等を記載した書面の添付制度となった。

昭和55年改正
＊2

①税理士業務の対象となる税目が原則として全税目に拡大されたことに関連して、書面添付できる税目が拡大した。
②他人が作成した申告書の審査に関する書面の添付ができることとなった。

平成13年改正
＊3

①書面の様式が改正された。
②法35条（意見の聴取）1項の改正と連動して、重要な意味を持つ規定となった。つまり、申告書に添付された書面がある場合、税務官公署の当該職員が、あらかじめその者に日時場所を通知して調査をする場合において、法30条に係る書面を提出している税理士があるときは、当該通知をする前に、当該税理士に対して、当該添付書面に記載された事項について意見を述べる機会を与えなければならないとされたことである。

令和4年改正

①書面の名称、様式が改正された（令和6年4月1日施行）。
②資産税に対応する様式が新たに制定された（令和6年4月1日施行）。

＊1　参考「国会会議録（抄）　昭和31年3月23日　衆議院大蔵委員会（提案理由）（117ページ参照）」
＊2　参考「国会会議録（抄）　昭和54年12月7日　衆議院大蔵委員会（答弁）（118ページ参照）」、「国会会議録（抄）　昭和55年4月1日　参議院大蔵委員会（答弁）（119ページ参照）」
＊3　参考「国会会議録（抄）　平成13年5月23日　衆議院財務金融委員会（答弁）（119ページ参照）」

◆申告書の作成に関する計算事項等記載書面（33の2①）(参考資料295ページ参照)
◆申告書の作成に関する計算事項等記載書面（資）（33の2①）(参考資料301ページ参照)
◆申告書に関する審査事項等記載書面（33の2②）(参考資料307ページ参照)
◆申告書に関する審査事項等記載書面（資）（33の2②）(参考資料313ページ参照)

調査の通知

第34条

税務官公署の当該職員は、租税の課税標準等を記載した申告書を提出した者について、当該申告書に係る租税に関しあらかじめその者に日時場所を通知してその帳簿書類（その作成又は保存に代えて電磁的記録の作成又は保存がされている場合における当該電磁的記録を含む。以下同じ。）を調査する場合において、当該租税に関し第30条の規定による書面を提出している税理士があるときは、併せて当該税理士に対しその調査の日時場所を通知しなければならない。

2 前項の場合において、同項に規定する申告書を提出した者の同意がある場合として財務省令で定める場合に該当するときは、当該申告書を提出した者への通知は、同項に規定する税理士に対してすれば足りる。

3 第1項に規定する税理士が数人ある場合において、同項に規定する申告書を提出した者がこれらの税理士のうちから代表する税理士を定めた場合として財務省令で定める場合に該当するときは、これらの税理士への同項の規定による通知は、当該代表する税理士に対してすれば足りる。

税務官公署の職員は、あらかじめ日時場所を通知してその帳簿書類を調査する場合、調査に係る税目に関し税務代理権限証書（法30）を提出している税理士（税務代理人）がいるときは、納税義務者と税理士の双方に対して通知しなければならない。なお、その通知について、当該納税者の同意がある場合に該当するときは、当該税務代理人に対して行えば足りるとされている。

◆ 税理士にすれば足りる趣旨

平成23年12月の国税通則法の改正により、調査の事前通知について、納税義務者に税務代理人がある場合には、納税義務者と税務代理人の双方に対して通知することとされたが（国税通則法74の9①）、平成26年改正において、納税者利便の向上を図る等の観点から、納税義務者の同意がある一定の場合に該当するときは、納税義務者への通知は、税務代理人に対してすれば足りることとされた（国税通則法74の9⑤）。

すなわち、税務官公署の当該職員は、租税の課税標準等を記載した申告書を提出した者について、その租税に関しあらかじめその者に日時場所を通知してその帳簿書類を調査する場合において、税務代理権限証書（法30）に、その申告書を提出した者への通知は、その租税に関する税理士に対してすれば足りる旨の記載があるとき（規17

の2）は、納税義務者への調査の事前通知は省略できることとなった。

　また、平成27年度税制改正において国税通則法及び税理士法の一部が改正され、調査の事前通知について、税務代理人が数人ある場合において、納税義務者が税務代理権限証書に代表する税務代理人を定めた場合は、これらの税務代理人への事前通知は当該代表する税務代理人に対してすれば足りることとなった（国税通則法74の9⑥、法34③（図表（次ページの図参照）））。

調査の事前通知の規定の整備 （第34条②③、規17条の２）

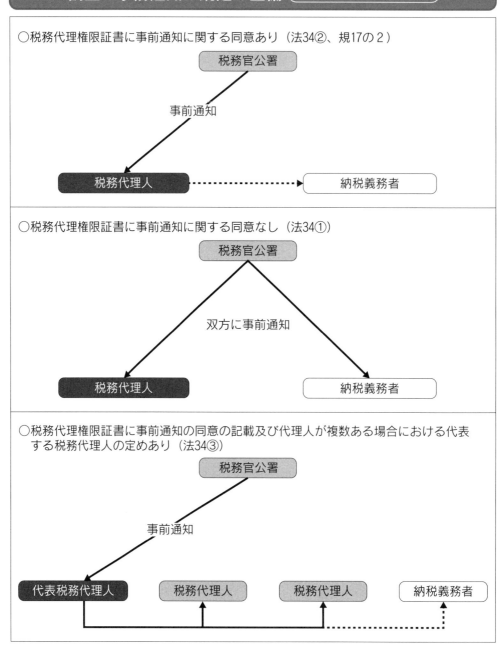

○税務代理権限証書に事前通知に関する同意あり（法34②、規17の２）

税務官公署

事前通知

税務代理人 ┈┈┈➤ 納税義務者

○税務代理権限証書に事前通知に関する同意なし（法34①）

税務官公署

双方に事前通知

税務代理人　　　　　　　　納税義務者

○税務代理権限証書に事前通知の同意の記載及び代理人が複数ある場合における代表
する税務代理人の定めあり（法34③）

税務官公署

事前通知

代表税務代理人　　税務代理人　　税務代理人　　納税義務者

意見の聴取

第35条

　税務官公署の当該職員は、第33条の2第1項又は第2項に規定する書面(以下この項及び次項において「添付書面」という。)が添付されている申告書を提出した者について、当該申告書に係る租税に関しあらかじめその者に日時場所を通知してその帳簿書類を調査する場合において、当該租税に関し第30条の規定による書面を提出している税理士があるときは、当該通知をする前に、当該税理士に対し、当該添付書面に記載された事項に関し意見を述べる機会を与えなければならない。

2　添付書面が添付されている申告書について国税通則法又は地方税法の規定による更正をすべき場合において、当該添付書面に記載されたところにより当該更正の基因となる事実につき税理士が計算し、整理し、若しくは相談に応じ、又は審査していると認められるときは、税務署長（当該更正が国税庁又は国税局の当該職員の調査に基づいてされるものである場合においては、国税庁長官又は国税局長）又は地方公共団体の長は、当該税理士に対し、当該事実に関し意見を述べる機会を与えなければならない。ただし、申告書及びこれに添付された書類の調査により課税標準等の計算について法令の規定に従つていないことが明らかであること又はその計算に誤りがあることにより更正を行う場合には、この限りでない。

3　国税不服審判所の担当審判官又は行政不服審査法第9条第1項の規定により国税庁長官若しくは地方公共団体の長が指名した者は、租税についての審査請求に係る事案について調査する場合において、当該審査請求に関し第30条の規定による書面を提出している税理士があるときは、当該税理士に対し当該事案に関し意見を述べる機会を与えなければならない。

4　前3項の規定による措置の有無は、これらの規定に規定する調査に係る処分、更正又は審査請求についての裁決の効力に影響を及ぼすものと解してはならない。

　この意見聴取制度は、税務の専門家である税理士の立場をより尊重し、税務行政執行の一層の円滑化と簡素化に資するとの趣旨によるものであり、税務代理の権限の明示（法30）や計算事項、審査事項等を記載した書面の添付（法33の2）及び調査の通知（法34）の規定と一体で形成、運用されるものである。

　平成13年の税理士法改正において創設された事前通知前の意見聴取（法35①）のほか、更正前の意見聴取（法35②）及び審査請求に係る事案の調査の意見聴取（法35③）

に区分される。

◆　**事前通知前の意見聴取** (法35①)

　あらかじめ日時場所を通知してその帳簿書類を調査する場合で、計算事項等が記載された書面が申告書に添付され（法33条の2）、かつ、税務代理権限証書を提出している（法30）税理士があるときは、その通知をする前に、当該税理士に対し、その添付した書類に記載された事項に関し意見を述べる機会を与えなければならない。

　この意見聴取により申告内容に疑義がなくなった場合には、調査が省略されることがある。

◆　**局署における書面添付制度の運用に当たっての基本的な考え方と事務手続等について**

　この意見聴取を含めた書面添付制度の適正・円滑な運用及び普及・定着を推進する等のため、税務当局の各部門における運用に当たっての基本的な考え方と事務手続等を記載した事務運営指針が国税庁長官から発せられている。

・個人課税部門における書面添付制度の運用に当たっての基本的な考え方及び事務手続等について（事務運営指針）（H21. 4 . 1 、H22. 6 .11改正、H24.12.19改正、国税庁長官）

・資産税事務における書面添付制度の運用に当たっての基本的な考え方及び事務手続等について（事務運営指針）（H21. 4 . 1 、H22. 6 .11改正、H24.12.19改正、国税庁長官）

・法人課税部門における書面添付制度の運用に当たっての基本的な考え方及び事務手続等について（事務運営指針）（H21. 4 . 1 、H22. 6 .11改正、H24.12.19改正、国税庁長官）

・調査課における書面添付制度の運用に当たっての基本的な考え方及び事務手続等について（事務運営指針）（H21. 4 . 1 、H22. 6 .11改正、H24.12.19改正、国税庁長官）

・酒税に関する書面添付制度の運用に当たっての基本的な考え方及び事務手続等について（事務運営指針）（H21. 4 . 1 、H22. 6 .11改正、H24.12.19改正、国税庁長官）

（国税庁ホームページ参照）

◆ **更正前の意見聴取** (法35②)

　国税通則法又は地方税法の規定によって更正処分を行う場合で、その更正処分の基因となる事実について添付書面に記載があるとき（法33の2）は、当該税理士に意見を述べる機会を与えなければならない。この更正前の意見聴取は、税務代理権限証書の提出している（法30）税理士であること要しない。

　なお、更正をすべきとされることの基因となる事実について、添付された書面の記載において、その税理士が関与していると認められないとき、明らかな税法の適用上の誤りや単純な課税標準等の計算上の誤りがあることにより更正が行われるときは、税理士の意見聴取は要しないこととされている。

◆ **審査請求事案についての意見聴取** (法35③)

　租税についての審査請求に係る事案について調査するときは、税務代理権限証書を提出している（法30）すべての税理士に意見を述べる機会を与えなければならない。

　これは、審査請求について税務代理をする税理士は、その審査請求に際し、課税標準や税額等の計算の基礎となった事実等の細部にわたる検討を加えていると考えられているためである。

◆ **意見聴取の有無と処分の効力との関係** (法35④)

　事前通知前の意見聴取義務は税務官公署の当該職員に対して課されるものであるが、仮に税理士に意見を述べる機会を与えないで調査が行われたとしても、その調査に係る処分の効力には影響を及ぼすものではない。調査手続の違法性と課税処分の効力とは関連がないという判例の趣旨を明確にしたものである。

参考

【国会会議録（抄）】昭和31年3月23日　衆議院大蔵委員会（提案理由）
山手滿男政府委員（大蔵政務次官）

　ただいま議題となりました税理士法の一部を改正する法律案について、提案の理由を御説明を申し上げます。

　この法律案は、税理士の業務運営の適正化をはかるため、税理士が所得税、法人税等の申告書を作成した場合に、税理士が申告書作成に関して計算し、または整理した事項等を記載をした書類を添付することができる制度を創設するとともに、今後5年間に限り、一定年数以上実務経験を有する計理士、税務職員等について、一

般の税理士試験にかえて、特別な税理士試験によって税理士となる資格を与えることとする等のため所要の改正を行おうとするものであります。

以下改正案の内容につきまして簡単に御説明を申し上げます。

まず、税理士が所得税、法人税等の申告書を作成した場合に、その申告書作成に関し、計算し、整理し、または相談に応じた事項を記載をした書面を添付することができることとする制度を創設しようとしているのでございます。税理士が税務書類を作成する場合におきましては、単に納税者の作成した決算書に基いて申告書の作成のみの依頼を受ける場合もあり、また税理士が納税者の帳簿書類の内容に立ち入って課税標準となる金額を計算し、これにより税務書類を作成する場合もあり、その形態はいろいろと異なっておるのでありますが、この際税理士が関与した事項の範囲を明確にしてその責任を明らかにするため、税理士が所得税、法人税等の申告書を作成した場合には、申告書作成に関して計算し、整理し、または相談に応じた事項を記載した書面を申告書に添附することができることとするとともに、その申告書について更正または決定をする場合において、その更正または決定の基因となる事実がその添付書面により税理士が計算し、整理し、または相談に応じたものとされている意見であるときは、税理士に対して意見を述べる機会を与えることとし、これにより税務行政の円滑化に資するとともに、税理士業務の向上をはかることといたしているのであります。

なお、この制度により税理士に意見を述べる機会を与える措置の有無と更正決定の効力との関係につきましては、上述のような趣旨に顧み、更正決定の効力に影響を及ぼさないものと考えられるのでありますが、この際その旨を法文上明らかにすることとしているのであります。

【国会会議録（抄）】昭和54年12月7日　衆議院大蔵委員会（答弁）

福田幸弘政府委員（大蔵大臣官房審議官）

いまの御質問、33条の2の第2項かと思いますが、これはまた前回の答申を引用いたしますが、税理士の地位向上の一環の問題であります。

これの規定の趣旨は御存じのとおりで、税理士さんが自分でつくった申告書でなくて、たとえば会社の経理部でつくった申告書等がございます。しかし、それはそのまま税務署に提出されてくることもございますけれども、税理士さんのところで一回租税の法令に基づいておるかどうかをチェックしてもらう。そうしますと、書面添付ということになりまして、これは更正決定の前に御意見を聞くとかという慎重な手続になってくるわけです。したがいまして、そこで第一条の税務専門家という立場でその申告書が租税法令に基づいておるかということを、そのこと自体を審

査されるという業務は、専門家の立場を非常に尊重し、地位が向上していく、税務監査という言葉でも私結構だと思うのですが、その申告書を自分がつくらなくても、人がつくった申告書であっても、専門家として目を通す、それをまた税務官署はそれなりに尊重するというのが、地位向上また納税者に対する援助の一つの進歩のあらわれであると思います。

　したがって、この規定は納税者にとりましても、特に税理士さんの今後の性格から見ても重要な規定であると考えています。どう今後運用されるか—できるだけ活用していただきたい、また税務官署もこれを尊重する態度をとるべきであろう、こう思っております。

【国会会議録（抄）】昭和55年4月1日　参議院大蔵委員会（答弁）
福田幸弘政府委員（大蔵大臣官房審議官）

　審査事項記載書面添付制度と申しますのは、いま局長申し上げましたように、税理士が専門家としての立場で他人のつくりました申告書について、税法に基づいておるかということを審査して、それについて国税当局の方もそれなりの評価をするということでありまして、税理士の代理権に関する固有権の拡大についてということの意味でございますけれども、それは税理士の代理権につきましては、従来の税理士の納税相談の範囲内での仕事ということに由来しております。

【国会会議録（抄）】平成13年5月23日　衆議院財務金融委員会（答弁）
尾原榮夫政府参考人（財務省主税局長）

　今回、計算事項等を記載した書面を添付した場合の税理士の意見聴取制度を拡充してございます。その趣旨でございますが、税務の専門家である税理士の立場をより尊重する、ひいては税務執行の一層の円滑化、簡素化にも資することになるという観点から、現行制度を拡充するものでございます。

（中略）

大武健一郎政府参考人（国税庁次長）

　お答えさせていただきます。

　この書類自体は、あくまでも税務に関する専門家としての立場を尊重して付与された税理士の権利の一つというふうに我々はとらえておりまして、意見を聞いたことによって直ちに帳簿書類の調査を行わないということでは当然ございません。したがって、税理士からの意見聴取において疑義が解決しない場合は、当然に帳簿書類の調査を行うということになるということでございます。

(中略)

大武健一郎政府参考人（国税庁次長）

　ただいま申しましたように、今回のこの意見聴取制度、やはり税務に関する専門家としての立場を尊重して付与された税理士の権利の一つととらえております。ただ、今申したように、事前に税理士に意見を聞いたとしても、帳簿書類の調査を行わないという制度ではございませんから、納税者にとって有利、不利ということではないかと存じます。なお、税理士に税務代理を依頼した納税者が直接税務官公署に申述する手間とか時間を省くことが可能となる、そこは税理士関与の有無により不平等があるという扱いではないということかと存じます。

禁 止	脱税相談等の禁止（法36）
	信用失墜行為の禁止（法37）
	非税理士に対する名義貸しの禁止（法37の2）
	2か所事務所設置の禁止（法40③）
	社員税理士の事務所設置の禁止（法40④）
	業務の制限（法42）
	業務の停止（法43）
義 務	税務代理の権限の明示（法30）
	特別の委任を要する事項（法31）
	税理士証票の提示（法32）
	署名の義務（法33）
	秘密を守る義務（法38）
	会則を守る義務（法39）
	事務所の設置（法40①②）
	帳簿作成・保存の義務（法41）
	使用人等に対する監督義務（法41の2）
	助言義務（法41の3）
努力義務	研修（法39の2）

脱税相談等の禁止

第36条

　税理士は、不正に国税若しくは地方税の賦課若しくは徴収を免れ、又は不正に国税若しくは地方税の還付を受けることにつき、指示をし、相談に応じ、その他これらに類似する行為をしてはならない。

　租税に関する法令に規定された納税義務の適正な実現を図ることを使命とする税理士として、不正に国税や地方税の賦課徴収を免れることにつき、指示をしたり、相談に応じる等の行為をすることが許されないのは当然のことである。

　このため、税理士法では、税理士が脱税相談等を行うことを禁止するとともに、このような行為に及んだ税理士に対して、懲戒処分に処するほか、刑事罰を科することとし、厳しい措置が講じられることになる。

◆　指示をし、相談に応じ、類する行為

　「指示をし」とは、脱税等の内容、方法をその可能性を示唆して教示するとともに、その実行をうながすことをいう。

　「相談に応じ」とは、質問に対して、脱税等の内容、方法を示して、その可能性があることを回答することをいう。

　「これらに類する行為」とは、納税義務者に脱税等の内容・方法を示唆して脱税等の実行を企てる意思を抱かせる行為一般をいう。

◆　懲戒罰則との関係

　税理士がこの規定に違反したときは、2年以内の税理士業務の停止又は税理士業務の禁止の懲戒処分を受けることとなり（法45）、併せて3年以下の懲役又は200万円以下の罰金に処せられる（法58）。

信用失墜行為の禁止

第37条

税理士は、税理士の信用又は品位を害するような行為をしてはならない。

税理士は、法第1条において「税理士は、税務に関する専門家として、独立した公正な立場において、申告納税制度の理念にそつて、納税義務者の信頼にこたえ、租税に関する法令に規定された納税義務の適正な実現を図ることを使命とする。」ことから、その使命を全うするためには、税理士として信用又は品位を保持し、かつ高める必要がある。

ここにいう税理士の信用又は品位とは、個々の税理士の信用又は品位を指すのではなく、税理士制度や税理士全体を指しており、税理士一般の信用と品位である。

また、税理士の信用又は品位を害する行為とは、この法37条が、税理士の使命に鑑み、税理士のこの使命（職責）を円滑に遂行してその社会的地位を維持向上させるため税理士一般の信用又は品位を害する行為を禁止した趣旨の規定であるから、単に税理士業務に関する職責に限定されないと解されている。

◆　信用失墜行為の例示

「税理士の信用や品位を害するような行為」とは次に掲げる行為などをいう。

① 自己脱税
② 多額かつ反職業倫理的な自己申告漏れ
③ 調査妨害
④ 税理士業務を停止されている税理士への名義貸し（図表 参考事例①（126ページ参照））
⑤ 業務懈怠
⑥ 会費滞納
⑦ その他反職業倫理的行為

◆　会費滞納 （図表（124ページ参照））

所属する税理士会（県連合会及び支部を含む）の会費を正当な理由なく長期にわたり滞納することをいう。

懲戒処分の量定については「戒告」となる。

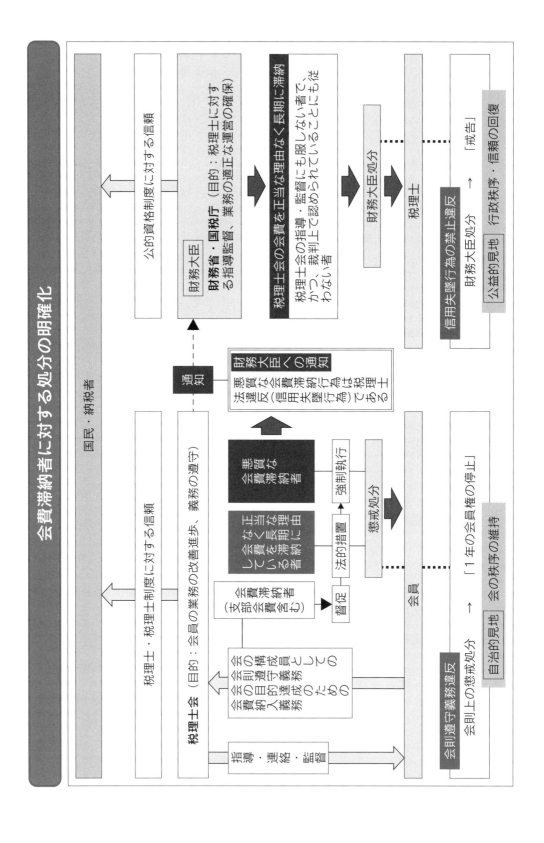

会費滞納者に対する処分の明確化

◎第4章　税理士の権利及び義務

非税理士に対する名義貸しの禁止

第37条の2

税理士は、第52条又は第53条第1項から第3項までの規定に違反する者に自己の名義を利用させてはならない。

　非税理士（いわゆる「にせ税理士」）が作成した税務書類に、税理士が署名するなどしてその行為を幇助する名義貸しが判明した場合には、従前から税理士制度を形骸化しかねず、税理士一般の信用や品位を害する行為（法37）として懲戒処分（法46）に処するほか、法52条（税理士業務の制限）違反（幇助犯）として逮捕・起訴により対応することとされていた。平成26年の法改正での報酬のある公職に就いた場合の税理士業務の停止規定等の見直しによる税理士の職域の拡大に併せて、新たに非税理士に対する名義貸しの禁止規定及びその違反に対する罰則規定が設けられた（法37の2、59①二、63）（図表「名義貸しの禁止」）。これらの規定は、税理士法人にも準用されている（法48の16）。

◆　懲戒罰則との関係

　税理士がこの規定に違反したときは、一般の懲戒（法46）の適用を受けるほか、2年以下の懲役又は100万円以下の罰金に処せられる（法59①二）。

　また、平成26年の法改正において、「両罰規定」の対象となる行為に、名義貸しの違反行為が追加された（法63）。すなわち、事業主である法人又は個人の業務に関し、その法人の代表者又は法人若しくは個人の使用人等が、法37条の2（法48の16において準用する場合を含む。）の規定に違反する行為をした場合に、その行為者を罰するほか、事業主である法人又は個人に対しても100万円以下の罰金刑を科すこととされた。

名義貸しの禁止 （第37条・37条の2）

参考事例①　税理士業務を停止されている税理士への名義貸し（法37）

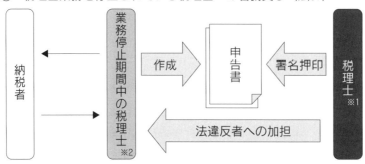

※1　業務停止期間中の税理士に名義貸しを行った場合は、法46の規定により法44に規定する懲戒に処せられる。
※2　法43、45、46の規定により税理士業務停止期間中の税理士がその処分等に違反して税理士業務を行った場合は、1年以下の懲役又は100万円以下の罰金に処せられる（法60二、三）。

参考事例②　非税理士に対する名義貸し（法37の2）

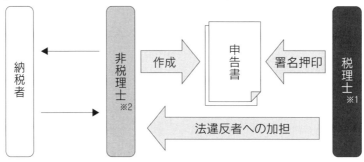

※1　非税理士に名義貸しを行った場合は、法46の規定により法44に規定する懲戒処分に加え、2年以下の懲役又は100万円以下の罰金に処せられる（法59①二）。
※2　非税理士（法52）が税理士業務を行った場合は、2年以下の懲役又は100万円以下の罰金に処せられる（法59①四）。

参考事例③　報酬のある公職（法43非該当）に就いた税理士から非税理士に対する名義貸し（法37の2）

※1　非税理士に名義貸しを行った場合は、法46の規定により法44に規定する懲戒処分に加え、2年以下の懲役又は100万円以下の罰金に処せられる（法59①二）。
※2　非税理士（法52）が税理士業務を行った場合は、2年以下の懲役又は100万円以下の罰金に処せられる（法59①四）。

秘密を守る義務

第38条

　税理士は、正当な理由がなくて、税理士業務に関して知り得た秘密を他に洩らし、又は窃用してはならない。税理士でなくなつた後においても、また同様とする。

　税理士は、税理士業務の遂行に当たって、納税義務者の資産、負債の状況、資金繰り、取引の内容など、他人に知られたくない秘密に接する機会も多く、税理士がそれらの秘密に属する事項をみだりに外部に洩らすおそれがあっては、納税義務者は安心して税理士に委嘱することはできず、両者の相互の信頼関係は成り立たない。そこで、税理士法は、税理士に対して、その職にあるときはもちろんのこと、税理士でなくなった後においても、正当な理由なくして、税理士業務に関して知り得た秘密を他に洩らし、又は窃用してはならないこととして、守秘義務を課している。

◆　正当な理由

　「正当な理由」とは、依頼者本人の承諾（許諾）があるときや、法令に基づく義務がある場合等をいう（基通38-1）。法令に基づく義務としては、裁判所に証人として喚問され証言しなければならない場合等がある。

◆　税理士業務に関し知り得た秘密

　「税理士業務に関し知り得た秘密」とは、税理士業務を行うに当たって、依頼人の陳述又は自己の判断によって知り得た事実で、一般に知られていない事項及び当該事実の関係者が他言を禁じた事項をいう（基通38-2）。

◆　窃用

　「窃用」とは、当該秘密にかかる事項を、本人の承諾を得ずに、自ら又は第三者のために利用することをいう（基通38-3）。

◆　使用者である税理士等が所属税理士から知り得た事項

　使用者である税理士又は使用者である税理士法人の社員税理士が所属税理士から知り得た事項は、「税理士業務に関して知り得た秘密」に含まれる（基通38-4）。

◆ 懲戒罰則との関係

税理士がこの規定に違反したときは、法46条（一般の懲戒）の適用があるほか、2年以下の懲役又は100万円以下の罰金に処せられる（法59①三）。

会則を守る義務

第39条

税理士は、所属税理士会及び日本税理士会連合会の会則を守らなければならない。

◆ 会則遵守義務の趣旨

税理士会及び日本税理士会連合会は、税理士又は税理士会を会員として税理士法の規定に基づき設立された法人であり、いずれも会員に対する指導、連絡及び監督に関する事務を行うことを目的とする自治的団体であるから、その構成員である税理士は、これらの自治的団体の会則を遵守しなければならないことを定めている。

◆ 一般懲戒との関係

税理士会及び日本税理士会連合会は、税理士が会則を守らないこと等の面からみて、税理士業務を行うのに適格性を欠く者がいたとしてもこれを除名などの処分を行うことは難しいと解されている。したがってこのような者については、会則を守る義務規定を設けることにより、これに違反した者に対しては、一般の懲戒処分により対処することとされている（法46）。なお、この法39条の規定は税理士法人にも準用されている。

研修

第39条の2

税理士は、所属税理士会及び日本税理士会連合会が行う研修を受け、その資質の向上を図るように努めなければならない。

◆ 研修受講の趣旨

税理士に対する納税者の要請の複雑化・多様化に対応し、納税者の利便に資する信

頼される税理士制度の維持発展のためには、税理士の資質の一層の向上が必要である。

◆　昭和38年12月「税理士制度に関する答申」

　税理士に対する研修制度については、昭和38年12月税制調査会の「税理士制度に関する答申」の中で、「税理士の場合は、その業務の対象たる税務が、ひろく国民の財産権に関する重大な問題であるうえに、もろもろの税法が、社会経済事情の進展に応じて毎年のごとく相当の改正を加えられるという特色をもっているので、いったん税理士の資格を取得した後においても、いつまでもその当時の知識経験をもってしては、業務の円滑適切な運営を期待することはできず、たえず現時点に即応する知識を具備していく必要がある」と述べられている。

参考

【税理士法の一部を改正する法律案に対する附帯決議】（抄）

　　　　　　　　　　　　　　平成13年5月25日　衆議院財務金融委員会

政府は、次の事項について、十分配慮すべきである。

一　経済社会情勢の変化等に対応して高度化・複雑化する税理士業務の実態にかんがみ、その資質の維持・向上のため、研修制度の一層の充実を図り、その受講率の向上に努めるとともに、税理士の懲戒処分の実効性を確保するよう努めること。

（以下、省略）

事務所の設置

第40条

　税理士（税理士法人の社員（財務省令で定める者を含む。第4項において同じ。）を除く。次項及び第3項において同じ。）及び税理士法人は、税理士業務を行うための事務所を設けなければならない。

2　税理士が設けなければならない事務所は、税理士事務所と称する。

3　税理士は、税理士事務所を二以上設けてはならない。

4　税理士法人の社員は、税理士業務を行うための事務所を設けてはならない。

◆ 事務所設置義務の趣旨

　税理士業務は、税理士のみが行うことができる独占業務であり、納税義務の適正な実現に資するという社会公共性の高いものであることから、非税理士による行為を排除し、国民の誰もがいつでも税理士の門戸を叩けるようその利便に資する必要がある。

　そのため、税理士事務所の設置義務を規定するとともに、その事務所は税理士事務所と称し（法40②）、２か所以上の事務所の設置を禁止している（法40③）。

◆ 事務所とは

　法40条１項に規定する「税理士業務を行うための事務所」とは、税理士業務の本拠をいい、税理士業務の本拠であるかどうかは、委嘱者等に示す連絡先など外部に対する表示に係る客観的事実によって判定するものとする。この場合において「外部に対する表示」には、看板等物理的な表示やウェブサイトへの連絡先の掲載のほか、契約書等への連絡先の記載などが含まれることに留意する（基通40−１）。

参考

改正後	改正前
（事務所） 基通40−１ 　法第40条第1項に規定する「税理士業務を行うための事務所」とは、税理士業務の本拠をいい、税理士業務の本拠であるかどうかは、委嘱者等に示す連絡先など外部に対する表示に係る客観的事実によって判定するものとする。 　この場合において、「外部に対する表示」には、看板等物理的な表示やウェブサイトへの連絡先の掲載のほか、契約書等への連絡先の記載などが含まれることに留意する。	（事務所） 40−１ 　法第40条に規定する「事務所」とは、継続的に税理士業務を執行する場所をいい、継続的に税理士業務を執行する場所であるかどうかは、外部に対する表示の有無、設備の状況、使用人の有無等の客観的事実によって判定するものとする。

◆ ２か所事務所禁止

　２か所事務所が禁止されている理由は、税理士の業務活動の本拠を１か所に限定す

　　　◎第４章　税理士の権利及び義務

ることが法律関係を明確にする上で便宜であるためである。

　法40条3項の「税理士事務所を二以上設けて」いる場合とは、例えば、自宅以外の場所に税理士事務所を設け、「外部に対する表示」をしている状態で、自宅においても「外部に対する表示」をして税理士業務を行っている場合などをいう。したがって、自宅等の税理士事務所以外の場所で税理士業務を行っていても、その場所に「外部に対する表示」に係る客観的事実がなく、法40条1項に規定する「税理士業務を行うための事務所」と判定される状態でない場合には、税理士事務所を二以上設けている場合には該当しない（基通40-2）。

（2ヶ所事務所の禁止）

基通40-2

　法第40条第3項の「税理士事務所を二以上設けて」いる場合とは、例えば、自宅以外の場所に税理士事務所を設け、40-1の「外部に対する表示」をしている状態で、自宅においても40-1の「外部に対する表示」をして税理士業務を行っている場合などをいう。したがって、自宅等の税理士事務所以外の場所で税理士業務を行っていても、その場所に40-1の「外部に対する表示」に係る客観的事実がなく、法第40条第1項に規定する「税理士業務を行うための事務所」と判定される状態でない場合には、税理士事務所を二以上設けている場合には該当しない。

　令和5年4月1日施行の通達改正により、事務所要件はこの外部に対する表示（対外表示）のみで判定を行うことになる。すなわち、使用人等が在宅勤務を行っても2か所事務所と判断されることはなく、事務所（本拠）とは別の場所（通勤に便利な駅近くなど）にスペース（作業場）を設けて使用人等を出勤させる勤務形態も可能となり、業務執行方法や就業形態の多様化に対応されたといえる。

　なお、令和4年の通達改正以前は2か所事務所禁止の理由として、「個人の監督能力を超えて業務範囲を拡大することを事務所の数の面から規制し、これにより税理士以外の者が税理士業務を営むことを防止すること。」も含まれていた。

　しかし、これについてはICTを用いることによって、遠隔であっても使用人等に対する監督責任を果たすことが可能となったことから、事務所の数の面から規制する必要性が薄らいだ。

使用人等に対する監督責任については、基通41の２－１を新設し、「税理士の使用人等に対する監督義務は、税理士及びその使用人等が事務を行う場所によって異なることはない」旨を明示するとともに、ICT を用いて使用人等の適切な監督を行う手法の例示を定めている。

◆　事務所を設けてはならない者

・税理士法人の社員（法40④）

・所属税理士（規18）

参考

【国会会議録（抄）】令和４年３月15日　参議院財政金融委員会（答弁）
重藤哲郎政府参考人（国税庁次長）

　税理士法40条では、税理士、税理士法人は税理士業務を行うための事務所を設けなければならないと、また税理士は税理士事務所を二以上設けてはならないとされているところでございます。これらの規定は、顧客との法律関係を明確化する観点、あるいは税理士事務所の使用人等の事務を事務所の面から規制する観点から措置されているものと承知しております。

　このうち、まず事務所を設けているか否かにつきましては、これまでは外部に対する表示の有無、設備の有無、使用人の有無などによって判断をしていたところでございますが、税理士業務の ICT 化や働き方の多様化に対応する観点から、今般、税理士事務所の該当性の判定を外部に対する表示によって判断を行うこととしたいと考えており、これを国税庁の法令解釈通達で明確化することを考えております。

　また、税理士が登録した税理士事務所ではなく自宅等でリモートワークをしているような場合も、一定の条件の下に、事務所を二か所設けていることにはならないという旨を明確化したいと考えております。

　さらに、税理士法第41条の２は税理士事務所の使用人等に対する監督義務を規定しておりますが、この監督の方法としても、ICT を活用した対面以外の方法も可能であることも明確化したいと考えています。国税庁としましては、こうした通達の改正によって、税理士業務の ICT 化や働き方の多様化、あるいはコロナ対策としてのリモートワーク等が推進されることになるのではないかと考えております。

帳簿作成の義務

第41条

　税理士は、税理士業務に関して帳簿を作成し、委嘱者別に、かつ、１件ごとに、税務代理、税務書類の作成又は税務相談の内容及びそのてん末を記載しなければならない。

２　前項の帳簿は、閉鎖後５年間保存しなければならない。

３　税理士は、財務省令で定めるところにより、第１項の帳簿を電磁的記録をもつて作成することができる。

◆　趣旨

　税理士が行った業務のてん末を明らかにしておくことは、事案の全貌と経緯を絶えず把握するのに必要であるだけでなく、税務折衝の段階における納税者の手数も省ける。また、税務官公署等の監督上も必要なことである。

　このため税理士法は、「税理士は、税理士業務に関して帳簿を作成し、委嘱者別に、かつ、一件ごとに、税務代理、税務書類の作成又は税務相談の内容及びそのてん末を記載しなければならない」こととし、その帳簿の閉鎖の日から５年間これを保存しなければならないこととされている。

　この帳簿の保存場所については、税理士法は格別の定めをしていないが、この帳簿作成義務の趣旨に照らせば、税理士事務所において保存すべきである。

　なお、この帳簿を税理士業務処理簿という。

◆　税理士業務処理簿 (参考資料372ページ参照)

　日本税理士会連合会は、規制緩和等を踏まえ要点記載の簡便で、自己の業務管理にも役立つように、平成15年に全国統一の様式を定めた (平成26年に一部改訂)。

使用人等に対する監督義務

第41条の２

　税理士は、税理士業務を行うため使用人その他の従業者を使用するときは、税理士業務の適正な遂行に欠けるところのないよう当該使用人その他の従業者を監督しなければならない。

◆ 趣旨

税理士資格が税理士個人に与えられていること、及び税理士業務が公共性の高い使命に基づく独占業務であることから、その使用人等の行為によって納税義務者の信頼を損なうことがあってはならず、使用者の使用人に対する責任に加えて、税理士の自覚をさらにうながす趣旨で定められている。

なお、令和4年改正で遠隔による管理監督が想定されることになったため新たに基通41の2-1が設けられた。

税理士には使用人等監督義務（法41の2）と守秘義務（法38）があり、遠隔で監督する場合には同一スペースで監督する以上に気を付けねばならない点があることも認識すべきであろうし、全体として一つの事務所と評価できる状況にしておく必要がある。

遠隔で使用人等を管理監督するに際しては、委嘱者の期待や信頼を裏切らないためにも、使用人等監督義務と守秘義務を順守する必要があり、そのために日々の業務報告を徹底するなど十分な措置を行う必要があることは言うまでもない。

◆ 制定の経緯

この規定は、多数の関与件数をもつ税理士事務所の実態を踏まえ、2か所事務所禁止規定とともに、税理士事務所の使用人による非違行為が散見されたことより使用人に対する十分な監督が求められ、昭和55年の法改正で創設された。その改正の過程で、使用人の数を、司法書士のように使用人たる補助者は5人に制限するとの当初案もあったが、勤務する税理士を置いた場合の法律関係の複雑さ等から断念された。

◆ 使用人その他の従事者

税理士と雇用関係にある使用人のほか、雇用関係に基づかない者であっても税理士業務に関して税理士の支配、監督権の及ぶすべての者を含むものであり、税理士業務に従事する家族従業者も含まれる。

参考

（使用人等に対する監督義務）

基通41の2-1

　税理士の使用人その他の従業者（以下「使用人等」という。）に対する監督義務は、税理士及びその使用人等が事務を行う場所によって異なることはない。したがっ

て、使用人等に対する監督方法として、対面による監督を行うことができない場合でも、情報通信技術を利用する方法などにより、適切に監督が行われている場合には、監督義務が果たされていると判断することに留意する。

　なお、情報通信技術を利用した使用人等の適切な監督方法としては、例えば、次に掲げるような、事前及び事後の確認を行う方法がある。

⑴　使用人等と委嘱者等との情報通信技術を利用した打合せに、使用者である税理士が情報通信技術を利用して参加する方法

⑵　使用人等が税理士業務の補助を行った履歴について情報通信技術を利用して確認する方法

助言義務

第41条の3

　税理士は、税理士業務を行うに当たつて、委嘱者が不正に国税若しくは地方税の賦課若しくは徴収を免れている事実、不正に国税若しくは地方税の還付を受けている事実又は国税若しくは地方税の課税標準等の計算の基礎となるべき事実の全部若しくは一部を隠ぺいし、若しくは仮装している事実があることを知つたときは、直ちに、その是正をするよう助言しなければならない。

◆　趣旨

　税理士は、納税義務の適正な実現を図ることを使命とするものであるから、委嘱者の求めに応じて税理士業務を行う際に、委嘱者の納税義務が適正に実現されていないことを知った場合に、直ちにその是正を助言することは当然の責務であり、このような税理士の行為が税理士の税務に関する専門家としての社会的地位をより向上させることになると考えられる。

　税理士が助言したにもかかわらず、委嘱者が助言に従わなかった場合は、助言義務違反にはならない。ただし、そのままその委嘱者について税理士業務を継続して行う場合には、不真正税務書類作成禁止違反等（法45①、同②）に該当することになるおそれがある。

◆　昭和55年制度創設時の議論

　この助言義務規定は、昭和55年法改正により創設された規定であるが、法36条（脱税相談等の禁止）、同37条（信用失墜行為の禁止）、同45条（脱税相談等をした場合の懲戒）により補えるという意見もあり、税理士業界で賛否両論があり、注目された改正項目であった。この義務の立法趣旨は、委嘱者が二重帳簿の作成や仮名取引等の不正行為を行っている事実を税理士が知ったときは、税理士をして「是正助言」をならしめることにより、適正な納税義務の実現を図ろうとするものであった。

　この助言義務を税理士の責任という視点から考えてみると、委嘱者は、税理士に対し「税務に関する専門家として」「信頼」し得るべき者としている税理士から、自己の真正にして適法な納税義務の過不足ない実現をめざしこれに到達するために必要な資料・情報の提供を受け、それに資する助言を得られうることも期待して税理士業務契約を締結している。委嘱者に対する税理士の助言義務は、明文の定めがあるか否かにかかわらず、当然に、税理士業務契約に包含されているというべきである。

業務の制限

第42条

　国税又は地方税に関する行政事務に従事していた国又は地方公共団体の公務員で税理士となつたものは、離職後１年間は、その離職前１年内に占めていた職の所掌に属すべき事件について税理士業務を行つてはならない。但し、国税庁長官の承認を受けた者については、この限りでない。

◆　趣旨

　税務職員出身の税理士が退職時の地位縁故を利用して不当に業務の拡張を行ったりし、社会一般から無用の疑念をもたれないようにするため、当該税理士に一定の業務制限を課している。

◆　職の所掌（基通42−１）

　「職の所掌」の範囲は、財務省設置法等関係法令又は地方公共団体の条例等の定めるところによるものとされ、分掌すべき事務が、訓令等により定められている場合には、当該訓令等によるものとされている。

◆ 所掌に属すべき （基通42-2）

「所掌に属すべき」とは、事件が国税又は地方税に関する行政事務に従事していた国又は地方公共団体の公務員で税理士となった者の離職前1年内に占めていた職の所掌に属していること、及び依頼があった時点において、当該職の所掌に属することとなることが客観的に高度の蓋然性をもってあらかじめ見込まれることをいうこととされている。

◆ 事件 （基通42-3）

「事件」とは、法2条に規定する租税の課税標準等の調査（犯則取締り及び不服申立てを含む。）、徴収（不服申立てを含む。）及びこれらに準ずるものに関する案件をいうこととされている。

◆ 国税庁長官の承認基準 （基通42-4）

国税庁長官の承認は次のいずれか一に該当するときに行うものとされている。

① 申請者の税理士事務所の所在する地方における税理士数が過少であること等の事情があり、納税者の便宜と税務行政の円滑運営を図るために承認を与える必要があると認められる場合

② 申請者が離職前1年内に勤務した税務官公署の所在地から遠隔の地に税理士事務所を設けたこと等、申請者と個々の依頼者との間に不当な情実関係の生ずるおそれがないと認められる場合

③ ①及び②に掲げる場合のほか、具体的事情を総合的に勘案し、納税者の便宜を図るために承認を与えることが適当であり、かつ、承認を与えても特に弊害がないと認められる場合

◆ 法第42条 （業務の制限）に関する運用上の留意事項

・退職職員に対する税理士業務の制限について（税理士法第42条に関する運用上の留意事項）（平成22年6月9日）

(国税庁ホームページ参照)

業務の停止

第43条

　税理士は、懲戒処分により、弁護士、外国法事務弁護士、公認会計士、弁理士、司法書士、行政書士若しくは社会保険労務士の業務を停止された場合又は不動産鑑定士の鑑定評価等業務を禁止された場合においては、その処分を受けている間、税理士業務を行つてはならない。税理士が報酬のある公職に就き、その職にある間においても、また同様とする。

◆　**懲戒による業務停止**

　税理士として業務を行っている、弁護士や公認会計士等の他の職業専門家で、税理士以外の職業専門家としての不適切な行為に係る懲戒処分により、その士業についての業務を停止されている場合、税理士として引き続き業務を行っているのは、納税義務者の信頼を損なうほか、税理士としての信用、品位を害することになる。

　そこで税理士法では、税理士が他の職業専門家としての業務の停止等の懲戒処分を受けた場合には、その処分を受けている間は税理士業務を行ってはならないとしている。

◆　**報酬のある公職についた場合の業務停止**

　税理士が報酬のある公職に就いた場合には、その職務に専念しなければならず、引き続き税理士業務を行わせることは適当ではないことから、同様に税理士業務が停止される。

税理士業務の停止 （第24条二、規12条の2、第43条）

	他士業の懲戒による業務停止又は禁止	弁護士、外国法事務弁護士、公認会計士、弁理士、司法書士、行政書士若しくは社会保険労務士の業務を停止された場合、その期間中		
税理士業務の停止		不動産鑑定士の鑑定評価等業務を禁止された場合、その期間中		
	報酬のある公職	国会、裁判所、国の行政機関、都道府県及び市町村、地方自治法に規定する特別区、地方公共団体の組合、財産区及び地方開発事業団等のすべての職	例外 →	地方公共団体常勤監査委員等 ※1 法令等により税理士業務との兼業が制限されていない職 ※2 国税又は地方税の賦課又は徴収に関する事務に従事する職以外の職
			→	国会又は地方公共団体の議会の議員の職及び非常勤の職

第5章

税理士の責任

（第44条—第48条）

税理士及び税理士法人に対する懲戒（財務大臣）処分

税理士

対象行為		判断要素	戒告	業務停止 ～6月	～1年	～2年	業務禁止
法45条	第1項(故意)	不正所得金額等					
	第2項(過失)	申告漏れ所得金額等					
法46条	法33条の2の虚偽記載	虚偽記載の件数、程度					
	法37条(信用失墜行為) 自己脱税(重加)	不正所得金額等					
	多額かつ反職業倫理的な自己申告漏れ(過少)	申告漏れ所得金額等					
	調査妨害	妨害行為の回数、程度					
	税理士業務を停止されている税理士への名義貸し	貸人数、作成件数、期間、対価					
	業務け怠						
	会費滞納						
	その他反職業倫理的行為						
	法37条の2(非税理士への名義貸し)	貸人数、作成件数、期間、対価					
	法38条(守秘義務)						
	法41条(帳簿作成義務)						
	法41条の2(使用人等監督義務)						
	法42条(業務の制限)	税務代理件数、作成件数、相談件数					
	業務停止処分違反						
	その他						

(注) 税理士の対象行為の類型ごとの量定は、法48条（税理士であった者に対する懲戒処分を受けるべきであったことについての決定等）について準用する。

税理士法人

対象行為(法48条の20)		判断要素	戒告	～6月	～1年	～2年	解散
法又は法に基づく命令違反	法人固有の手続規定(成立の届出等、定款の変更、合併等)						
	法37条 自己脱税(重加)	不正所得金額等					
	多額かつ反職業倫理的な自己申告漏れ(過少)	申告漏れ所得金額等					
	会費滞納						
	法41条(帳簿作成義務)						
	法41条の2(使用人監督義務)						
	業務停止処分違反						
	その他						
運営が著しく不当	法45条、法46条に規定する行為	社員税理士の量定					
	その他						

＊矢印 ← は処分の範囲を示す

懲戒の種類

第44条

税理士に対する懲戒処分は、次の３種とする。
一　戒告
二　２年以内の税理士業務の停止
三　税理士業務の禁止

◆　趣旨

　税理士法が懲戒処分を規定している趣旨は、税理士の業務執行が納税義務者に対してのみならず税務行政に対しても重大な影響を与えるものであることから、その執行に当たり秩序の保持が強く求められていて、それを担保するというところにある。
　このため、税理士法では、財務大臣の監督上の行政処分として、税理士に対する懲戒処分が規定されている。

◆　懲戒の種類

　税理士法では、懲戒処分の種類として、①戒告、②２年以内の税理士業務の停止、③税理士業務の禁止という３種類の処分が規定されている。

１．戒告

　義務違反に対し、本人の将来を戒める旨の申渡しをする処分であり、戒告処分を受けても税理士業務あるいは税理士資格について具体的変動は生じない。しかし、戒告処分が行われた場合には財務大臣により官報に公告されることとなり、自身の信用失墜にもつながる処分である。

２．２年以内の税理士業務の停止

　税理士業務を行うことを一定期間やめることを命ずる処分であり、停止期間については、２年以内のどの程度とするかは懲戒処分権者の裁量に委ねられている。停止期間中は、税理士業務ができなくなるので、税理士は納税義務者との関与契約を解除しなければならないが、税理士の資格についての変動は生じない。

３．税理士業務の禁止

　税理士の懲戒処分のうち最も重い処分であり、税理士としての欠格条項（法４六）に該当し、処分を受けた日から３年を経過する日まで税理士となる資格を失うこととなり、税理士の登録は抹消される（法26①四）。

◆　懲戒処分の適正化

　平成26年の改正において、税理士及び税理士法人の懲戒処分のうち、税理士業務の停止に係る期間が２年以内（改正前：１年以内）とされた（法44二、45、48の20①）。

　これは、近年、税理士の懲戒処分件数が増加傾向にあることを踏まえ、税理士制度の信頼性を向上させる観点から見直すこととされたものである。また、税理士に対する懲戒処分をみると、税理士業務の禁止処分を受けた場合、法４条６号（欠格条項）が「懲戒処分により税理士業務を行うことを禁止された者で、当該処分を受けた日から３年を経過しないもの」とされ、税理士への再登録は最短で３年間できず、税理士業務を行えない期間は３年間となる。一方、税理士業務の停止の場合、改正前は最長１年以内と規定されていたので、税理士業務を行えない期間は、最長で１年間となっていた。

　このように、停止と禁止の両者を比べたときに、その税理士業務を行えないこととなる期間の差異について、平仄が合っていないという問題意識があり、平成26年の改正では、その解消を図るため税理士業務の停止の期間について、２年以内への伸長が行われた。

　なお、他士業の多く（弁護士法57①、公認会計士法29、弁理士法32、行政書士法14、司法書士法47等）においても、その業務停止に係る処分の期間が２年以内とされている。

◆　国税庁ホームページにおける懲戒処分等の公表

　税理士に対する懲戒処分に当たって、処分の量定の判断要素及び範囲等の考え方については、「税理士・税理士法人に対する懲戒処分の考え方」（財務省告示）として定められている。

参考
◆　税理士・税理士法人に対する懲戒処分等件数（単位：件）

会計年度	平成25年度	平成26年度	平成27年度	平成28年度	平成29年度	平成30年度	令和元年度	令和２年度	令和３年度	令和４年度
処分等件数	50	59	41	39	38	51	43	22	21	13
禁止	5	13	5	11	7	9	14	4	5	4
停止	45	46	36	28	31	42	29	18	16	9
戒告	0	0	0	0	0	0	0	0	0	0

（出典）国税庁ホームページ

脱税相談等をした場合の懲戒

第45条

　財務大臣は、税理士が、故意に、真正の事実に反して税務代理若しくは税務書類の作成をしたとき、又は第36条の規定に違反する行為をしたときは、２年以内の税理士業務の停止又は税理士業務の禁止の処分をすることができる。

2　財務大臣は、税理士が、相当の注意を怠り、前項に規定する行為をしたときは、戒告又は２年以内の税理士業務の停止の処分をすることができる。

◆　趣旨

　懲戒処分は税理士に対し不利益をもたらす処分であるので、懲戒の構成要件は、法律に明確化されていなければならず、本条及び第46条は、税理士に対する懲戒について、財務大臣の懲戒処分の権限と、懲戒の構成要件を定めている。

　税理士として最も適切でない行為は、税理士が真正の事実に反する行為をし、又は脱税等に関与することである（法36）。したがって、税理士が、これらの行為をした場合には、懲戒処分のうち、最も重い懲戒である税理士業務の禁止、又は２年以内の税理士業務の停止の懲戒処分を行うべきとされている。

◆　故意の場合

　「故意」とは、事実に反し又は反するおそれがあると認識して税務代理等を行うことをいうものとし（基通45-１）、最も悪質な行為といわなければならない。

　また、「真正の事実に反して税務代理若しくは税務書類の作成をしたとき」とは、税理士が委嘱者である納税義務者から提示を受けた帳簿、書類等に基づき自己の職業専門家としての知識と経験による判断をもって真正の事実に反すると認識しながら、あえてその不真正な事実について税務代理若しくは税務書類の作成をしたときのことをいう。

◆　過失の場合

　「相当の注意を怠り」とは、税理士が職業専門家としての知識経験に基づき通常その結果の発生を予見し得るにもかかわらず、予見し得なかったものをいうものとされている（基通45-２）。

税理士として通常払うべき相当の注意を怠ったことに対して、その結果の重大性から懲戒処分を行うこととしたものである。ただ、故意がある場合よりはその責任は軽く、戒告又は2年以内の税理士業務の停止の処分を受けるにとどまることとされている。

一般の懲戒

第46条

　財務大臣は、前条の規定に該当する場合を除くほか、税理士が、第33条の2第1項若しくは第2項の規定により添付する書面に虚偽の記載をしたとき、又はこの法律若しくは国税若しくは地方税に関する法令の規定に違反したときは、第44条に規定する懲戒処分をすることができる。

◆　趣旨

　本条は、税理士の重大な過誤ではなく、一般的に税理士としての違反行為を行った者に対する懲戒処分とその構成要件についての規定である。

　税理士が、前条（故意又は過失による真正の事実に反する税務代理等あるいは脱税相談等）の行為をした場合を除き、法33条の2第1項若しくは2項（計算事項、審査事項等を記載した書面の添付）の規定により添付する書面に虚偽の記載をしたとき、又は税理士法若しくは国税若しくは地方税に関する法令の規定に違反したときは、その税理士に対し懲戒処分を行うべきとされている。

　この場合「第33条の2第1項若しくは第2項の規定により添付する書面に虚偽の記載をしたとき」とは、その書面に記載された内容の全部又は一部が事実と異なっており、かつ、その書面を作成した税理士がそのことをあらかじめ知っていたと認められる場合をいうものとされている（基通46-1）。

◆　法45条との関係

　懲戒処分は、その情状により、戒告、2年以内の税理士業務の停止又は税理士業務の禁止のいずれかによるのであるが、税理士が、故意に真正の事実に反して税理士業務を行った場合には、税理士業務の禁止又は2年以内の税理士業務の停止に該当し、それが、相当の注意を怠ったためになされたものであるときは、戒告又は2年以内の税理士業務の停止に該当することとされているので、一般の懲戒処分の場合にも、こ

れらの懲戒の基準に準じて、懲戒の種類及び程度が決定されることとなる。

懲戒の手続等

第47条

地方公共団体の長は、税理士について、地方税に関し前二条に規定する行為又は事実があると認めたときは、財務大臣に対し、当該税理士の氏名及び税理士事務所又は税理士法人の事務所の所在地並びにその行為又は事実を通知するものとする。

2 税理士会は、その会員について、前二条に規定する行為又は事実があると認めたときは、財務大臣に対し、当該会員の氏名及び税理士事務所又は税理士法人の事務所の所在地並びにその行為又は事実を通知しなければならない。

3 何人も、税理士について、前二条に規定する行為又は事実があると認めたときは、財務大臣に対し、当該税理士の氏名及びその行為又は事実を通知し、適当な措置をとるべきことを求めることができる。

4 財務大臣は、前二条の規定により税理士の懲戒処分をしようとするときは、国税審議会に諮り、その議決に基づいてしなければならない。当該懲戒処分に係る審査請求について、行政不服審査法第46条第1項の規定により裁決をしようとするときも、同様とする。

5 財務大臣は、前二条の規定により税理士の懲戒処分をするときは、その理由を付記した書面により、その旨を当該税理士に通知しなければならない。

税理士に懲戒処分事由があった場合にそれを知った者が、懲戒処分権者である財務大臣にその行為あるいは事実を通知し、適当な措置を求める途を設けており、また、財務大臣が懲戒処分をする場合には、法に基づく適切な手続によらなければならないこととされている。

なお、この懲戒の手続等（法47）、除斥期間（法47の3）及び懲戒処分の公告（法47の4）の規定は、税理士法人に対する違法行為等についての処分に準用される（法48の20②）。

◆ 財務大臣に税理士の懲戒を請求できる者

財務大臣に税理士の懲戒を通知する者又は請求できる者として、「地方公共団体の長」「税理士会」「何人も」の3つの場合を定めている。

請求権者	地方公共団体の長	税理士会	何人も
請求事由	税理士について、地方税に関し、脱税相談等をした場合又は一般の懲戒に該当する行為又は事実があると認めたとき	会員について、脱税相談等をした場合又は一般の懲戒に該当する行為又は事実があると認めたとき	税理士について、脱税相談等をした場合又は一般の懲戒に該当する行為又は事実があると認めたとき
通知事項	・税理士の氏名 ・事務所所在地 ・懲戒処分事由	・会員の氏名 ・事務所所在地 ・懲戒処分事由	・税理士の氏名 ・懲戒処分事由
通知義務等	通知する	所轄国税局長を経由して通知しなければならない	通知し、適当な措置をとるべきことを求めることができる

◆ 聴聞又は弁明の機会の付与

　財務大臣は、税理士業務の禁止の処分を行う場合は聴聞の手続を、また、2年以内の税理士業務の停止又は戒告の処分を行う場合は弁明の機会の付与の手続を執らなければならない（行政手続法13①）。

◆ 国税審議会の議決

　国税審議会の議決の内容は、

　①　懲戒処分事由に該当するかどうかについての判断

　②　懲戒処分事由に該当すると判断された場合の具体的内容についての判断

　とが考えられ、①については必ず国税審議会の判断を求める必要があり、それを欠く懲戒処分は違法であるが、②については必ずしも必須の条件ではなく、国税審議会の考え方、あるいは懲戒処分権者の諮問の仕方いかんにより懲戒処分権者に委ねられる場合もあり得る。

◆ 懲戒処分の通知

　財務大臣は、税理士の懲戒処分をするとき、その理由を付記した書面により当該税理士に通知することとされ（法47⑤）、処分の効力は、その通知書が本人等に送達された日から発生するものとされる。

　懲戒処分の効力発生時期については、昭和55年の法改正により、それ以前までの、懲戒処分に対する異議申立期間を経過した時又は裁判所の判決が確定した時、すなわち、懲戒処分が確定した時にその効力が発生することとされていたが、懲戒処分をし

た時にその効力が発生することに改められた。

懲戒処分の手続 第47条

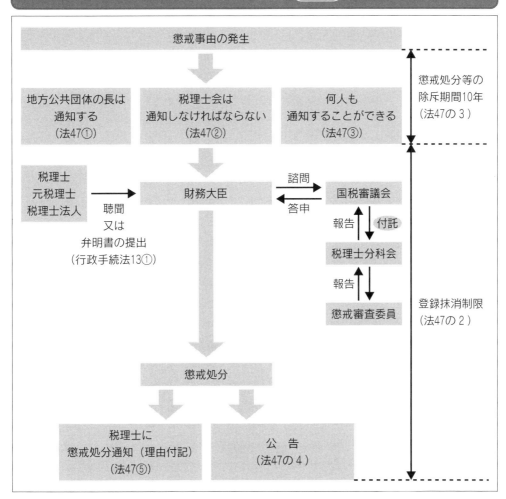

```
                    懲戒事由の発生                              ┊
                        ↓                                    ┊ 懲戒処分等の
地方公共団体の長は    税理士会は        何人も                 ┊ 除斥期間10年
通知する          通知しなければならない  通知することができる   ┊ （法47の3）
（法47①）        （法47②）          （法47③）               ┊
                        ↓
税理士                              諮問
元税理士    聴聞  →  財務大臣  ⇄          国税審議会
税理士法人         又は          答申      報告 ↑ ↓ 付託
         弁明書の提出                      税理士分科会
        （行政手続法13①）                   報告 ↑ ↓
                                         懲戒審査委員
                                                         登録抹消制限
                        ↓                                （法47の2）
                    懲戒処分
                   ↓        ↓
       税理士に              公告
   懲戒処分通知（理由付記）   （法47の4）
   （法47⑤）
```

登録抹消の制限

第47条の2

　日本税理士会連合会は、税理士が懲戒の手続に付された場合においては、その手続が結了するまでは、第26条第1項第1号の規定による当該税理士の登録の抹消をすることができない。

◆　　抹消制限に係る懲戒手続の開始時期と結了

　日本税理士会連合会は、税理士が懲戒手続に付された場合においては、その手続が結了するまでは、当該税理士の登録の抹消（法26①一）をすることができない。

　従来、税理士は懲戒手続開始後でも自ら業務を廃止し登録を抹消することにより、懲戒処分を逃れることが可能であったため、本来懲戒処分の対象となって税理士業務の禁止又は停止とされるべき者が、自ら登録抹消を行い懲戒処分を回避した後に再登録し業務を行うという、税理士法が予定していない状況が生じていた。そこで、税理士会の会員に対する監督権及び懲戒処分の実効性を確保するため、平成13年の改正により、税理士が懲戒手続に付された場合、日本税理士会連合会は、その手続が結了するまでは、当該税理士の登録を抹消することができないこととされた。

　抹消制限に係る懲戒手続の開始時期とは、税理士に対し、懲戒処分に係る聴聞又は弁明の機会の付与について行政手続法15条１項又は30条に規定する通知をした場合をいう（規14の３）。

　また、抹消制限に係る懲戒手続の結了とは、法47条５項の規定による懲戒処分の通知書が当該懲戒処分に係る税理士に到達したとき又は国税審議会から財務大臣に対して懲戒処分をしないことが相当である旨の答申が行われたときをいうものとする（基通47の２－１）。

　なお、違法行為等を行った税理士法人が、その処分を回避することを防止するため、この規定と同様に、処分の手続に付された税理士法人は、清算が結了した後においても、当該手続が結了するまで、存続するものとみなすこととされている（法48の20③）。

除斥期間

第47条の３

　懲戒の事由があつたときから10年を経過したときは、懲戒の手続を開始することができない。

　令和４年改正において、新たに除斥期間を設けることによって、懲戒の事由があったときから10年を経過したときは、税理士（通知弁護士を含む）及び税理士法人に係る懲戒手続を開始できないこととされた。

　税理士懲戒処分等については当該税理士の信用に関わる重大な問題であるが、相当

年数前の違反行為の有無等を問われた場合、税理士側に反論する資料が残っていないと自らを防御することができず、懲戒処分の適正性が問われる可能性もある。また、他の士業法においても除斥期間が創設されており、法的安定性の確保や疎明資料の保管等に係る負担軽減といった観点から、除斥期間を設けることとしたものである。

除斥期間が10年とされたことについては、税理士法で懲戒処分とされる脱税相談や不真正税務書類の作成といった税理士法違反行為・事実については、①税務調査時に把握されるものが多く、課税処分の除斥期間が7年であること、②税理士法上の調査や懲戒処分手続の期間としておおよそ3年程度必要であることを踏まえ、税理士法違反行為後「10年」とされた。

また、除斥期間の始期である「懲戒の事由があったとき」については、税理士法違反行為が終了した時点をいい、通達において整理されている（基通47の3－1）。

なお、この改正は、令和5年4月1日以後の税理士法違反行為・事実について適用されるが、それ以前に行われた行為等については、従前のままの取扱いとなる。

懲戒処分の公告

第47条の4

財務大臣は、第45条又は第46条の規定により懲戒処分をしたときは、遅滞なくその旨を、財務省令で定める方法により不特定多数の者が閲覧することができる状態に置く措置をとるとともに、官報をもつて公告しなければならない。

◆　趣旨

社会一般に懲戒処分のあったことを周知することにより、委嘱者である納税者が不測の損害を被ることを防止しようとする趣旨から、財務大臣は懲戒処分をしたときは、遅滞なくその旨を、相当と認める期間、インターネット上のサイトに掲載する方法により不特定多数の者が閲覧することができる状態に置く措置をとるとともに、官報をもって公告しなければならない。

> ## 懲戒処分を受けるべきであつたことについての決定等
> ### 第48条
>
> 　　財務大臣は、税理士であつた者につき税理士であつた期間内に第45条又は第46条に規定する行為又は事実があると認めたときは、当該税理士であつた者がこれらの規定による懲戒処分を受けるべきであつたことについて決定をすることができる。この場合において、財務大臣は、当該税理士であつた者が受けるべきであつた懲戒処分の種類（当該懲戒処分が第44条第2号に掲げる処分である場合には、懲戒処分の種類及び税理士業務の停止をすべき期間）を明らかにしなければならない。
> 2　第47条第1項から第3項までの規定は、税理士であつた者につき税理士であつた期間内に第45条又は第46条に規定する行為又は事実があると認めた場合について準用する。
> 3　第47条第4項及び第5項並びに前二条の規定は、第1項の規定による決定について準用する。

　令和4年改正において、過去に税理士であった者については、改正後の法55条の基づき行われた調査の結果、仮にその者が税理士登録を抹消せずに税理士であり続けたならば、その税理士であった期間内に、法45条（脱税相談等をした場合の懲戒）又は法46条（一般の懲戒）に規定する行為又は事実があると認められるに至った場合には、財務大臣は、国税審議会に諮るなどの一定の手続を行ったうえで、その税理士であった者が懲戒処分を受けるべきであったことについて決定をすることができる規定が設けられた。この場合において、財務大臣は、その税理士であった者が受けるべきであった懲戒処分の種類（その懲戒処分が税理士業務の停止の処分である場合には、懲戒処分の種類及び税理士業務の停止をすべき期間）を明らかにしなければならないこととされた。また、財務大臣はその決定をした際には、遅滞なくその旨を官報をもって公告しなければならないこととされた。

◆　懲戒処分を受けるべきであったことについての決定の手続

１．聴聞又は弁明の機会の付与

　財務大臣は、税理士であった者につき税理士であった期間内に懲戒処分の事由となる行為又は事実があると認めた場合において、懲戒処分を受けるべきであったことについて決定をするときは、懲戒処分の手続と同様に、行政手続法の規定による意見陳

述のための手続を執らなければならない（行政手続法13①）。

２．国税審議会の議決

　財務大臣は、税理士であった者に対し懲戒処分を受けるべきであったことについて決定をしようとするときは、国税審議会に諮り、その議決に基づいてしなければならない。また、その懲戒処分を受けるべきであったことにいての決定に係る審査請求について、裁決をしようとするときも、同様とされている。

３．懲戒処分を受けるべきであったことについての決定の通知

　財務大臣は、税理士であった者に対し懲戒処分を受けるべきであったことについて決定をするときは、その理由を付記した書面により、その旨をその税理士であった者に通知しなければならない。

４．日本税理士会連合会への通知

　財務大臣は、税理士であった者に対して、懲戒処分を受けるべきであったことについての決定に係る前記１の聴聞又は弁明の機会の付与について行政手続法上の通知を発した場合には、その旨を日本税理士会連合会に通知しなければならない。

　　（注１）前記の「行政手続法上の通知」とは、行政庁が、聴聞又は弁明の機会の付与を行うに当たって、聴聞又は弁明の機会の付与を行うべき期日までに相当な期間をおいて、不利益処分の名宛人となるべき者に対して行う、不利益処分の内容等を記載した書面による通知をいう（行政手続法15①、30）。

　　（注２）前記の「日本税理士会連合会への通知」は、日本税理士会連合会の登録審査事務において、税理士としての適格性の判断を円滑に、かつ、的確に行うことができるようにする観点から、整備されたものである。

　　（参考）税理士業務の禁止の処分又は２年以内の税理士業務の停止の処分を受けるべきであったことについて決定を受けた者は、各種士業資格等の欠格事由等に該当することとされている（公認会計士法４、18の２、34の10の10、弁護士法７、18の２、司法書士法５、行政書士法２の２、７①、社会保険労務士法５、14の７、弁理士法８等）。

５．官報公告・インターネット公告

　財務大臣は、懲戒処分を受けるべきであったことについて決定をしたときは、遅滞なくその旨を、相当と認める期間、インターネット上のWEBサイトに掲載する方法により不特定多数の者が閲覧することができる状態に置く措置をとるとともに、官報をもって公告しなければならない（法48③、47の４、規20の３、20の２）。

６．調査の申出等

　懲戒処分と同様に、「地方公共団体の長」「税理士会」「何人も」の３つの場合において、調査の申出等が可能とされている。

税理士法人

（第48条の 2 —第48条の21）

税理士法人制度創設までの歴史

昭和38年　「税理士制度に関する答申」（政府税制調査会）

　税理士業務は、個人が、その責任においてこれを行うべきものとし、いわゆる個人責任の原則にたって、有資格の自然人以外はこれを行なうことを禁止している現行法は、税理士業務が、委嘱者との間の個人的信頼関係に基づく面がかなりあることからみて、相当であり、法人みずから税埋士業務を行なうことを目的とする法人は、時期尚早である。今後、政府において、さらに、社会的必要性の度合、類似の職業専門家に関する規制の進展等ともにらみあわせつつ、慎重な検討をつづけるべき。

昭和55年税理士法改正　衆参両議院の大蔵委員会

　衆参両議院の大蔵委員会において「税理士法人については、社会的必要性の度合や税理士業務の性格等を勘案しつつ、今後更に検討を行うこと。」との付帯決議が採択される。

平成３年７月　「税理士法に関する中間意見について（具申）」（日税連制度部）

　税理士法人の必要性について、①納税者ニーズの多様化、高度化、②個人の能力の限界、③税理士業務の継続、④事務所経営の安定化、⑤勤務税理士の増加、を掲げ具体的問題点について言及。法人形態については、合名会社に準じた法人形態とし、これに税理士法が予定する性格を付与し、税理士法上の許可制の特別法人とする点以外は、法人の行為、名称、業務執行方法、社員の数ほかについてはＡ案（法人自体が税理士業務の主体となる形態）、Ｂ案（税理士業務は法律行為であるから法人の行為にはなじまないとし、法人を税理士の共同組織体の経済的枠組み（経済主体）として、社員たる税理士が連帯して税理士業務の主体となる形態）の両案を示すにとどまった。

平成５年４月　「税理士法の要改正項目及びその問題に関する報告書」（日税連制度部）

　税理士業務の共同化がもたらす有用性は、多くの税理士会員の共通の認識となっており、共同化における組織体の形態としての税理（士）法人制度については、「中間意見」を踏まえつつ、社会的要請を的確に把握しつつ検討を重ね、統一した意見を構築していくことが肝要であると報告。

平成７年６月　「税理士法改正に関する意見（タタキ台）」（日税連制度部）

　税理士法人制度の導入の必要性を強調するとともに、その法人形態について、法人自体が税理士業務の主体となる形態を採用することを明確に示すとともに、①名称を税理法人とする、②募

占化排除の要請から社員数は下限3人、上限10人程度が相当、③業務の範囲は税理士法第2条の業務とする、④すべての社員の業務執行権を認め、義務を負い、代表社員を限定することができる、⑤業務執行の方法は税理法人が税理士業務を受任し、社員たる税理士、勤務税理士を指定して業務を行わせる、⑥社員の議決権は1人1個とする、⑦設立許可は大蔵大臣あるいは日税連とするほか、競業禁止規定、税理士法上の責任等の問題点について具体的に示し提言。⑤業務執行の方法は税理法人が税理士業務を受任し、社員たる税理士、勤務税理士を指定して業務を行わせる。⑥社員の議決権は1人1個とする。⑦設立許可は大蔵大臣あるいは日税連とするほか競業禁止規定、税理士法上の責任等について具体的に示し提言。

平成10年4月　日税連、国税庁、大蔵省主税局の3者による勉強会を設置

　「タタキ台」について平成12年3月まで計26回の意見交換。
　平成12年4月に税理法人の具体的な検討として、項目ごとの検討結果に基づく論点を示した「税理法人に関する論点整理メモ」を公表。

【規制緩和推進3か年計画（再改定）】
平成12年3月
閣議決定

分野別措置事項
【事項名】法人制度の検討
【見直しの基準・視点】
資格者に対する利用者の複雑・多様かつ高度なニーズに応えるとともに、資格者による継続的かつ安定的な業務提供や賠償責任能力の強化などの観点から資格者の法人制度を創設すべきではないか。
【措置内容】
司法書士、土地家屋調査士、税理士、社会保険労務士、弁理士及び行政書士について法人制度を検討する。
【実施予定時期】
平成12年度（検討）

平成12年8月　「税務法人に関する日税連と国税庁の協議要旨」を公表

　これまでの検討結果を踏まえた法人制度の全容を明確に示す。
　①名称については税務法人あるいは税理士法人、税理士事務所法人のいずれかとする。②法人組織の形態は社員を税理士に限定した商法上の合名会社に準ずる特別法人とする。③社員の人数制限は2人以上とし、上限は設けない。④業務の範囲は原則として税理士法第2条に規定する業務。⑤登記は組合等登記令による登記の義務付け。⑥設立の手続は社員となる税理士が共同して定款を定める。⑦設立の時期は事務所所在地で設立の登記をすることによって成立。⑧入会・退会は登記により事務所所在地の税理士会の会員となる。⑨日税連への届出・名簿については登記した時税理士会を経由して日税連に届出・日税連に税務法人名簿を備える。⑩業務の執行方法については社員が業務を行うときは税務法人の名称及び業務執行にあたる社員の氏名を明らかにする。⑪社員の競業の禁止については、社員は自己及び第三者のために税務法人の業務の範囲に属する業務を行ってはならない。⑫解散については、社員が一人となった場合に一定期間経過後に解散することを解散時事由に加える。⑬違法行為等の処分については、財務大臣が業務停止、解散命令を行うことができる。⑭従たる事務所の設置ついては制限しない。⑮社員の責任は合名会社の規定を準用する。⑯勤務税理士については税理士業務が行えるようにする方向で検討する。

⑰税理士職業賠償保険への強制加入については税理士法人だけに課すことに対する必要性・合理性をさらに検討する。

平成12年9月 「法人制度」の創設を含む「税理士法に関する改正要望書」を国税庁長官に提出

平成13年税理士法改正

　税理士に対する納税者の複雑かつ高度なニーズに応え、税理士による継続的かつ安定的な業務提供を行うため、税理士の共同組織体である「法人制度」を創設。

税理士法人制度創設時の議論

項目	制度創設時の議論	結論
総論	①税理士法人の創設を特別法（税理士法人法）によることの検討 ②法1条を税理士法人にどう適用させるかについての検討 ③職業賠償責任保険の強制加入の検討	①税理士法において整備された ②法48の16で準用規定が設けられた ③制度化なし
名称 （法48の3）	名称（「税理法人」「税務法人」「税理士業務法人」「税理士事務所法人」等）についての検討	税理士が共同で設立する法人であることを明確にするため、「税理士法人」となった
社員の資格 （法48の4）	税理士以外の者を社員にすることについて	税理士業務を行う法人の意思決定に税理士以外の者が関与することは適当でない
業務の範囲 （法48の5）	業務の範囲は、法2条に規定する業務が原則とされたが、「その他これに準ずる業務」についての検討	「その他これに準ずる業務」については、「定款で定めるところにより、財務省令で定める業務」を行うことができることとなった
登記 （法48の7）	従たる事務所の設置の検討	従たる事務所の設置は社員税理士の常駐（1名以上）を条件に認められた
業務執行権限 （法48の11）	社員の責任に関して、「無限連帯責任」とするか「一部有限連帯責任」とするかの検討	社員は全ての業務を執行する権限を有し義務を負うこととされ、「無限連帯責任」が採用された
競業禁止 （法48の14）	法2条1項の税理士業務は、当然に禁止ということで規定されたが、同条2項の会計業務（付随業務）については検討された	税理士法人が会計業務を定款で定めた場合にのみ、会計法人の業務は税理士法人の競業の対象とされた

> # 設立
> ──────────
> ### 第48条の2
> 　税理士は、この章の定めるところにより、税理士法人（税理士業務を組織的に行うことを目的として、税理士が共同して設立した法人をいう。以下同じ。）を設立することができる。

◆　税理士法人制度創設の趣旨

　税理士法人制度については、次のような社会的要請に応えるため、従来、税理士が個人として行うこととされていた税理士業務を、新たに法人形態でも行い得るようにするため、平成13年の改正により創設された。

①　税理士業務の共同化を促すことは、複雑化・多様化、高度化する納税者等の要請に対して、的確に応えるとともに、業務提供の安定性や継続性、より高度な業務への信頼性を確保することが可能となり、納税者利便の向上に資するものであること

②　「規制緩和推進３か年計画（再改定）」において、税理士について法人制度の創設を検討すべきこととされていること

◆　税理士法人の性格

【使命】

　税理士法人には、法１条「税理士の使命」が準用される（法48の16）。

　すなわち、税理士法人制度は、納税者の要請に応えるために創設された制度であることから、税理士法人は、個人たる税理士と同様「納税義務の適正な実現を図る」という公共的使命を持った法人として運営されなければならない。

【特別法人】

　税理士法人は、税理士法に基づき、社員を税理士に限定した特別法人とされ、会社法上の合名会社に準じている。

　「会社法上の合名会社」は、次のような特色をもっている。

①　すべての社員が、会社債権者に対し、直接に連帯して無制限に責任を負う。

②　社員の信頼が会社の実質的な基礎となり、社員の個性が重視される人的会社である。

③　すべての社員が会社の業務執行を行い、会社を代表する権限を有する。

④　出資方法は、金銭及び現物出資だけでなく、信用・労務等の無形財産の出資も可能である。

⑤　社員の地位（持分）の譲渡には、他の社員全員の承諾が必要になる。

⑥　株式会社とは異なり、組合性が高く、所有と経営が一致した組織体である。

◆　他士業との法人制度比較一覧

各士業の法人制度との主な違いを一覧に示すと、次のとおりである。

	税理士法人	監査法人	弁護士法人
設　立	準則主義 （法48の2）	準則主義	準則主義
社員資格	税理士 （法48の4）	公認会計士	弁護士
社員数	2人以上 （法48の8 基通48の8－1）	5人以上	1人から
社員の常駐	所属会員常駐 （法48の12）	－	所属会員常駐
支店設置	所属会員常駐 （法48の12 基通48の12－1）	可	弁護士会が許可したときは常駐を解除
業務執行権限	全社員 （法48の11）	全社員	定款で定める場合を除き、全社員
業務執行方法	社員税理士 （所属税理士も可） （法48の15）	社員公認会計士 （指定社員のみ可）	社員弁護士 （指定社員も可）
業務範囲	税理士法で限定 （法48の5、6）	公認会計士法で限定	弁護士法で限定のほか、一部法務省令に委任
社員の競業禁止	強制 他の税理士法人の社員不可 （法48の14）	強制 他の監査法人の社員不可	強制 （他の社員同意で解除）他の弁護士法人の社員不可
社員の責任	連帯無限 （法48の21 会社法580）	連帯無限 （指定社員のみ可）	連帯無限 （指定社員のみ可）
懲戒処分	法人・社員 （法48の20）	法人・社員	法人
法人数	4,844 （令5.3.31）	280 （令5.3.31）	1,599 （令5.4.1）

名称

第48条の3

　税理士法人は、その名称中に税理士法人という文字を使用しなければならない。

◎第48条の3　名称　　　　　　161

◆ 名称

　税理士法人は、その名称中に「税理士法人」という文字を使用しなければならない。その一方、国民が誤認することを防止するため、税理士法人でないものが「税理士法人」あるいはこれに類似する名称を用いることはできないこととされている (法53②)。

社員の資格

第48条の4

　税理士法人の社員は、税理士でなければならない。
2　次に掲げる者は、社員となることができない。
　一　第43条の規定に該当することとなつた場合又は第45条若しくは第46条の規定による税理士業務の停止の処分を受けた場合において、当該業務の停止の期間を経過しない者
　二　第48条の20第1項の規定により税理士法人が解散又は業務の停止を命ぜられた場合において、その処分の日以前30日内にその社員であつた者でその処分の日から3年 (業務の停止を命ぜられた場合にあつては、当該業務の停止の期間) を経過しないもの

◆ 社員の資格

　税理士法人の社員は、税理士でなければならない。

　これは、

① 税理士法人制度が創設された趣旨が、「税理士業務の共同化によって、より高度で安定的なサービスを納税者に提供できるようにすること」であること

② 税理士業務が、税理士のみが独立した公正な立場で行えるという税理士制度の基本的理念を踏まえれば、税理士業務を行う法人の意思決定に税理士以外の者が関与することは適当でないこと

から、税理士に限定されたものである。

◆ 欠格事由

　税理士法人の社員となることができない者は、次のとおりである。

① 懲戒処分等 (法43、45、46) により、税理士業務を停止されている税理士で、当該業務停止の期間を経過しない者

② 違法行為等についての処分 (法48の20①) により、税理士法人が解散又は業務の

停止を命じられた場合、その処分の日以前30日内にその社員であった者で、その処分を受けた日から３年（業務停止処分の場合は、その業務停止期間）を経過しないもの

この欠格事由は、新たに税理士法人の社員となろうとする者に適用されるとともに、現に税理士法人の社員である者が、①に該当した場合はその法人を脱退（退社）しなければならない。

なお、②のうち税理士法人が業務の停止を命じられた場合において、現にその法人の社員である者は、①に該当しない限り、その法人の社員としての資格まで失うものではないとされている。

業務の範囲

第48条の５

税理士法人は、税理士業務を行うほか、定款で定めるところにより、第２条第２項の業務その他の業務で税理士が行うことができるものとして財務省令で定める業務の全部又は一部を行うことができる。

第48条の６

前条に規定するもののほか、税理士法人は、第２条の２第１項の規定により税理士が処理することができる事務を当該税理士法人の社員又は使用人である税理士（以下この条及び第48条の20第４項において「社員等」という。）に行わせる事務の委託を受けることができる。この場合において、当該税理士法人は、委託者に、当該税理士法人の社員等のうちからその補佐人を選任させなければならない。

◆ **業務範囲**

税理士法人の業務範囲は、次のようになるが、①の税理士業務は、その設立目的から当然に行う業務となる。

また、②～⑥は、定款に記載がなければ、その業務を行うことができない。

① 法２条１項規定の税理士業務（税務代理、税務書類の作成、税務相談）

② 法２条２項規定の税理士業務に付随して行う財務書類の作成、会計帳簿の記帳代行その他財務に関する業務（他の法律で制限されているものを除く）

③　規則21条1号規定の税理士業務に付随しないで行う財務書類の作成、会計帳簿の記帳代行その他財務に関する業務（他の法律で制限されているものを除く）

④　規則21条2号規定の後見人等の地位に就き、他人の法律行為について代理を行う業務等（いわゆる成年後見業務）

⑤　規則21条3号規定の租税に関する教育その他知識の普及及び啓発の業務

⑥　法2条の2第1項規定の補佐人事務の受託業務

なお、税理士法人は補佐人として陳述する事務の受任主体となる一方で、税理士法人自体はこの補佐人とはならず、その税理士法人の自然人たる税理士が補佐人となる。

◆　財務に関する業務

財務に関する業務は、他の法律においてその事務を業として行うことが制限されているものを除くが、「税理士業務に付随して行う業務」（前記②）には、コンサルタント業務や他の法令の規定により税理士が業として行える業務（例：社会保険労務士業務（社会保険労務士法27ただし書き））をいい、「税理士業務に付随しないで行う業務」（前記③）には、現物出資財産等の価額証明業務（会社法33⑩三）や会計参与業務（会社法333、同374）、納税義務のない公益法人の会計業務などをいうと限定的に解されている。

これらの業務のうち、会計参与業務は、税理士法人が受託し、社員の中から職務執行者を選任して行うこととなる。

◆　成年後見業務

当事者その他関係人の依頼又は官公署の委嘱により、後見人、保佐人、補助人、監督委員その他これらに類する地位に就き、他人の法律行為について、代理、同意若しくは取消しを行う業務又はこれらの業務を行う者を監督する業務をいう。

◆　租税に関する知識の普及等に関する業務

現在、各税理士会が実施する租税教育における教育現場等への講師派遣について、税理士法人として受任し、法人が社員・所属税理士を派遣でき、交通費等の受領も法人において可能とされる。

また、「租税に関する教育その他知識」には、租税に関するもので、「財務書類の作成、会計帳簿の記帳の代行その他財務に関する事務」に関する知識が含まれるほか、「普及及び啓発の業務」には、これらの知識に関する講演会の開催、出版物の発行が含まれる（基通48の5-2）。

◆ 補佐人業務

法2条の2第1項の規定により、租税に関する事項について補佐人として行うことができる業務は、税理士法人が受託し、委託者に対し、税理士法人の社員たる税理士又は所属税理士のうちからその補佐人を選任させなければならない（法48の6）。

この規定は、租税に関する事項についての訴訟における補佐人は、税理士法人がそれらになるわけでなく、委託者から「社員等に行わせる事務の委託」を受け、自然人たる社員税理士や所属税理士を補佐人に選任させるものであることを明らかにしたものである。

参考

【国会会議録（抄）】令和4年3月15日　参議院財政金融委員会（答弁）
重藤哲郎政府参考人（国税庁次長）
（中略）

税理士は暮らしのパートナーとして、委嘱者の税務関係のみならず、経営相談や財産管理等にも対応しており、その対応の一つとして成年後見制度に関する業務が挙げられるところでございます。

成年後見業務を行うに当たりましては、法定成年後見制度でございますと家庭裁判所によって成年後見人に選任される必要がございます。また、任意成年後見制度であれば家庭裁判所が選任した任意後見監督人の監督の下で業務を行う必要がございます。このため、税理士又は税理士法人が成年後見業務を行う場合もこうした手続を経て行うことになるというふうに承知しております。

また、税理士が税理士業務を適正に執行していくためには、民法や商法といった、租税法や会計以外の法律の基礎的な知識も必要に応じて活用されているものと考えております。

こういったことを踏まえますと、税理士あるいは税理士法人が裁判所のルールの下で成年後見制度に関する業務を行うことには一定の合理性があるのではないかと考えております。

登記

第48条の7

税理士法人は、政令で定めるところにより、登記をしなければならない。

> 2 　前項の規定により登記をしなければならない事項は、登記の後でなければ、これをもつて第三者に対抗することができない。

◆ 税理士法人の登記

　税理士法人は、私法上及び公法上の権利義務の主体であるから、その存在、組織内容等を登記により債権者等の利害関係者に公示することにより、取引の安全を図る必要がある。このため、税理士法人については、政令で定めるところにより、登記をしなければならず、この場合、組合等登記令（昭和39年3月23日政令第29号）に基づいて登記を行うこととされている（基通48の7－1）。

◆ 登記事項

　税理士法人の登記事項は、次のとおりとされている（組合等登記令2条）。

① 　目的及び業務

② 　名称

③ 　事務所の所在場所（従たる事務所を含む。）

④ 　代表社員の氏名、住所及び資格

⑤ 　存続期間又は解散の事由を定めたときは、その期間又は事由

⑥ 　社員（税理士法人を代表すべき社員を除く。）の氏名及び住所

⑦ 　合併の公告の方法についての定めがあるときは、その定め

⑧ 　電子公告を合併の公告の方法とする旨の定めがあるときは、電子公告関係事項

◆ 主な登記における手続

　税理士法人の主な登記における手続は次のとおりである。なお、それぞれの登記に係る申請期限や申告書に添付する書類等についても組合等登記令に定められている。

① 　設立の登記

② 　従たる事務所の新設の登記

③ 　事務所の移転の登記

④ 　登記事項の変更の登記

⑤ 　合併の登記

⑥ 　清算結了の登記

◆　従たる事務所の新設の登記

　税理士法人については、複数事務所の設置は禁止されておらず、また、その事務所も主たる事務所の区域に限定されていない。

　税理士法人は、成立後に従たる事務所を設けたときは、主たる事務所の所在地に2週間以内に登記し、3週間以内にその従たる事務所の所在地においても登記をしなければならない（組合等登記令11①三）。

　また、税理士法人は、従たる事務所を設置し、その所在地において登記したときに、当然、その区域の税理士会の会員となる（法49の6④）。

　なお、税理士法人は複数の区域の税理士会の会員となることができるが、社員税理士は、常駐義務の関係から、複数の税理士会の会員になれない。

設立の手続

第48条の8

　税理士法人を設立するには、その社員になろうとする税理士が、共同して定款を定めなければならない。

2　会社法（平成17年法律第86号）第30条第1項の規定は、税理士法人の定款について準用する。

3　定款には、少なくとも次に掲げる事項を記載しなければならない。

　一　目的
　二　名称
　三　事務所の所在地
　四　社員の氏名及び住所
　五　社員の出資に関する事項
　六　業務の執行に関する事項

成立の時期

第48条の9

　税理士法人は、その主たる事務所の所在地において設立の登記をすることによつて成立する。

成立の届出等

第48条の10

税理士法人は、成立したときは、成立の日から２週間以内に、登記事項証明書及び定款の写しを添えて、その旨を、その主たる事務所の所在地を含む区域に設立されている税理士会（以下この章において「本店所在地の税理士会」という。）を経由して、日本税理士会連合会に届け出なければならない。

2　日本税理士会連合会は、財務省令で定めるところにより、税理士法人の名簿を作成し、これを国税庁長官に提出しなければならない。

3　日本税理士会連合会は、財務省令で定めるところにより、前項の名簿を電磁的記録をもつて作成することができる。

◆　設立の手続

税理士法人は、税理士業務を組織的に行うことを目的として、税理士が共同して設立する法人であり（法48の２）、それを設立するには、その社員になろうとする税理士が法人の目的、組織及び業務執行等に関する根本規則である定款を共同して定め、その主たる事務所の所在地において設立の登記をすることによって成立する。なお、定款を作成したときは、社員の全員がこれに署名（又は記名及び押印）し、公証人の認証を受けなければ効力が生じない（法48の８②、会社法30①準用）。

◆　定款の記載事項

定款の記載事項は、次のとおり絶対的記載事項、相対的記載事項及び任意的記載事項に分けられる。

【絶対的記載事項】

定款に記載されなければ、定款の無効だけでなく、税理士法人自体の設立の無効をきたす事項である。法48条の８第３項は、次の事項を、定款に記載するよう規定している。

① 目的

② 名称

③ 事務所の所在地

④ 社員の氏名及び住所

⑤ 社員の出資に関する事項

⑥　業務の執行に関する事項

【相対的記載事項】

　定款に記載しなくとも定款の効力に影響はないが、定款に記載しなければ税理士法人の法律関係としての効力が認められない事項である。例えば、代表社員に関する定め、社員の脱退事由、労務又は信用による出資者の脱退の場合の持分の払戻しについての別段の定め、解散事由、解散時の財産の処分方法、定款変更に関する定め等である。

【任意的記載事項】

　定款に記載がなくとも定款の効力に影響がなく、また、定款に記載しなければ税理士法人の法律関係としての効力が認められないというものではないが、便宜上記載される事項である。例えば、税理士法ですでに規定されたことを確認的に記載したような事項や決算期、利益処分に関する事項等がある。

◆　目的

　税理士法人の目的は、法48条の5で定める業務の範囲内で定款に自由に定めることができるが、法2条1項に規定する税理士業務を必須として、同条2項の税理士業務に付随して行う財務書類の作成、会計帳簿の記帳代行その他財務に関する事務及び規則21条に規定する税理士業務に付随しない財務に関する事務並びに法2条の2の規定により税理士が処理することができる事務(補佐人業務)の受託とに限定されている。

　したがって、税理士法人の定款における「目的」には、会社法上の株式会社等の定款において通常規定される「その他前各号に附帯（又は関連）する一切の業務」等の記載は、認められないこととなる。

◆　名称

⑴　名称中には、「税理士法人」の文字を必ず一体で用いなければなりません（税理士法人○○又は○○税理士法人）。

⑵　名称中に「税務」「会計」「事務所」などの文字を用いることを妨げません。

⑶　名称には、漢字、平仮名又は片仮名のほか、ローマ字、アラビヤ数字、アンパサンド（&）、アポストロフィー（'）、コンマ（,）、ハイフン（-）、ピリオド（.）及び中点（・）を使用することができます（商業登記規則50、平成14年7月31日法務省告示）。

⑷　省庁その他官庁若しくはその分課又は国、都道府県、市区町村の名と紛らわし

い名称を用いることはできません。

　なお、「日本」「東日本」「西日本」「関東」「関西」「東京」「大阪」「千代田」「虎ノ門」「麹町」「淀屋橋」「大蔵」「平成」「令和」などの文字を用いることを禁止する趣旨ではありません。

(5)　弁護士、公認会計士、司法書士、行政書士、社会保険労務士、不動産鑑定士等、他の法律により認められた資格をも有する税理士が社員であっても、これらの名称を税理士法人の名称中に使用することはできません。

(6)　社員の氏名以外の文字を用いようとするときは、税理士法人としての品位を損ない、又は、公序良俗に反するおそれがある名称を用いることはできません。

(7)　従たる事務所の名称には、主たる事務所の名称とともに、従たる事務所であることを示す文字（○○事務所又は○○支店）を用いてください。

(8)　税理士証票に判読可能な文字で掲載するために、「税理士法人」の5文字を含めて30文字以内（従たる事務所を設ける場合その名称を含めて30文字以内）とします。

　なお、旧商業登記法27条（類似商号登記の禁止）が廃止されたので、同一又は類似のおそれのある名称でも、登記が認められるものと解されます。しかし、同一又は類似のおそれのある名称を用いることで、納税者に誤認混同を与えるおそれがありますので、あらかじめ日税連に、同一又は類似名称の有無を照会し、これらの名称を用いないようにする必要があります。

◆　事務所の所在地

　税理士法人の事務所の所在地については、主たる事務所（いわゆる「本店」）と従たる事務所（いわゆる「支店」）の全部を記載しなければならない。所在地は、所在の場所ではないから、最小行政区画、すなわち、○○府（県）○○市（政令指定都市の場合は、○○市○○区）と記載すれば足りる。

◆　社員の氏名及び住所

　税理士法人の社員は、税理士でなければならない（法48の4①）。

　社員は、会社債権者に対して直接・無限・連帯の責任を負うため、その税理士たる社員の氏名、住所を記載する。なお、法48条の8（設立の手続）の「社員は共同して定款を定める」の規定、および法48条の18（解散）の第2項で「社員が2人以上にならなかった場合においても」解散となる旨が規定されていることから、税理士法人の

設立には、2人以上の社員が必要である（基通48の8－1）。したがって、最低2人以上の社員の記載がなければならない（所属税理士は、社員税理士ではないので人数には含まれない。(規8二)）。

【旧姓の使用】

　税理士法人の社員税理士については、組合等登記令（昭和39年3月23日政令第29号）に基づいて戸籍上の「氏名」が登記されることから、日本税理士会連合会では旧姓の使用を制限していた。

　しかし、税理士の登録区分によって旧姓使用を制限することによる税理士間の不利益を是正し、その取扱いの一貫性を確保するとともに、登記上の氏名とは別に旧姓使用を認めている他の士業法人における取扱いとの整合性にも配慮した納税者に誤解や混乱を生じさせない制度とすべく、平成21年4月以降、当該制限は解除され、社員税理士についても旧姓使用が容認されている。

　なお、商業登記規則等の改正により、平成27年2月27日以降、社員の加入等の登記の申請をするときには、婚姻前の氏をも記録することを申し出ることができることとなった（商業登記規則81の2）。

◆　社員の出資に関する事項

　税理士法人には、その活動の基礎となる財産が当然に必要であるから、社員は出資義務を負う。出資については、3種類、すなわち、財産出資（金銭、現物）のほか、株式会社と違って、信用、労務の出資が認められている。

　定款には、金銭、現物、信用、労務の種類だけでなく、その客体（例えば、金銭出資の額、現物出資の対象たる土地等の所在地・面積等）を具体的に記載することが必要である。労務出資の場合は、労務内容・時間の具体的表示が必要である。信用出資の場合は、「信用」とだけ記載すれば足りる。労務・信用の出資額については、定款に記載されるのみで貸借対照表の資本金には含まれない。また、社員は無限責任を負うため、法人の登記簿には社員の住所・氏名のみが記載され、出資の額は記載されない。

　利益配当や出資持分は、社員間の合意で自由に決めることができるが、その割合を計算するための基準として、「出資の価格」が必要となる。

　「出資の価格」とは、出資の目的物を金銭に見積もった評価額（評価の基準でもよい）をいう。評価の基準とは、例えば、「信用の出資は、財産出資の最低額に準ずる」という定め方をいう。

◆ 業務の執行に関する事項

税理士法人の社員は、すべての業務を執行する権利を有し、義務を負うことになる（法48の11）。合名会社の場合と異なり、代表権限により他の社員の業務執行権限を制限することはできない（法48の21③は会社法590、591を準用していない）。

なお、代表者の定めの有無や、各社員が業務をどのように分担して執行するかは、定款や社員の過半数の決議により決めることになる。

◆ 設立の無効

定款に絶対的記載事項の記載がない又はその記載が違法、公序良俗に反するなどの理由で無効な場合、設立登記が無効な場合や、出資等の意思表示に錯誤があり無効な場合等は、税理士法人の設立無効原因となる。設立の無効は訴えのみによって提起が可能である（法48の21④、会社法828①一）。設立無効の判決が確定したときは、将来に向かってその設立の効力は失われる（法48の21④、会社法839）。

また、設立無効の訴えを提起できるのは社員のみであり（会社法828②一）、訴えの提起期間は設立の日から2年以内である（会社法828①一）。無効の訴えが容認された場合は、解散の場合に準じて税理士法人を清算することとなる。

◆ 成立の届出

税理士法人は、設立登記によって成立したときは、成立の日から2週間以内に、登記事項証明書及び定款の写しを添えて、成立した旨をその主たる事務所の所在地を含む区域の税理士会（以下「本店所在地の税理士会」という）を経由して、日本税理士会連合会に届け出なければならない（法48の10①）。

また、税理士法人は、成立のときに、当然、本店所在地の税理士会の会員となる（法49の6③）。

業務を執行する権限

第48条の11

税理士法人の社員は、すべて業務を執行する権利を有し、義務を負う。

2　税理士法人の社員は、定款によつて禁止されていないときに限り、特定の行為の代理を他人に委任することができる。

税理士法人は税理士業務を組織的に行うことを目的として、税理士が共同して設立した法人であるから、制度の趣旨として税理士法人の社員は、すべて業務を執行する権限を有し、義務を負うこととされており、この社員の業務を執行する権限は、定款によっても制限することができない。よって、出資のみを行い業務執行を行わない社員について、定款の定めによっても認めることはできない。

◆ 業務の執行

　業務の執行とは、税理士法人の本来の業務である税理士業務など定款に定める業務のほか、税理士法人の経営に関する法律行為、例えば、顧客との契約締結行為などの法律行為だけでなく、帳簿の作成（法41）、使用人の管理・監督（法41の2）などの事実行為も含む。税理士法人の経営に関する事務の執行であっても、定款変更、持分の譲渡、解散、合併等の税理士法人の組織や存立自体に関する行為は業務の執行に含まれず、原則的に総社員の同意が必要とされている。ただし、定款変更、持ち分の譲渡及び解散は定款で別段の定めがある場合を除く（法48の13①、48の18①、48の19①、48の21①、会社法585①④準用）。

◆ 代表社員

　税理士法人の業務執行権を有する社員は、原則として各自が法人を代表するが、総社員の同意（定款又は定款の定めに基づく社員の互選）によって、税理士法人を代表する社員（代表社員）を定めることができる（法48の21①、会社法599①〜③準用）。

　なお、共同代表の定めは、旧商法77条の準用により適用があったが、会社法では共同代表制度が廃止されたので、税理士法人においても適用がなくなった。

　代表権は、税理士法人の業務に関する一切の裁判上又は裁判外の行為をなす権限に及ぶものであり、これを制限しても善意の第三者には対抗することができない（会社法599④⑤準用）。

　なお、税理士法人を代表するに当たり不正の行為等がなされたときや、代表することに著しく不適任なときは、当該代表社員以外の社員の過半数の決議をもって、代表権の消滅の訴えを提起することができる（会社法860〜862準用）。

◆ 社員の責任（無限連帯責任）

① 社員の責任内容

　税理士法人の各社員は、税理士法人の財産をもって債権者に対する債務を完済する

ことができないとき、又は税理士法人の財産に対する強制執行が効を奏しなかったときは、それぞれ連帯して税理士法人の債務を弁済する無限の責任を負う（法48の21①、会社法580①準用）。

しかし、その責任は、法人の財産をもってまず引当てとする二次的なもので、税理士法人に弁済の資力があり、かつ強制執行も容易であることを証明したときは、社員は免責される（会社法580①二準用）。

法人の債務が消滅すれば、社員の責任も当然になくなるが、社員は、法人に属する抗弁を直ちに援用でき、また法人に属する権利（相殺権、取消権又は解除権）を援用してその履行を拒むことができる（会社法581準用）。

② 加入社員、脱退社員等の責任

税理士法人の成立後に新たに加入した社員は、加入前に生じた税理士法人の債務についても責任を負うこととされている（会社法605準用）。

また、脱退した社員は、債権者保護のために、脱退の登記後2年間は、脱退登記前に生じた税理士法人の債務について従前の責任の範囲内で責任を負う（会社法612準用）。

なお、税理士法人が解散して清算手続に入った場合でも、清算の進行とは関係なく、社員は、解散の登記後5年間は、無限連帯責任を負う（会社法673①準用）。

社員の常駐

第48条の12

税理士法人の事務所には、その事務所の所在地を含む区域に設立されている税理士会の会員である社員を常駐させなければならない。

◆ 常駐義務の趣旨

税理士法人の事務所には、その事務所の所在地を含む区域の税理士会の会員である社員を常駐させなければならない。「常駐」とは、事務所における執務が常態となっていることを意味すると解され、その対象は、主たる事務所のほか、従たる事務所を含め各事務所に1人以上常駐しなければならない（基通48の12-1）。なお、常駐しなければならないのは、社員たる税理士であって、所属税理士では要件を満たさない。

社員の常駐義務は、法40条3項の立法趣旨である非税理士の温床となることの防止等を税理士法人でも一貫する趣旨で定められたものであり、また、従たる事務所も対象に含めているのは、法人債務につき社員が無限連帯責任を負う組織においては、社

員が従たる事務所の業務を日常的に執行することが、委嘱者はもとより納税者からの、各事務所における業務に対する信頼性を確保する上で重要であると考えられているためである。

定款の変更

第48条の13

税理士法人は、定款に別段の定めがある場合を除き、総社員の同意によつて、定款の変更をすることができる。

2　税理士法人は、定款を変更したときは、変更の日から2週間以内に、変更に係る事項を、本店所在地の税理士会を経由して、日本税理士会連合会に届け出なければならない。

◆　定款変更

税理士法人は、定款に別段の定めがある場合を除き、総社員の同意により、定款の変更をすることができる。

社員の変更（入社・脱退）、出資の変更（増資・減資）や従たる事務所の設置等には定款の変更が必要である。

◆　変更の届出

税理士法人は、定款を変更したときは、変更の日から2週間以内に、変更に係る事項を本店所在地の税理士会を経由して、日本税理士会連合会に届け出なければならない。

社員の競業の禁止

第48条の14

税理士法人の社員は、自己若しくは第三者のためにその税理士法人の業務の範囲に属する業務を行い、又は他の税理士法人の社員となつてはならない。

2　税理士法人の社員が前項の規定に違反して自己又は第三者のためにその税理士法人の業務の範囲に属する業務を行つたときは、当該業務によつて当該社員又は第三者が得た利益の額は、税理士法人に生じた損害の額と推定する。

◆ 競業の禁止

　税理士法人の社員は、自己又は第三者のために、その税理士法人の業務の範囲に属する業務を行ってはならない。

　税理士法人には会社法594条（競業の禁止）の準用がなく、合名会社の場合と異なり、定款又は他の社員全員の承諾があっても「一切」社員の競業が認められない。

◆ 競業禁止の理由

① 法人の事業上の秘密を保ち、利益衝突を避ける必要があること

② 税理士法人の業務と税理士個人の業務とが混在すると、顧客である納税者等にとって、委嘱の相手方である税理士の立場が法人の社員としての立場なのか、個人の税理士としての立場なのかが曖昧で法律関係が不明確となり、顧客（納税者等）の保護に欠ける面があること

◆ 他の税理士法人との兼任

　税理士法人の社員は、他の税理士法人の社員と兼任できない。

　他の税理士法人の社員を兼ねることは、税理士法人間での利害対立を避けるため、また、納税者等依頼者との信頼関係を損なわないために禁止されている。この禁止は絶対的であって、他の社員の全員の同意があっても解除されない。

◆ 競業禁止違反

　社員がこの競業の禁止に違反した場合、当該行為によって社員又は第三者が得た利益の額は、税理士法人に生じた損害の額と推定され、当該社員はこの推定を覆せない限り、税理士法人に対し当該損害額を賠償する責任を負う。このほか、他の社員の決議をもって、除名又は税理士法人の社員の業務執行権若しくは代表権の消滅の訴えを裁判所に請求されることがある（法48の21①、会社法859〜862準用）。

◆ 利益相反取引の制限

　社員は、他の社員の過半数の承認又は定款の別段の定めがない限り、自己又は第三者のために、税理士法人と取引をすることができない（法48の21①、会社法595①一準用）。また、社員が税理士法人を代表して社員個人の債務を保証したり引受けしたりする行為、その他税理士法人と社員の利益が相反する取引をする場合（間接取引）も、他の社員の過半数の承認等がなければできない（会社法595①二準用）。

なお、所属税理士は、税理士法人の使用人であるため、この規定は適用されない。

業務の執行方法

第48条の15

税理士法人は、税理士でない者に税理士業務を行わせてはならない。

◆　税理士業務

　　税理士法人は、委嘱者との委任契約により行う業務のうち、税理士業務はその法人の社員税理士や所属税理士が行うので、税理士法人は、税理士でない者に税理士業務を行わせてはならない。

　　これは、税理士法人という形式を利用して税理士でない者が税理士業務を行うこととなると、税理士の資格制度そのものを破綻させることになり、また、納税者保護の見地からも禁止しているものである。

◆　内部規律及び内部管理体制の整備

　　税理士法人の社員等又は使用人その他の従業員が行った不正行為を認識していなかったときでも、税理士法人の内部規律や内部管理体制の不備等により、それを認識できなかったことについて相当の責任があると認められる場合には、他の社員も過失により不正行為を行ったものとして懲戒処分の対象となる。

　　適正に税理士法人を運営するためにも内部規律及び内部管理体制の整備を行わなければならない。

税理士の権利及び義務等に関する規定の準用

第48条の16

　第1条、第2条の3、第30条、第31条、第34条から第37条の2まで、第39条及び第41条から第41条の3までの規定は、税理士法人について準用する。

◆　税理士法人の準用規定

　　税理士法人は、税理士業務を組織的に行うことを目的として設立された法人であるから、税理士の権利及び義務に関する規定は、自然人としての税理士に限定されてい

るものを除き、税理士法人について準用されるほか、税理士法人に適用される義務等の規定がある。

　具体的には次のとおりである。

(1)　税理士法人に準用される規定

　　イ．権利

　　　①　税理士の使命（法1）

　　　②　税務代理の権限の明示（法30）

　　　③　特別の委任を要する事項（法31）

　　　④　調査の通知（法34）

　　　⑤　意見の聴取（法35）

　　ロ．義務

　　　①　脱税相談等の禁止（法36）

　　　②　信用失墜行為の禁止（法37）

　　　③　非税理士に対する名義貸しの禁止（法37の2）

　　　④　会則を守る義務（法39）

　　　⑤　帳簿作成の義務（法41）

　　　⑥　使用人等に対する監督義務（法41の2）

　　　⑦　助言義務（法41の3）

　　ハ．努力義務

　　　①　税理士の業務における電磁的方法の利用等を通じた納税義務者の利便の向上等（法2の3）

(2)　税理士法人に適用される規定

　　①　税理士証票の提示（法32）

　　②　署名の義務（法33）

　　③　計算事項、審査事項等を記載した書面の添付（法33の2）

　　④　事務所の設置（法40）

法定脱退

第48条の17

　税理士法人の社員は、次に掲げる理由によつて脱退する。

　一　税理士の登録の抹消

二　定款に定める理由の発生

三　総社員の同意

四　第43条の規定に該当することとなったこと。

五　第45条又は第46条の規定による税理士業務の停止の処分を受けたこと。

六　除名

◆　法定脱退

社員が税理士法人から当然に脱退するのは、次の場合である。

①　業務廃止や死亡、登録の取消しの処分等により、税理士の登録が抹消されたとき （法26）

②　定款に定める脱退理由が発生したとき（例えば、定年に達したとき等）

③　総社員の同意があったとき

④　他士業における懲戒処分により当該他士業の業務を停止されたとき、報酬のある公職に就いたとき （法43）

⑤　税理士法の懲戒処分により税理士業務の停止処分を受けたとき （法45、46）

⑥　除名（裁判所が除名判決をしたとき （法48の21①、会社法859準用））

除名は、その社員の意思に反して社員資格を奪う行為であるため、社員について次の事由にある場合に、当該社員以外の社員の過半数の決議をもって、当該社員の除名を裁判所に請求し、裁判所の判決をもってのみ除名することができるものとされる。

・　出資の義務を履行しなかったとき

・　競業の禁止 （法48の14①）に違反したとき

・　業務の執行に当たって不正の行為をしたとき

・　税理士法人を代表するに当たり、不正の行為をし、又は代表権がないのに代表として行為をしたとき

・　その他重要な義務を尽くさなかったとき

この除名の訴えは、主たる事務所の所在地における地方裁判所の管轄に専属し （会社法862準用）、除名判決が確定すると、当該社員の社員たる地位が剥奪される。

◆　任意脱退

税理士法人の社員については、法48条の21第1項により会社法606条の任意退社の規定が準用され、次のとおり脱退することができる。

① 予告による脱退

　社員は、定款で税理士法人の存続期間を定めなかった場合又はある社員の終身の間税理士法人が存続することを定めた場合には、6か月前までに予告することによって、脱退する理由の如何を問わず、事業年度の終了時に脱退することができる（法48の21①、会社法606①準用）。

② やむを得ない事由による退社

　税理士法人の存続期間等を定めたかどうかに関わらず、やむを得ない事由があれば、いつでも脱退することができる（会社法606③準用）。

　なお、税理士法人の構成員である社員全員の同意があれば、予告又はやむを得ない事由がない場合であっても、脱退することができる。

◆　持分差押え債権者による強制脱退

　社員の持分を差し押えた債権者は、6か月前までに当該社員と税理士法人に対して予告をすることによって、事業年度の終了時において、その社員を強制的に脱退させることができる（法48の21①、会社法609①準用）。ただし、予告を受けた社員が弁済をし、又は相当の担保を提供したときは、予告の効力を失う（会社法609②準用）。

◆　脱退による持分の払戻し

　脱退により社員は社員たる地位を喪失し、持分の払戻しを受ける（死亡の場合は、社員の相続人が、持分払戻し請求権を相続する）。ここにいう「持分」とは、社員の受けるべき財産上の割合、すなわち会社の純資産額に対する社員の分け前を計算した額のことであり、出資の種類を問わず金銭をもって払い戻すことができる（法48の21①、会社法611③準用）。

　持分の計算は、脱退の効果発生時を標準とする（会社法611②準用）。ただし、除名の場合は、除名の訴えを提起した時の財産の状況に従って計算し（会社法611⑤準用）、訴えの提起日後法定利率による利息を加算して払い戻さなければならない（会社法611⑥準用）。

解散

第48条の18

　税理士法人は、次に掲げる理由によつて解散する。

一　定款に定める理由の発生

二　総社員の同意

三　他の税理士法人との合併

四　破産手続開始の決定

五　解散を命ずる裁判

六　第48条の20第1項の規定による解散の命令

2　税理士法人は、前項の規定による場合のほか、社員が1人になり、そのなつた日から引き続き6月間その社員が2人以上にならなかつた場合においても、その6月を経過した時に解散する。

3　税理士法人は、第1項第3号の事由以外の事由により解散したときは、解散の日から2週間以内に、その旨を、本店所在地の税理士会を経由して、日本税理士会連合会に届け出なければならない。

裁判所による監督

第48条の18の2

　税理士法人の解散及び清算は、裁判所の監督に属する。

2　裁判所は、職権で、いつでも前項の監督に必要な検査をすることができる。

3　税理士法人の解散及び清算を監督する裁判所は、財務大臣に対し、意見を求め、又は調査を嘱託することができる。

4　財務大臣は、前項に規定する裁判所に対し、意見を述べることができる。

清算結了の届出

第48条の18の3

　清算が結了したときは、清算人は、その旨を日本税理士会連合会に届け出なければならない。

解散及び清算の監督に関する事件の管轄

第48条の18の4

　税理士法人の解散及び清算の監督に関する事件は、その主たる事務所の所在地を管轄する地方裁判所の管轄に属する。

検査役の選任

第48条の18の5

　裁判所は、税理士法人の解散及び清算の監督に必要な調査をさせるため、検査役を選任することができる。

2　前項の検査役の選任の裁判に対しては、不服を申し立てることができない。

3　裁判所は、第1項の検査役を選任した場合には、税理士法人が当該検査役に対して支払う報酬の額を定めることができる。この場合においては、裁判所は、当該税理士法人及び検査役の陳述を聴かなければならない。

◆　**税理士法人の解散**

　税理士法人の解散は、財務大臣による解散命令が解散事由とされていること等の特殊性から、会社法641条（解散の事由）は準用されておらず、法48条の18第1項に規定される次の理由によって解散することとされている。

① 定款に定める理由の発生（例えば、存続期間の満了、特定社員の死亡等）

② 総社員の同意

③ 他の税理士法人との合併

④ 破産手続開始の決定

⑤ 解散を命じる裁判

　　これは、税理士法人が期待された社会的任務を果たさず公益を害するに至ったときに、非訟事件手続によって法人格を剥奪する解散の命令（法48の21②、会社法824準用）と、税理士法人が自治的能力を喪失する等、やむを得ない事由があるときの社員の訴えによる（法48の21⑤、会社法833②準用）解散を命ずる裁判がある。

⑥ 法48条の20第1項に規定する解散の命令

　この解散の命令は、税理士法人は準則主義により設立されているが、設立後、税理士法人の違法行為があった場合や運営が著しく不当と認められるときは、財務大臣が解散を命じることができることとされている。

　なお、他の税理士法人との合併以外の理由により解散した場合には、解散の日から2週間以内に、その旨を本店所在地の税理士会を経由して、日本税理士会連合会に届け出なければならない（法48の18③）。

　税理士法人は、税理士業務を組織的に行うことを目的として、税理士が共同して設立した法人であることから、上記の解散理由のほかに、社員が1人になり、そのなっ

た日から引き続き6か月間その社員が2人以上にならなかった場合においても、その6か月を経過した時に解散することとなる。

これは、継続的な関与を主とする税理士業務において、社員が1人となったことをもって即解散とすることは、委嘱者である納税義務者の保護に欠ける面があり、むしろ社員が再び2人以上となることで、その法人が存続する方が社会全体の利益にも合致すると認められることを考慮した措置である。

この規定を裏返して、税理士法人は2名以上の税理士によって設立する必要があることが明らかにされている。

なお、他の税理士法人との合併以外の理由により解散した場合には、解散の日から2週間以内に、その旨を本店所在地の税理士会を経由して、日本税理士会連合会に届け出なければならない（法48の18③）。

◆　解散の届出・登記

税理士法人は、合併及び破産手続開始の決定の場合を除き、2週間以内に、主たる事務所の所在地において、解散の登記をしなければならない（組合等登記令7）。

また、他の税理士法人との合併以外の理由により解散した場合には、解散の日から2週間以内に、その旨を本店所在地の税理士会を経由して、日本税理士会連合会に届け出なければならない。

なお、税理士法人は、解散した時に、当然、所属税理士会を退会する（法49の6⑧）。

◆　清算手続・登記・結了

解散した後の手続である清算の方法については、会社法の規定が基本的に準用され（法48の21②）、合名会社に準じて法定清算を原則として、一定の要件の下に任意清算が認められる。

清算が結了したときは、清算人は、清算結了の登記（組合等登記令10）後、速やかにその旨を解散した税理士法人の所在地の税理士会を経由して、日本税理士会連合会に届け出なければならない。

なお、解散後は、清算だけを存在の目的としているので、その権利能力は清算の目的の範囲内に限られるのである（法48の21②、会社法645準用）。

合併

第48条の19

　　税理士法人は、総社員の同意があるときは、他の税理士法人と合併することができる。

2　合併は、合併後存続する税理士法人又は合併により設立する税理士法人が、その主たる事務所の所在地において登記をすることによつて、その効力を生ずる。

3　税理士法人は、合併したときは、合併の日から2週間以内に、登記事項証明書（合併により設立する税理士法人にあつては、登記事項証明書及び定款の写し）を添えて、その旨を、本店所在地の税理士会を経由して、日本税理士会連合会に届け出なければならない。

4　合併後存続する税理士法人又は合併により設立する税理士法人は、合併により消滅する税理士法人の権利義務を承継する。

債権者の異議等

第48条の19の2

　　合併をする税理士法人の債権者は、当該税理士法人に対し、合併について異議を述べることができる。

2　合併をする税理士法人は、次に掲げる事項を官報に公告し、かつ、知れている債権者には、各別にこれを催告しなければならない。ただし、第3号の期間は、1月を下ることができない。

　一　合併をする旨

　二　合併により消滅する税理士法人及び合併後存続する税理士法人又は合併により設立する税理士法人の名称及び主たる事務所の所在地

　三　債権者が一定の期間内に異議を述べることができる旨

3　前項の規定にかかわらず、合併をする税理士法人が同項の規定による公告を、官報のほか、第6項において準用する会社法第939条第1項の規定による定款の定めに従い、同項第2号又は第3号に掲げる方法によりするときは、前項の規定による各別の催告は、することを要しない。

4　債権者が第2項第3号の期間内に異議を述べなかつたときは、当該債権者は、当該合併について承認をしたものとみなす。

5　債権者が第2項第3号の期間内に異議を述べたときは、合併をする税理士法人は、当該債権者に対し、弁済し、若しくは相当の担保を提供し、又は当該債権者に弁済を受けさせることを目的として信託会社等（信託会社及び信託

業務を営む金融機関（金融機関の信託業務の兼営等に関する法律（昭和18年法律第43号）第１条第１項の認可を受けた金融機関をいう。）をいう。）に相当の財産を信託しなければならない。ただし、当該合併をしても当該債権者を害するおそれがないときは、この限りでない。

6　会社法第939条第１項（第２号及び第３号に係る部分に限る。）及び第３項、第940条第１項（第３号に係る部分に限る。）及び第３項、第941条、第946条、第947条、第951条第２項、第953条並びに第955条の規定は、税理士法人が第２項の規定による公告をする場合について準用する。この場合において、同法第939条第１項及び第３項中「公告方法」とあるのは「合併の公告の方法」と、同法第946条第３項中「商号」とあるのは「名称」と読み替えるものとする。

合併の無効の訴え

第48条の19の３

　会社法第828条第１項（第７号及び第８号に係る部分に限る。）及び第２項（第７号及び第８号に係る部分に限る。）、第834条（第７号及び第８号に係る部分に限る。）、第835条第１項、第836条第２項及び第３項、第837条から第839条まで、第843条（第１項第３号及び第４号並びに第２項ただし書を除く。）並びに第846条の規定は税理士法人の合併の無効の訴えについて、同法第868条第６項、第870条第２項（第６号に係る部分に限る。）、第870条の２、第871条本文、第872条（第５号に係る部分に限る。）、第872条の２、第873条本文、第875条及び第876条の規定はこの条において準用する同法第843条第４項の申立てについて、それぞれ準用する。

◆　税理士法人の合併

　合併とは、２以上の税理士法人が合併契約により、当事者である税理士法人が解散し、その権利義務が清算手続を経ることなく包括的に存続会社又は新設会社に移転することである。すなわち、合併後存続する税理士法人（吸収合併した税理士法人）又は合併によって設立する税理士法人（新設合併した税理士法人）は、合併前の税理士法人の財産、債務等をすべて引き継ぐこととなる。

　なお、当事者は税理士法人であることが要件となっており、監査法人や弁護士法人、弁理士法人等との合併は当然認められないほか、その特殊性から、会社法793条（合併の決議）の準用はなく税理士法に独自の規定が定められている。

◆　合併の手続

　合併は、合併後存続する税理士法人又は合併によって設立した税理士法人が、その主たる事務所の所在地において登記をすることによって、その効果を生じることとなる。合併の登記は、合併に必要な手続が終了した日から主たる事務所の所在地においては2週間以内に、従たる事務所の所在地においては3週間以内に行わなければならない。合併後存続する税理士法人については変更の登記、合併により消滅する税理士法人については解散の登記、合併により設立した税理士法人については設立の登記をしなければならない（組合等登記令8）。

　また、税理士法人が合併したときは、合併の日から2週間以内に、登記簿の謄本を添えて、その旨を合併後存続する税理士法人又は合併により設立した税理士法人の主たる事務所所在地の税理士会を経由して、日本税理士会連合会に届け出なければならない。

◆　債権者の異議

　税理士法人の合併は、債権者の保護を図るため、合併の登記をする前に、次の手続が必要となる。

　イ　税理士法人は、債権者に対し、合併について一定期間（下限・1か月）内に異議を述べることができる旨を公告し、かつ、住所氏名の分かっている債権者には個別にこれを催告しなければならないこととされている。当該期間内に異議を述べなかったときは、債権者は合併について承認したとみなされる。

　　　なお、税理士法人が、上記の公告を官報のほか、定款の定めに従い、時事に関する事項を掲載する日刊新聞紙に掲載する方法（会社法939①二準用）又は電子公告（会社法939①三準用）により行うときは債権者個別の催告は要しないとされる。

　ロ　債権者が当該期間内に異議を述べたときは、その債権者に対して弁済をし、あるいは相当な額の担保を提供し、又は債権者に弁済することを目的として信託会社等に相当の財産を信託するなど債権者を保護する措置をとらなければならない。ただし、合併しても債権者を害するおそれがないときはこの限りではない。

◆　合併の無効

　税理士法人の合併において、総社員の同意が得られていない、債権者保護の手続が実行されていないなどの場合、その合併の無効を訴えのみにより主張することができる。訴えを提起できるのは、合併の効力が生じた日において、合併する税理士法人の

社員等（社員又は清算人）であった者、又は合併後存続する若しくは設立する税理士法人の社員等、破産管財人、合併を承認しなかった債権者に限られる（会社法828②七、八準用）。また、訴えの期間は、合併の効果が生じた日から6か月以内に限られる（会社法828①七、八準用）。

この提起により、合併を無効とする確定判決があった場合には、無効とされた合併は将来に向かってその効力を失うことから（会社法839準用）、合併によって消滅した税理士法人は復活し、新設した税理士法人は消滅することとなる。

違法行為等についての処分

第48条の20

　　財務大臣は、税理士法人がこの法律若しくはこの法律に基づく命令に違反し、又は運営が著しく不当と認められるときは、その税理士法人に対し、戒告し、若しくは2年以内の期間を定めて業務の全部若しくは一部の停止を命じ、又は解散を命ずることができる。

2　第47条、第47条の3及び第47条の4の規定は、前項の処分について準用する。

3　第1項の規定による処分の手続に付された税理士法人は、清算が結了した後においても、この条の規定の適用については、当該手続が結了するまで、なお存続するものとみなす。

4　第1項の規定は、同項の規定により税理士法人を処分する場合において、当該税理士法人の社員等につき第45条又は第46条に該当する事実があるときは、その社員等である税理士に対し、懲戒処分を併せて行うことを妨げるものと解してはならない。

◆　懲戒手続の概要

　税理士法人の懲戒処分は、税理士と同様に財務大臣が処分権者となり、税理士法人が自ら懲戒を受ける場合と、その税理士法人の社員等である税理士（以下「社員等」という）が懲戒を受ける場合とがある。また、税理士法人の違法行為等についての処分には、税理士の懲戒に関する規定（法47、47の3、47の4）が準用される。

◆　税理士法人の違法行為等についての処分

　税理士法人が、税理士法若しくは税理士法に基づく命令に違反し、又は税理士法人

の運営が著しく不当と認められるときは、財務大臣は、税理士法人に対して、戒告、2年以内の業務の全部若しくは一部の停止、又は解散を命ずることができる (法48の20①)。

この懲戒処分に当たっての、処分の量定の判断要素及び範囲等の考え方について「税理士・税理士法人に対する懲戒処分等の考え方」(参考資料339ページ参照) として、財務省告示が定められている。

なお、違法行為等の処分の手続に付された税理士法人は、清算が結了した後においても、当該手続が結了するまで、なお存続するものとみなされる (法48の20③)。

◆　税理士の懲戒手続等の準用

税理士法人の違法行為等についての処分については、税理士の懲戒に関する法47条 (懲戒の手続等)、47条の3 (除斥期間) 及び47条の4 (懲戒処分の公告) の規定が準用されている。

このうち、47条の3 (除斥期間) は、財務大臣は、税理士法人の違法行為等があったときから10年を経過したときは、税理士法人の違法行為等についての処分の手続を開始することができないこととされた。

◆　税理士法人の社員等に対する懲戒処分

税理士法人を処分する場合において、その税理士法人の社員等につき、法45条 (脱税相談等をした場合の懲戒)、同46条 (一般の懲戒) に該当する事実があるときは、その社員等に対しても、懲戒処分を併せて行うことができる (法48の20④)。

なお、社員が税理士業務の停止の処分を受けた場合は、社員の資格を失い、その法人を脱退 (退社) しなければならない (法48の4②一)。

◆　社員が懲戒処分を受けた場合

社員等が懲戒処分に付された場合においても、税理士法人が自ら懲戒処分の対象とならない限り、懲戒処分の効力は税理士法人には及ばない。

ただし、社員等又は使用人その他従業員が、その税理士法人の業務に関し、違反行為をした場合、当該行為者を罰するほか、当該行為者が所属する税理士法人に対して罰金刑が科される (法63)。

また、税理士法人としては、懲戒処分の対象とされた事由等についての再発防止策の徹底等の対応が必要となる。

一般社団法人及び一般財団法人に関する法律及び会社法の準用等

第48条の21

　一般社団法人及び一般財団法人に関する法律（平成18年法律第48号）第４条並びに会社法第600条、第614条から第619条まで、第621条及び第622条の規定は税理士法人について、同法第580条第１項、第581条、第582条、第585条第１項及び第４項、第586条、第593条、第595条、第596条、第599条、第601条、第605条、第606条、第609条第１項及び第２項、第611条（第１項ただし書を除く。）、第612条並びに第613条の規定は税理士法人の社員について、同法第589条第１項の規定は税理士法人の社員であると誤認させる行為をした者の責任について、同法第859条から第862条までの規定は税理士法人の社員の除名並びに業務を執行する権利及び代表権の消滅の訴えについて、それぞれ準用する。この場合において、同法第613条中「商号」とあるのは「名称」と、同法第615条第１項、第617条第１項及び第２項並びに第618条第１項第２号中「法務省令」とあるのは「財務省令」と、同法第617条第３項中「電磁的記録」とあるのは「電磁的記録（税理士法第２条第１項第２号に規定する電磁的記録をいう。次条第１項第２号において同じ。）」と、同法第859条第２号中「第594条第１項（第598条第２項において準用する場合を含む。）」とあるのは「税理士法第48条の14第１項」と読み替えるものとする。

2　会社法第644条（第３号を除く。）、第645条から第649条まで、第650条第１項及び第２項、第651条第１項及び第２項（同法第594条の準用に係る部分を除く。）、第652条、第653条、第655条から第659条まで、第662条から第664条まで、第666条から第673条まで、第675条、第863条、第864条、第868条第１項、第869条、第870条第１項（第１号及び第２号に係る部分に限る。）、第871条、第872条（第４号に係る部分に限る。）、第874条（第１号及び第４号に係る部分に限る。）、第875条並びに第876条の規定は、税理士法人の解散及び清算について準用する。この場合において、同法第644条第１号中「第641条第５号」とあるのは「税理士法第48条の18第１項第３号」と、同法第647条第３項中「第641条第４号又は第７号」とあるのは「税理士法第48条の18第１項第５号若しくは第６号又は第２項」と、同法第658条第１項及び第669条中「法務省令」とあるのは「財務省令」と、同法第668条第１項及び第669条中「第641条第１号から第３号まで」とあるのは「税理士法第48条の18第１項第１号又は第２号」と、同法第670条第３項中「第939条第１項」とあるのは「税理士法第48条の19の２第６項において準用する第939条第１項」と、同法第673条第１項中「第580条」とあるのは「税理士法第48条の21第１項において準用する第580条第１項」

と読み替えるものとする。

3　会社法第824条、第826条、第868条第1項、第870条第1項（第10号に係る部分に限る。）、第871条本文、第872条（第4号に係る部分に限る。）、第873条本文、第875条、第876条、第904条及び第937条第1項（第3号ロに係る部分に限る。）の規定は税理士法人の解散の命令について、同法第825条、第868条第1項、第870条第1項（第1号に係る部分に限る。）、第871条、第872条（第1号及び第4号に係る部分に限る。）、第873条、第874条（第2号及び第3号に係る部分に限る。）、第875条、第876条、第905条及び第906条の規定はこの項において準用する同法第824条第1項の申立てがあつた場合における税理士法人の財産の保全について、それぞれ準用する。

4　会社法第828条第1項（第1号に係る部分に限る。）及び第2項（第1号に係る部分に限る。）、第834条（第1号に係る部分に限る。）、第835条第1項、第837条から第839条まで並びに第846条の規定は、税理士法人の設立の無効の訴えについて準用する。

5　会社法第833条第2項、第834条（第21号に係る部分に限る。）、第835条第1項、第837条、第838条、第846条及び第937条第1項（第1号リに係る部分に限る。）の規定は、税理士法人の解散の訴えについて準用する。

6　破産法（平成16年法律第75号）第16条の規定の適用については、税理士法人は、合名会社とみなす。

　税理士法人については、一般社団法人及び一般財団法人に関する法律、会社法及び破産法の規定が準用されている。

　税理士法人は、税理士が共同して、税理士業務を組織的に行うことを目的として設立した法人であり、社員は税理士に限定され、合名会社に準じた制度とされていること等から、税理士法人の内部関係や外部関係など会社法の合名会社に関する多くの諸規定が準用されている。

第6章

税理士会及び
日本税理士会連合会

（第49条—第49条の21）

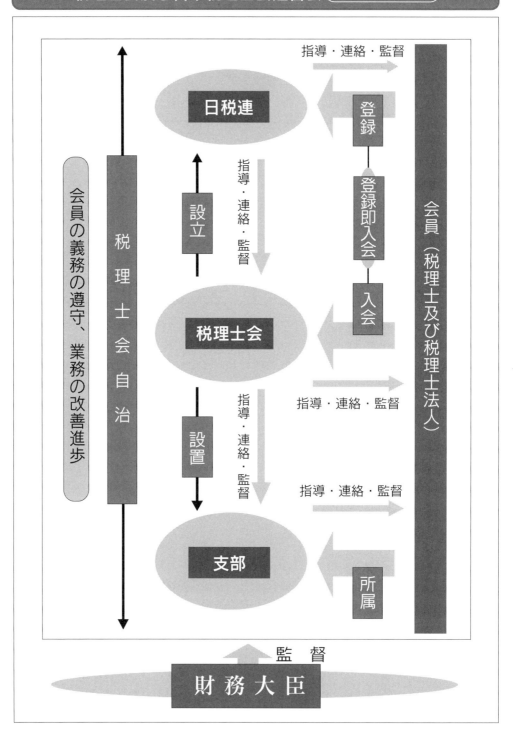

税理士会

第49条

　税理士は、国税局の管轄区域ごとに、一の税理士会を設立しなければならない。

2　税理士会は、会員である税理士の数が財務省令で定める数を超える場合には、財務省令で定めるところにより、国税庁長官に対し、当該税理士会が設立されている区域内において新たに税理士会を設立することができる区域（以下「指定区域」という。）を定めることを請求することができる。

3　国税庁長官は、前項の規定による請求があつたときは、財務省令で定めるところにより、当該請求をした税理士会が設立されている区域内において指定区域を定めることができる。

4　前項の規定により指定区域が定められたときは、当該指定区域内に税理士事務所又は税理士法人の事務所の登録を受けた税理士は、当該指定区域に一の税理士会を設立することができる。

5　前項の規定により新たに税理士会が設立されたときは、その設立の時において、当該税理士会が設立された指定区域は第2項の規定による請求をした税理士会（以下この項において「前の税理士会」という。）が設立されていた区域から除かれるものとし、当該前の税理士会が設立されていた区域のうち当該指定区域以外の区域は第3項の規定により国税庁長官が定めたものとし、当該前の税理士会は前項の規定により設立されたものとする。

6　税理士会は、税理士及び税理士法人の使命及び職責にかんがみ、税理士及び税理士法人の義務の遵守及び税理士業務の改善進歩に資するため、支部（第49条の3第1項に規定する支部をいう。）及び会員に対する指導、連絡及び監督に関する事務を行うことを目的とする。

7　税理士会は、法人とする。

8　税理士会は、その名称中に税理士会という文字を用いなければならない。

　税理士会は、その前身である税務代理士会当時から、様々な沿革をたどって今日に至っている。

　税理士会は、税理士及び税理士法人がその使命を十分に果たし、義務を守り、税理士業務の改善進歩に資するための、税理士及び税理士法人の自治的団体として、能率的に運営されるとともに、税理士及び税理士法人に対する指導、連絡及び監督等の観点からも便宜なものであることが必要である。こうした観点に加えて、行政の対応をも考慮して、税理士は国税局の管轄区域ごとに一の税理士会を設立しなければならな

いこととするいわゆる一局一会制が基本とされている（法49①）。

　しかしながら、税理士による税理士会の強制設立が定められた、昭和31年の改正法施行の際に、これまでの旧民法第34条の規定に基づく社団法人たる税理士会が複数設立されていた国税局の管轄区域内においては、現存する会の数以内の税理士会の設立が認められた結果、昭和31年の秋には、全国17の社団法人である税理士会が解散し、税理士法に基づく17の税理士会が発足した。なお、これら17の税理士会のうち、大阪国税局管内の大阪、関西、近畿、神戸、京都の五税理士会が、昭和39年に大阪合同税理士会（現在は近畿税理士会）として合併したことにより全体で13税理士会となり、昭和47年の沖縄復帰に伴い沖縄税理士会を加え、さらに平成13年4月2日、東京地方税理士会が税理士法第49条第2項〜第5項の規定に基づき分割し、新たに千葉県税理士会が設立され、現在の15税理士会となった。

◆　税理士会の設立

　税理士会は登録即入会制（強制加入制）が採られ、一局一会制を基本としていることから、税理士会が解散したことによって国税局の管轄区域内に税理士会が存在しないことになったり、また、国税局が分割されて新たに国税局が設置されたような場合には、その国税局の管轄区域内に税理士事務所を有する税理士は税理士会を設立しなければならないことになる。

◆　税理士会の分割

　税理士会は、国税局の管轄区域ごとに一会とする一局一会制が原則とされているところ、会員である税理士の数が余りに多くなると、個々の税理士の意思が税理士会の運営に十分に反映されにくくなったり、税理士会の運営に統一や調和を欠くといった弊害が生ずるおそれがある。

　このため、昭和55年の改正で、税理士会からの請求により、税理士会を分割することができることとなった。

　すなわち、税理士会は、会員である税理士の数が5,000人（規23①）を超えることとなった場合に、国税庁長官に対して、その税理士会が設立されている区域内において、新たに税理士会を設立することができる区域（以下「指定区域」という。）を定めるよう請求することができる（法49②）。

　この請求をしようとする税理士会は、指定区域を定めることを請求する旨を記載した申請書に、その請求がその税理士会の総会その他正当な権限を有する機関の議決に

基づくものであることを証する書面を添付して、これをその税理士会の主たる事務所の所在地を管轄する国税局長を経由して国税庁長官に提出しなければならない。

この場合、その税理士会が指定区域として定められることを希望する区域があるときは、その希望する区域を記載した書面及びその区域内に税理士事務所又は税理士法人の事務所の登録を受けた税理士の３分の２以上が、その区域において新たに税理士会を設立することに賛成であることを明らかにする書面を申請書に添付しなければならないこととされている（規23②）。

税理士会を分割する場合の手続として、まずその税理士会からの請求が必要とされているのは、税理士の自治的団体である税理士会にとって、その分割がその存立の基盤にかかわる基本的問題であるため、当該税理士会の会員の意思を尊重すべきことは当然であり、所属会員の意向を十分に反映させたうえで、分割手続を進めていくことが税理士会の適正、円滑な運営にとって不可欠であると考えられたことによる。

税理士会から指定区域を定める旨の請求があると、国税庁長官は、財務省令（規23③）で定めるところにより、当該請求をした税理士会が設立されている区域内において指定区域を定めることができる（法49③）。

国税庁長官が指定区域を定めるに当たっては、①一の税務署の管轄区域の一部のみが指定区域に含まれることとならないこと、②指定区域において新たに設立される税理士会の会員となるべき税理士の数及びその分割後存続することとなる税理士会の会員となるべき税理士の数のいずれもが、分割基準である5,000人のおおむね３分の１を下回らないようにしなければならないこととされている（規23③）。

こうして指定区域を定めたときは、その指定区域及び新たな税理士会を設立することができる期限を、また、指定区域を定めないこととしたときはその旨を、その指定区域を定めることを請求した税理士会に対して、国税庁長官は書面で通知する（規23④）。

指定区域が定められると、その指定区域内に税理士事務所又は税理士法人の事務所の登録を受けた税理士は、後述の税理士会の設立手続に従い、その指定区域に一の税理士会を設立することができる（法49④）。

ただし、指定区域が定められた場合であっても、最終的に新たな税理士会を設立するかどうかは、その指定区域内に税理士事務所又は税理士法人の事務所の登録を受けた税理士の自主性に委ねられている。

指定区域内に新たな税理士会が設立されたときは、その設立の時において、当然のことながら、分割前の税理士会が設立されていた区域から、その指定区域は除かれる

ことになる。

　また、その分割後存続する税理士会は、分割前の税理士会が設立されていた区域のうち指定区域以外の区域を、法49条３項の規定により指定区域として定められたものとされ、その指定区域に法49条４項の規定により設立された税理士会とされる（法49⑤）。この場合の分割後存続する税理士会は、その分割に際して、特に手続は必要ない。

　この規定により、平成13年４月２日、東京地方税理士会から千葉県税理士会が分割、設立されている。

参考

【国会会議録（抄）】昭和54年６月５日　衆議院大蔵委員会
宮地正介委員（公明党）
　先ほど少しお話しありましたが、一局複数会制についても、やはり志を同じくする者が自由に選択して会に加入できる、いわゆる自由加入制によるこの複数会というものの検討というものについてはどういう配慮をされたのか。

福田幸弘政府委員（大蔵大臣官房審議官）
　本来は一局一会がこういう業法の場合の基本であります。これは各業法ともこうなっております。弁護士会について例外がある、こう言われますが、弁護士法はやはり本則で一裁判所一会ということになっております。地域によって行政が行われる以上、その地域に応じた職業人の団体ができるというのは基本であります。ただ弁護士の場合は、すでにありました弁護士会について附則の方でそれは定められた形で残っておりますが、すべての業法は一行政単位というか、国税で言えば一国税局に一税理士会、これが原則であります。
　しかし、ここで問題になりますのは、余りに大きくなりました税理士会についてアンコントローラブルというか、非常に意思が反映しないし、実態がそぐわないという問題が出てまいります。ここでそれを分割するかという問題がございますが、改正法案は、税理士会から申し出があって、その会員の数が相当大きい場合の分割規定を設けておるわけです。
　これはいろいろ考え方があるのですが、強制分割という考え方が一つあろうと思うのです。これはやはり民主的なあり方としてはいかがかという批判があります。それからもう一つは、職能別とかまた思想その他を異にする団体が一区域内に幾つもできるということは、先ほどの地域を前提にする団体の性格に反しまして、また

行政上もその対応に苦慮する、そういうことで、やはり地域が前提になろうかと思います。だから地域の分割がどういう形で行われるか、それは国税庁長官が線引きをいたしますけれども、その発議を税理士会がするということになっておりますが、これは税理士会の良識と申しますか、税理士会の中でそれだけ大きくて意思がどうも反映しないという意見が多ければ、その分割が動くように今後すべき問題であって、これを上から分割すべきであるとか、また職能別で任意に団体をつくっていくということになれば、これは本来の行政上の職業人の団体の性格に合わないというふうに考えます。

宮地正介委員（公明党）

　地域別にしたこの強制加入制というものは、法的に無理は生じないのか、この点についてはどうですか。

福田幸弘政府委員（大蔵大臣官房審議官）

　むしろ法的に申しますと、さきのように一局一単位という各業法とのバランスから、また考え方の基本が行政と対応しておりますから、したがいまして、これは法律的には一局一会が正しいのですが、そこはその中で過大になった場合に地域によって分割する、これは長官が実情に応じてその人数を考えて線引きをやると思います。これは法律的には正しいわけでありますが、これが機動的に発動し得るかは今後の経過を見る必要があろうと思いますが、会員の意思が十分に反映するように運営される必要があろうかと思います。

◆　税理士会の目的

　税理士及び税理士法人は、税務に関する専門家として、独立した公正な立場において、申告納税制度の理念にそって、納税義務者の信頼にこたえ、租税に関する法令に規定された納税義務の適正な実現を図ることを使命としており、このような使命を担い、公共性の高い税理士業務を独占業務として営む税理士及び税理士法人にとって、自ら研さんし、積極的にその資質、品位の向上等に努めることは当然に要請されるところといえる。

　税理士会は、このような税理士及び税理士法人の自治的団体として、税理士及び税理士法人の使命及び職責にかんがみ、税理士及び税理士法人の義務の遵守、税理士業務の改善進歩に資するため、税理士会の支部及び会員に対し、指導、連絡及び監督に関する事務を行うことを目的としている（法49⑥）。

◆ 税理士会の法人格

　税理士会は、税理士法の規定によって設立される特別な法人であり、税理士会の法人格は、税理士法によって付与されている (法49⑦)。

　税理士制度の前身に当たる税務代理士制度においては、現在の税理士会に当たる税務代理士会は、税務代理士法に基づく特別法人とされていたが、昭和26年に、税務代理士制度が税理士制度に引き継がれたときに、税務代理士会は税理士会へと名称を変えるとともに、民法上の社団法人へと組織変更が行われた。

　その後の昭和31年の法改正において、税理士会は、税理士法に基づく特別法人とされ、現在に至っている。

◆ 税理士会の名称

　税理士会は、その名称中に税理士会という文字を用いなければならない (法49⑧)。

　反対に、税理士会でない団体が税理士会又はこれらに類似する名称を用いることは禁止されている (法53③)。この名称使用の制限に違反すると、100万円以下の罰金に処せられることになる (法61③)。

税理士会の会則

第49条の2

　税理士は、税理士会を設立しようとするときは、会則を定め、その会則について財務大臣の認可を受けなければならない。

2　税理士会の会則には、次の事項を記載しなければならない。

一　名称及び事務所の所在地

二　入会及び退会に関する規定

三　役員に関する規定

四　会議に関する規定

五　税理士の品位保持に関する規定

六　会員の研修に関する規定

七　会員の業務に関する紛議の調停に関する規定

八　第2条の業務において電磁的方法により行う事務に関する規定

九　税理士業務に係る使用人その他の従業者に対する監督に関する規定

十　委嘱者の経済的理由により無償又は著しく低い報酬で行う税理士業務に関する規定

十一　租税に関する教育その他知識の普及及び啓発のための活動に関する規

定

　　十二　会費に関する規定

　　十三　庶務及び会計に関する規定

　3　税理士会の会則の変更（政令で定める重要な事項に係るものに限る。）は、財務
　　大臣の認可を受けなければ、その効力を生じない。

　　税理士会を設立しようとするときは、その設立しようとする区域内に事務所を有す
る税理士（設立しようとする税理士会の会員となるべき税理士である。）５人以上が
設立委員となり、会則の原案を作成し、これを設立総会に付議して、会則案について
議決した上で、税理士会の設立認可申請書を、国税庁長官を経由して財務大臣に提出
しなければならない（令７①）。税理士会の設立はそれ自体重要な意義があるものであ
り、また、税理士会の運営のいかんは税理士及び税務行政に重大な影響を与えるもの
であるので、税理士会の会則の認可は財務大臣がこれを行うこととしている。

◆　絶対的記載事項

　　税理士法は会則の絶対的記載事項として次の13項目を定めており、これらについて
は少なくとも会則の中に記載しなければならない。

　①　名称及び事務所の所在地

　　　名称及び事務所の所在地は、自然人の氏名と住所と同じようなもので、法人に
　　とって欠くべからざるものである。なお、主たる事務所のほか、従たる事務所を
　　設けるときは、その従たる事務所の所在地も記載しなければならない。

　②　入会及び退会に関する規定

　　　入会に関する規定は、昭和55年の改正によって、税理士は日本税理士会連合会
　　に備える税理士名簿に登録を受けた時に当然税理士会の会員になるという、いわ
　　ゆる登録即入会制に改められたことから、税理士会間における会員の異動に関す
　　る事項を中心に定められることになる。また、退会に関する規定は、税理士業務
　　の廃止、税理士会間における会員の異動等の場合の手続等について定めることに
　　なる。なお、平成13年の改正において創設が認められた税理士法人についても税
　　理士会の会員となるのであるから、同様に定められることになる。

　③　役員に関する規定

　　　役員に関する規定については、法定されている会長、副会長のほか、理事等の
　　役員の種類とその数、選任の方法、任期等について定めることになる。なお、税

理士会が適当な名称を付した職を置く場合に、それが役員でない限り会則で定める必要はない。

④　会議に関する規定

会議に関する規定については、会議の種類（総会、理事会など）、その構成要員、議決方法、会議への付議事項等について規定することになる。税理士会は税理士の自治的団体であるから、会の重要事項はすべて会議に付して決定されることが望ましく、税理士法は、少なくとも、会則の変更、予算及び決算については総会の決議を経なければならないこととしている（法49の8③）。

⑤　税理士の品位保持に関する規定

税理士の品位保持に関する規定については、税理士の使命、職責に照らして、税理士会が自主的に会員の品位の保持、資質の向上に努めなければならないことは当然であって、そのための方策として、綱紀規律、懲戒等について定めることになる。

⑥　会員の研修に関する規定

税理士が資質のより一層の向上に努めるのは当然のこととして、平成13年の改正において、税理士が所属税理士会及び日本税理士会連合会の実施する研修を受講し、資質向上を図る努力義務が規定された（法39の2）ことに伴い、税理士会は、会則において会員の研修に関する規定を定めることとされた。

⑦　会員の業務に関する紛議の調停に関する規定

会員である税理士及び税理士法人と顧客である納税者、あるいは会員相互の間等での税理士業務に関連する紛議については、税務の専門家であり、かつ、中立的立場にある者が第一次的な調停に当たることが早期の解決に資することも多いと考えられるとの理由から、平成13年の改正において、紛議の調停制度が創設された（法49の10）ことに伴い、具体的な手続は、各税理士会の会則により定めることとされたものである。

⑧　法2条の業務において電磁的方法により行う事務に関する規定

令和4年の改正において会員である税理士及び税理士法人は、税理士業務・付随業務における電磁的方法の積極的な利用等を通じて、納税義務者の利便の向上等を図るものとされた。これに併せて、日本税理士会連合会及び税理士会の会則には、税理士業務・付随業務において電磁的方法により行う事務に関する規定を記載しなければならないこととされ、これらの記載に係る会則の変更に当たっては、財務大臣の認可を必要とすることとされた。

⑨　税理士業務に係る使用人その他の従業者に対する監督に関する規定

　　税理士業務に係る使用人その他の従業者に対する監督に関する規定（法41の2）については、使用者がその使用人等を監督すべき立場にあることは当然のことであり、昭和55年の改正の際に加えられたものである。

⑩　委嘱者の経済的理由により無償又は著しく低い報酬で行う税理士業務に関する規定

　　委嘱者の経済的理由により無償又は著しく低い報酬で行う税理士業務に関する規定については、税理士業務は、たとえ無償であっても税理士でない者はこれを行うことができないものであるから、従来から通常の税理士報酬を支払う資力に乏しい者に対しては、税理士会の会員によって無償又は著しく低い報酬による税理士業務が行われてきたところであるが、昭和55年の改正においては、これが会則で定めるべき事項として明定されることとなり、その具体的内容については、日本税理士会連合会及び各税理士会の会則で定めることとされている。

参考

【国会会議録（抄）】昭和55年4月1日　参議院大蔵委員会

渡辺武委員（共産党）

　前の、前のって現行法ですよ、現行法では地方の審査を経てから、そして処分が決定して、その上で初めて効力が発生する。それが今度の法律でそういうふうに違ったもの、厳しいものに改まってきているんだから、だから、あなたの答弁は説明にならぬのです。しかし、もう時間の関係もあるから次に移ります。

　次は、小規模零細事業者に対する援助義務の問題ですが、改正案の49条の2第2項の8号に「委嘱者の経済的理由により無償又は著しく低い報酬で行う税理士業務に関する規定」これがあります。これが税理士会の会則の絶対的記載事項として法定されることになっているわけですが、そしてまた、49条の13の第1項の6号では、その「実施の基準に関する規定」、これを日税連会則の絶対的記載事項としております。

　聞きたいんですけれども、これは現在税理士会が行っている小規模零細事業者に対する無料相談とか、あるいはまた、帳簿の記帳指導だとか、こういうような仕事をやるということを会則の中で必ず書けということになりますか。イエスかノーかで答えてください。

福田幸弘政府委員（大蔵大臣官房審議官）

　そういうことになります。

渡辺武委員（共産党）

　いままでは税理士会が自主的にこういうことをやっておった。それが今度はいわば書き込まれるわけですから、絶対的記載事項として、義務となってくるわけですね。もっと明確に言いますと、もし税理士さんが従わなかった場合、これは会則違反とか税理士法違反ということで、何らかの処分の対象にすることができるようになると思いますけれども、その点どうですか。

福田幸弘政府委員（大蔵大臣官房審議官）

　これは、やはり零細企業に対する援助というものを公共的性格のものとして規定されたということでございます。やはり協力する方、協力されない方があるのじゃ困るわけで、会則で御協力をはっきりさせたということであります。直ちに処分ということではございませんで、これはやはり自主的に、その辺はみんな協力する体制になっていくというふうに考えるのが筋であろうと思います。

渡辺武委員（共産党）

　だから、そこのところが私は非常にやっぱり問題だと思いますよ。いままでは自主的にやればよかったのです。ところが今度は、会則の絶対条項として書き込まれている、違反すれば懲罰の対象になる、大変な変化です。なぜこんなことをやったのか。零細企業者の記帳の義務というとおかしいけれども、記帳ですね、これはいまあなた方青色申告会をつくったりなんかして一生懸命でやらそうとしている。これは一般消費税導入の布石ですよ。記帳してもらわなきゃ困る。終戦直後のあの取引高税、あのときは記帳してないから大変な苦労をあなた方はしたんです。大問題が起こった。今度一般消費税を制定する上において、どうしても小規模零細事業者にも記帳さして、そうして取引の一切についてわかるようにしておかなきゃならぬ。それを税理士さんを使って無理やりやっていこう、このためにこういう厳しい規定が出てきているというふうに思いますけれども、その点どうですか。

福田幸弘政府委員（大蔵大臣官房審議官）

　全く違いまして、零細な方に安い報酬で援助するという援助のための規定でございます。したがって、自分の仕事だけやって、こういう仕事に協力しないというのじゃ困るので、やはり会則としてこういうことにみんな協力しようということであ

ります。罰則が直ちに動くというよりも、そういう趣旨でみんなが零細な方の援助を、特に申告期あたりにやろうということで、一般消費税については私は念頭に全くございませんので、御質問がどうも理解できません。

⑪　租税に関する教育その他知識の普及及び啓発のための活動に関する規定

　　日本税理士会連合会は、「国民が租税の役割や申告納税制度の意義、納税者の権利・義務を正しく理解することは、納税に対する納得感の醸成と民主国家の維持、発展にとって重要であり、税理士・税理士会は、納税者又は国民への社会貢献事業の一環として、租税教育を通じて申告納税制度の維持発展に寄与している。さらに、税務調査手続が見直され、納税環境の整備が促進されるとともに、税制抜本改革法が成立し、税理士を取り巻く状況が変化していく中で、納税者の利便性の向上を図り、税理士に対する納税者の信頼をより一層高めるとの観点から、税理士が行う租税教育はその重要性が高まっている」(平成24年9月26日常務理事会・理事会決定「税理士法に関する改正要望書」)との認識に立って、「申告納税制度の維持発展を図るために、税理士・税理士会が社会貢献事業の一環として行っている租税教育の取組みがより一層定着・発展するよう、「租税教育」を税理士会の会則の絶対的記載事項とする」(税理士法に関する改正要望書（平成26年度改正要望項目))ことを要望してきた。

　　この要望に沿って、平成26年の法改正において、税理士会の会則の絶対的記載事項に、租税に関する教育その他知識の普及及び啓発のための活動に関する規定が追加され、これにより、租税教育への取組みについて、税理士が行うことの法的な根拠を得たこととなり、その取組みが一層定着・発展していくことが期待される。

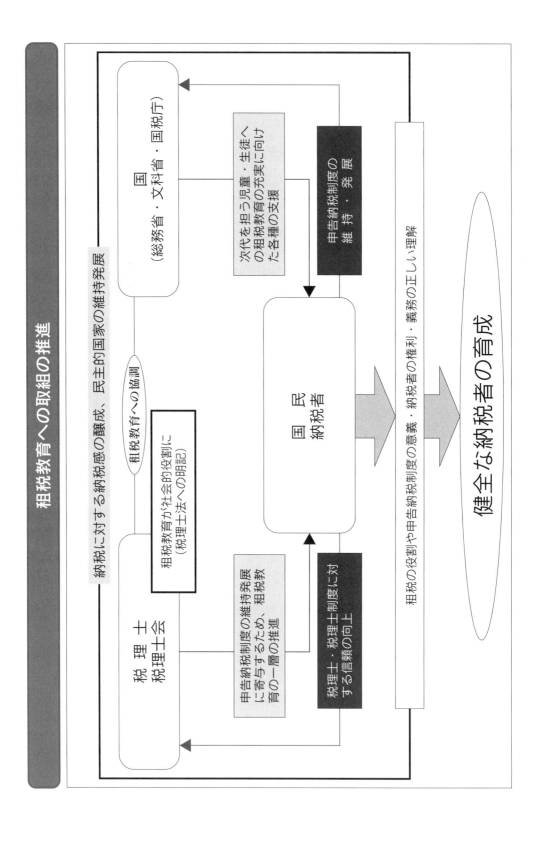

相税教育への取組の推進

【平成23年度税制改正大綱】第2章1．納税環境整備

⑵　租税教育の充実

　国民が租税の役割や申告納税制度の意義、納税者の権利・義務を正しく理解し、社会の構成員として、社会のあり方を主体的に考えることは、納税に対する納得感の醸成と民主国家の維持・発展にとって重要です。

　こうした健全な納税者意識を養うことを目的として、国税庁では、次代を担う児童・生徒に対し、租税教育の充実に向けた各種の支援を実施しています。また、税理士・税理士会においても、納税者又は国民への社会貢献事業の一環として、租税教育を通じて申告納税制度の維持発展に寄与するため、小中学校への講師派遣等を積極的に実施しています。

　本来、租税教育は、社会全体で取り組むべきものであり、健全な納税者意識のより一層の向上に向け、今後とも官民が協力して租税教育の更なる充実を目指す必要があります。特に、小中学校段階だけでなく、社会人となる手前の高等学校や大学等の段階における租税教育の充実や、租税教育を担う教員等に対する意識啓発について検討し、関係省庁及び民間団体が連携して取り組むこととします。

日本税理士会連合会「租税教育基本指針」（平成23年4月21日制定　平成28年8月25日最終変更）

1　租税教育等基本指針の趣旨

　税理士法では、日本税理士会連合会及び税理士会の会則に租税に関する教育その他知識の普及及び啓発のための活動（以下、「租税教育等」という。）に関する規定を記載しなければならないこととしている（第49条の2第2項第10号、第49条の14第1号）。

　租税教育等基本指針は、租税教育等の施策の適正な運用に資するために定めるものである。

2　租税教育等の目的

　日本国憲法は、第30条で納税の義務を、第84条で租税法律主義を謳っている。我が国は、租税制度の基本を申告納税制度に置いているが、申告納税制度は国民が納税者という立場で自らの計算によって租税債務を確定し、自らの納税によりその債務を履行する制度である。これは租税制度での国民主権を表すといわれ、民主的な

手続の側面を持つものであり、この申告納税制度を支えるのが国民の租税についての正しい知識と理解である。

租税教育等の目的は、租税に関する意義、役割、機能、仕組み等の租税制度を知るとともに、申告納税制度の理念や納税者の権利及び義務を理解し、社会の構成員としての正しい判断力と健全な納税者意識を持つ国民を育成することでもあり、併せて国民に対し税理士制度を正しく周知することである。効果的な租税教育等により納税に対する健全な知識が醸成されれば、民主国家の発展に大きく寄与することとなり、これは教育基本法の教育の目的である「平和で民主的な国家及び社会の形成者として必要な資質を備えた心身ともに健康な国民を育成する」ということにも合致するものである。

3　租税教育等における税理士の役割

税理士法第1条では税理士の使命として、「税理士は、税務に関する専門家として、独立した公正な立場において、申告納税制度の理念にそって、納税義務者の信頼にこたえ、租税に関する法令に規定された納税義務の適正な実現を図ることを使命とする。」と規定している。また、税理士は租税に関する法令を熟知し、あるべき税制について国に対し建議ができる専門的能力を有しており、一方で日常的に広く納税者に接し、納税者の良き理解者でもある。従って税理士は、租税教育等のテーマである税とは何か、なぜ税金を納めなければならないのか、税がどのように使われているかなど、独立した公正な立場で税の役割について指導すべき適任者であると言える。

つまり、税理士は、教育関係者、行政機関などに租税教育等の充実を求め、啓発に努める社会公共的使命を担っていると言っても過言ではなく、また税理士自身が社会貢献の一環として租税教育等に積極的に取り組むことの意義を十分自覚しなければならない。このことは、無償独占という権利を賦与されていることに対する税理士の義務と考えることもできよう。租税教育等を通じて申告納税制度の維持発展に寄与することにより、広く社会に向けて国民の信頼に応え、納税者の期待に応えることができれば、申告納税制度と不可分の関係にある税理士制度の発展にもつながるものである。

4　租税教育等の対象

税理士会が行う租税教育等の対象は以下のとおりである。

①　学校教育法における児童、生徒及び学生

小学校、中学校に偏ることなく、社会に出る直前の高等学校、大学等の生徒、学生も対象としバランスのとれた租税教育体系の構築に努める。また、特別支援学校に対して手話や点字により行われる租税教育等にも積極的に取り組む。

② 小学校、中学校、高等学校の教員又は教員になろうとしている者

効果的かつ効率的な租税教育等を進めるには、児童、生徒及び学生に授業として直接教える立場にある教員等が、より一層税に関する知識を持つことが有効である。教員研修や教員養成大学等での教員養成の課程等で税理士を講師とする租税の科目を設けるなどにより、教員自らが税に対する知識を深め教育を行えるよう税理士会が支援する。

③ 社会人

一般社会人については、その多くが給与所得者であり自らの所得税も年末調整で完了してしまう等、租税に対する関心や納税者としての自覚を持ちにくい状況にある。租税制度が複雑化し、種々の情報が横溢する状況下で、学校教育以外の分野においても租税教育等の重要性、必要性が一段と増している。社会人教育について「生涯教育」或いは「生涯学習」という概念が普及している。生活との関連においての学習、生活の中の教育機能の重視という観点から、税理士の専門知識を活用した社会人全般を対象とする広い分野での租税教育等にも取り組む。

5 指針の改廃

当指針の改廃については、正副会長会の議を経なければならない。

参考

参考【租税教育推進関係省庁等協議会の設置】

平成23年11月に、総務省、文部科学省、国税庁を構成員とした「租税教育推進関係省庁等協議会」が設置されています。

これは、平成23年度税制改正大綱（平成22年12月16日閣議決定）に基づき、文部科学省、総務省及び、国税庁等が協力し、小学校、中学校、高等学校、大学等の各学校段階における租税教育の充実や、租税教育を担う教員等に対する意識啓発について協議、確認等を実施し、都道府県・市町村租税教育推進協議会等と連携して租税教育の推進及び租税教育の充実のための環境整備を図ることを目的として設置されたものです。

日本税理士会連合会は、この賛助会員となっています。

⑫ 会費に関する規定

会費に関する規定については、およそ団体が活動を行うからには、それを維持するための会費等の収入が必要であり、会費の種類、会費の定め方、金額、納入

方法、納入しない場合の措置等について定めることになる。

⑬　庶務及び会計に関する規定

庶務及び会計に関する規定は、税理士会がその目的に沿った活動を行うには、意思決定を行う総会等の会議や役員のみでは満足な会活動は困難であり、会の庶務、会費の徴収、経費の支出等の事務については、その担当者を置いて処理することが通例であるから、このような庶務や会計の処理に関すること、担当職員とその数に関すること等を定めることになる。

◆　会則の変更に関する財務大臣の認可

税理士会の会則の変更（政令で定める重要な事項に係るものに限る。）についても、財務大臣の認可を受けなければならないこととされている（法49の2③）。

税理士会の運営は会則に従って行われるのであるから、会則を変更する場合にも、基本的には、設立のときと同様に財務大臣の認可を受けるのが筋であるが、一方、税理士会の自主性を尊重することも必要であるから、財務大臣の認可事項は、特に重要な事項に限定されている。すなわち、税理士法49条の2第2項4号から10号に掲げる①会議に関する規定、②税理士の品位保持に関する規定、③会員の研修に関する規定、④会員の業務に関する紛議の調停に関する規定、⑤税理士業務に係る使用人その他の従業者に対する監督に関する規定、⑥委嘱者の経済的理由により無償又は著しく低い報酬で行う税理士業務に関する規定、及び⑦租税に関する教育その他知識の普及及び啓発のための活動に関する規定に限って財務大臣の認可事項とされ、これら以外の事項の変更については、税理士会の自主性に委ねられている（令7の2①）。

税理士会がその会則の変更につき財務大臣の認可を受けようとするときは、会則の変更の認可申請書に、変更前の会則及び変更後の会則（会則の変更案及び変更の理由を具体的に記載した書類、会則の新旧対照表）とその会則の変更に関する総会の議事録を添付して、税理士会の主たる事務所の所在地を管轄する国税局長、国税庁長官を経由して財務大臣に提出しなければならないこととされている（令7の2②③、基通49の2－1）。

なお、会則の変更は、それが特に重要な議事であることにかんがみ、総会の特別議決を経ることを要するものとし、財務大臣の認可事項であると否とを問わず、会則の変更をしようとする場合には、会員である税理士の2分の1以上の者が出席し、その出席者の3分の2以上の賛成によらなければこれを議決することができないこととされている（令9②）。

税理士会の支部

第49条の3

　税理士会は、一の税務署の管轄区域ごとに支部を設けなければならない。ただし、国税局長の承認を受けたときは、隣接する二以上の税務署の管轄区域を地区として支部を設けることができる。

2　支部は、税理士会の目的の達成に資するため、支部に所属する会員に対する指導、連絡及び監督を行う。

　税理士会は、原則として一の税務署の管轄区域ごとに支部を設けなければならない。一の税務署の管轄区域に所属する税理士等があまりに少ないというような場合において、国税局長の承認を受けたときは、支部の地区を、隣接する二以上の税務署の管轄区域とすることができる。

　ちなみに令和6年3月末現在、全国で税務署が524あるのに対して、税理士会支部は494となっている。

　昭和55年の改正前は、税理士会の支部については、国税局の管轄区域内の地域を管轄する税務署の管轄区域を地区とするか又は国税局の管轄区域内の都道府県の区域を地区として支部を設けることができることとされていたが、他方、税理士会は自ら又は他の関係団体と協力して、租税法に定められた納税義務の適正な実現に資するため、無料税務相談等の公共性の高い活動を行っており、こうした活動は、税務署単位に設けられている組織（従前の支部又は部会）を中心として行われてきていた。

　そこで、昭和55年の改正において、これらの活動をより活発に行えるよう、その体制の構築が図られ、新たに税理士会の支部設立が義務付けられることとなり、併せて、この税理士会の支部は、税理士会の目的の達成に資するため、支部に所属する会員に対する指導、連絡及び監督を行うこととされ、また、支部は税理士会の指導、連絡及び監督を受けることとされた（法49⑥）。

日本税理士会連合会		

税理士会（15単位会）	北海道税理士会	15支部	494支部
	東北税理士会	50支部	
	関東信越税理士会	62支部	
	東京税理士会	48支部	
	千葉県税理士会	14支部	
	東京地方税理士会	20支部	
	北陸税理士会	15支部	
	名古屋税理士会	17支部	
	東海税理士会	31支部	
	近畿税理士会	83支部	
	中国税理士会	46支部	
	四国税理士会	24支部	
	九州北部税理士会	27支部	
	南九州税理士会	36支部	
	沖縄税理士会	6 支部	

成立の時期

第49条の4

　税理士会は、その主たる事務所の所在地において設立の登記をすることによつて成立する。

　法人の成立には、総会で設立を決め会則を決議したとき、設立又は会則についての行政官庁の許可又は認可があったとき、あるいは設立の登記をしたときと3つの考え方がある。

　税理士会の成立は、税理士はもとよりその関係者にとって極めて重要なことであることにかんがみ、税理士法は、設立総会や財務大臣による会則の認可を経ただけでは十分ではなく、その主たる事務所の所在地において設立の登記をすることにより成立することとしている。

　この税理士会の登記は、組合等登記令の定めるところによって行うこととされており（基通48の7－1）、設立の登記は、設立の認可その他設立に必要な手続が終了した日から2週間以内にしなければならない（組合等登記令2）。

登記

第49条の5

　税理士会は、政令で定めるところにより、登記をしなければならない。
2　前項の規定により登記しなければならない事項は、登記の後でなければ、これをもつて第三者に対抗することができない。

　税理士会の登記については組合等登記令で定められている。登記すべき事項は、組合等登記令の定めるところにより、①名称、②事務所の所在場所、③代表権を有する者の氏名、住所及び資格、④存続期間又は解散の事由を定めたときは、その期間又は事由とされている。なお、税理士会の場合には、目的及び業務については、税理士法に規定されているから登記することを要しないこととされている（組合等登記令2②一、26①四）。また、組合等登記令の定めるところにより登記すべき事項については、登記した後でなければ、これをもって第三者に対抗することはできない。

入会及び退会等

第49条の6

　税理士は、登録を受けた時に、当然、その登録を受けた税理士事務所又は税理士法人の事務所の所在地を含む区域に設立されている税理士会の会員となる。

2　税理士は、登録を受けた税理士事務所又は税理士法人の事務所を所属税理士会以外の税理士会が設立されている区域に所在地のある税理士事務所又は税理士法人の事務所に変更する旨の申請をしたときは、その変更の登録の申請をした時に、当然、従前の所属税理士会を退会し、変更後の税理士事務所又は税理士法人の事務所の所在地を含む区域に設立されている税理士会の会員となる。

3　税理士法人は、その成立の時に、当然、税理士法人の主たる事務所の所在地を含む区域に設立されている税理士会の会員となる。

4　税理士法人は、主たる事務所以外に事務所を設け、又は税理士法人の各事務所を各所属税理士会以外の税理士会が設立されている区域に移転したときは、税理士法人の事務所の新所在地（主たる事務所以外の事務所を設け、又は移転したときにあつては、主たる事務所の所在地）においてその旨を登記した時に、当然、当該事務所（主たる事務所以外の事務所を設け、又は移転したときにあつては、当該主たる事務所以外の事務所）の所在地を含む区域に設立されている税理士会の会員となる。

5　税理士法人は、その事務所の移転又は廃止により、所属税理士会の区域内に税理士法人の事務所を有しないこととなつたときは、旧所在地（主たる事務所以外の事務所を移転し、又は廃止したときにあつては、主たる事務所の所在地）においてその旨を登記した時に、当然、当該税理士会を退会する。

6　税理士及び税理士法人は、所属税理士会が設立されている区域の変更（第49条第5項の規定による区域の変更を含む。）があり、税理士事務所又は税理士法人の事務所の所在地が所属税理士会以外の税理士会が設立されている区域に含まれることとなつたときは、その区域の変更があつた時に、当然、従前の所属税理士会を退会し、その区域の変更後の税理士事務所又は税理士法人の事務所の所在地を含む区域に設立されている税理士会の会員となる。

7　税理士は、第26条第1項各号のいずれかに該当することとなつたときは、その該当することとなつた時に、当然、所属税理士会を退会する。

8　税理士法人は、解散した時に、当然、所属税理士会を退会する。

9　税理士及び税理士法人は、税理士事務所又は税理士法人の事務所の所在地を含む区域に設けられている税理士会の支部に所属するものとする。

◆ 税理士の登録即入会制

　税理士は、税理士登録を受けた時に、当然にその登録を受けた税理士事務所又は税理士法人の事務所の所在地を含む区域に設立されている税理士会の会員となるから、税理士は、税理士会に対して格別の入会に関する意思表示を要することなく、それぞれの税理士会の会員となる。この登録即入会制は昭和55年の法改正で導入されたものである。

◆ 税理士法人の成立即入会制

　平成13年の法改正により税理士法人制度が創設されたことに伴い、税理士法人についても、成立（法48の9）の時に、当然に税理士法人の主たる事務所の所在地を含む区域に設立されている税理士会の会員となり、税理士と同様、格別の入会に関する意思表示の必要はない。

◆ 税理士の所属税理士会の異動

　税理士は、登録を受けた税理士事務所又は税理士法人の事務所を、所属税理士会以外の税理士会が設立されている区域に変更する旨の申請をしたときには、その変更の登録の申請（法20）をした時に、当然に従前の所属税理士会を退会することになり、同時に、変更後の税理士事務所又は税理士法人の事務所の所在地を含む区域に設立されている税理士会の会員となる。

◆ 税理士法人の主たる事務所及び従たる事務所の所属税理士会

　税理士法人は、主たる事務所以外に事務所を設け、又は税理士法人の各事務所を各所属税理士会以外の税理士会が設立されている区域に移転したときには、税理士法人の事務所の新所在地においてその旨を登記（法48の7）した時に、当然にその事務所の所在地を含む区域に設立されている税理士会の会員となる。

参考

【国会会議録（抄）】平成13年4月10日　参議院・財政金融委員会
谷川秀善（自由民主党）
（中略）
　この改正案では従たる事務所が認められているようでございます。その辺のとこ

ろは税理士会とうまく話がついたんでしょうか。なぜこの従たる事務所を認めたのか、お伺いいたしたい。

尾原榮夫政府参考人（財務省主税局長）
　今回、税理士法人について従たる事務所の設置を認めているわけでございます。
　その理由でございますが、今回の法人化のねらいといいますのは、より高度なサービスを納税者に提供するということでございます。そうしますと、そのようなサービスはなるべく幅広く利用できる機会を確保していくということが大切でございますし、制度創設の趣旨にかなうわけでございまして、そういう観点から従たる事務所の設置も認めているわけでございます。なお、監査法人あるいは特許業務法人でございましょうか、そういう法人にございましても従たる事務所の設置を認めているのが通例であるということも勘案したわけでございます。

◆　税理士法人の事務所の移転又は廃止の場合の退会
　税理士法人は、その事務所の移転又は廃止により、所属税理士会の区域内に税理士法人の事務所を有しないこととなったときは、旧所在地においてその旨を登記（法48の7）した時にその税理士会を退会する。

◆　所属税理士会の区域の変更時の異動
　税理士及び税理士法人は、所属税理士会が設立されている区域の変更（具体的には、国税局の管轄区域の変更又は税理士会の分割に伴う新税理士会の設立による変更）があり、税理士事務所又は税理士法人の事務所の所在地が所属税理士会以外の税理士会が設立されている区域に含まれることとなったときには、その区域の変更があった時に、当然に従前の所属税理士会を退会することとなり、同時に、その区域の変更後の税理士事務所又は税理士法人の事務所の所在地を含む区域に設立されている税理士会の会員となる。

◆　税理士の登録抹消事由の発生による退会
　税理士は、法26条1項各号のいずれかに該当することとなったとき、すなわち、①税理士業務を廃止したとき、②死亡したとき、③税理士登録の取消処分を受けたとき、④法4条2号から9号までに定める欠格事由に該当することになったことその他の事由により税理士たる資格を有しないこととなったときは、その該当することとなった

時に、当然に所属税理士会を退会することになる。

◆　税理士法人の解散による退会

　　税理士法人は、解散（法48の9、48の18）した時において、当然に税理士会を退会することになる。

◆　税理士会の支部への所属

　　税理士及び税理士法人は、税理士事務所又は税理士法人の事務所の所在地を含む区域に設立されている税理士会の支部に、自動的に所属することとされている。

役員

第49条の7

　　税理士会に、会長、副会長その他会則で定める役員を置く。

2　会長は、税理士会を代表し、その会務を総理する。

3　副会長は、会長の定めるところにより、会長を補佐し、会長に事故があるときはその職務を代理し、会長が欠員のときはその職務を行う。

4　役員は、会則又は総会の決議によつて禁止されていないときに限り、特定の行為の代理を他人に委任することができる。

　　税理士会には、会長、副会長その他会則で定める役員を置くこととし、役員の名称、数及び任期等はすべて会則で定めるものとしている（法49の2②三）。

　　会長は、税理士会の代表であって、一切の会務を総理し、副会長は、会長の定めるところにより会長を補佐し、会長に事故があるときは、その職務を代理し、会長が欠員のときはその職務を行うものとしている。

　　副会長が数人ある場合に、どの副会長がどのように会長の職務を行うかは会長の定めるところによる。また、役員は、会則又は総会の決議によって禁止されていないときに限り、特定の行為の代理を他人に委任することができるとされている。

総会

第49条の8

税理士会は、毎年定期総会を開かなければならない。

2　税理士会は、必要と認める場合には、臨時総会を開くことができる。

3　税理士会の会則の変更、予算及び決算は、総会の決議を経なければならない。

税理士会は、税理士及び税理士法人を会員とする自治的団体であるから、税理士会の重要な意思決定を行うには総会の決議による必要があり、総会には、定期総会と臨時総会がある。

定期総会は、税理士会が毎年開かなければならないものであり、予算と決算、1年間の事業報告、翌年度の事業計画と予算案等について審議するのが通例である。臨時総会は、必要に応じて開くことができるものであって、緊急な問題等について審議される場合が多い。

◆　総会の議決事項

総会の議決事項としては、会則の変更、予算及び決算が法定されている (法49の8③) が、その他の事項については会則に委ねられている。税理士会は公共的性格の強い団体であるから、その運営はできるだけ会員である税理士の意向を反映して行われることが望ましく、税理士会の重要な事項については総会の議決事項とすることが望まれるところである。

◆　総会の招集

税理士会は、総会を招集しようとするときは、日時及び場所並びに会議の目的となる事項を、会日の2週間前までに、会則の定めに従って会員である税理士に書面又は電磁的記録により通知しなければならないこととされている (令8)。

◆　総会の議事

総会の議事は、会員である税理士の2分の1以上の者が出席し、その出席者の過半数で決するものとし、可否同数のときは議長の決するところによる(令9①)。ただし、会則の変更についての議決は会員である税理士の2分の1以上の者が出席し、その出

席者の３分の２以上の賛成による、いわゆる特別議決によることとされている（令9②）。

　総会に出席できない会員である税理士は、税理士会設立総会の場合と同様に、会議の目的となる事項について賛成又は反対の意見を明らかにした書面又は電磁的方法により、出席者に委任することによって議決権を行使することができることとされている（令9③）。

総会の決議等の報告

第49条の9

　税理士会は、総会の決議並びに役員の就任及び退任を財務大臣に報告しなければならない。

　税理士会はその業務の運営に当たり、財務大臣の監督下にあることから、総会の決議、役員の就任及び退任については、国税局長を通じ（令13）、財務大臣に報告を行わなければならない。

　なお、この報告は、次に定める書類を添付した報告書を作成し、税理士会の主たる事務所の所在地を管轄する国税局長を経由して提出することとされている（基通49の9－1）。

① 予算及び事業計画の決議並びに決算の承認に係るもの
　イ　前事業年度の事業報告書及びその年度の事業計画書
　ロ　前年度末における財産目録
　ハ　前年度の収支決算書及びその年度の収支予算書
　ニ　イからハまでに掲げる書類の内容に関する参考書類
② 役員の就任及び退任に関する書類
③ 総会の議事録及び①以外の決議の内容に関する参考書類

紛議の調停

第49条の10

　税理士会は、会員の業務に関する紛議について、会員又は当事者その他関係人の請求により調停をすることができる。

◆　税理士会は、税理士及び税理士法人の業務の指導・監督を行うという中立的立場にあるから、会員である税理士及び税理士法人の業務に関する紛議（会員と顧客である納税者、あるいは会員相互の間等で税理士業務に関連する紛議）について、会員又は当事者その他関係人の請求によって調停を行うことができる。

平成13年の改正において創設された制度であり、いわゆる裁判外紛争処理制度（民間型 ADR）の一種といえる。

税理士会の行う紛議の調停は、当事者に対して和解の斡旋を行うものであり、和解を強制するものではない。また、民事調停法に基づく調停のように裁判上の和解と同様の効力は有していないので、別途裁判手続により紛議の解決を図ることを否定するものではない。ただし本調停制度の規定に基づき成立した和解は、民法上の和解としての効力を有することとなる（基通49の10−1）。

建議等

第49条の11

　税理士会は、税務行政その他租税又は税理士に関する制度について、権限のある官公署に建議し、又はその諮問に答申することができる。

◆　税理士は、税務に関する専門家として税務行政、税制の双方について広い知識と識見を有する者であるから、税理士及び税理士法人の自治的団体である税理士会は、税務行政その他租税又は税理士に関する制度について、権限ある官公署に建議し、又は諮問があったときはこれに答申することができる。

建議は、自ら希望を申し出て、意見を開陳することである。なお、税理士会の支部は税理士会内部の一機構にすぎず、税理士会の代表機関ではないから、支部限りで当該建議をすることはできないことに留意する（基通49の11−1）。

合併及び解散

第49条の12

　国税局の管轄区域が変更されたためその区域内にある税理士会が合併又は解散する必要があるときは、その税理士会は、総会の決議により合併又は解散する。

> 2　合併後存続する税理士会又は合併により設立する税理士会は、合併により
> 消滅する税理士会の権利義務を承継する。
> 3　第48条の19の2の規定は、税理士会が合併をする場合について準用する。
> 4　税理士会が合併したときは、合併により解散した税理士会に所属した税理
> 士は、当然、合併後存続し又は合併により設立された税理士会の会員となる。

　税理士法は、税理士会の設立については、一国税局管内には一税理士会という一局一会制を原則としており、この原則に従うときは、通常の場合は税理士会の合併又は解散はありえないことであるが、税理士会の設立が国税局の管轄区域を基礎としていることから、その管轄区域が変更された場合には、税理士会の合併又は解散の問題が生ずる。

　すなわち、国税局の管轄区域の変更により一国税局管内に二以上の税理士会が存在するようになったときは、その税理士会は、合併又は解散する必要性が生じ得ることがある。

　このため、税理士法は、国税局の管轄区域が変更されたため、その区域内にある税理士会が合併又は解散する必要があるときは、その税理士会は、総会の決議により合併又は解散し、合併後存続する税理士会又は合併により設立する税理士会は、合併により消滅する税理士会の権利義務を承継することとなる。

　法48条の19の2（債権者の異議等）の規定は、税理士会が合併する場合に準用されている。

　税理士会が合併したときは、合併により消滅する税理士会に属していた税理士及び税理士法人は、当然に合併後存続する税理士会又は合併によって設立された税理士会の会員とされる。したがって、その場合には、入会等の手続を要しない。

清算中の税理士会の能力

第49条の12の2

　解散した税理士会は、清算の目的の範囲内において、その清算の結了に至るまではなお存続するものとみなす。

　解散した税理士会は、清算の目的の範囲内において、その清算の結了に至るまでなお存続するものとみなされる。

法49条の12の２（清算中の税理士会の能力）から49条の12の９（裁判所による監督）までの規定は、平成18年の会社法の施行に伴う関係法律の整備に平仄を合わせるために、法49条の12（合併と解散）に補足し追加された、税理士会の解散及び清算に関する規定である。

清算人

第49条の12の３

　　税理士会が解散したときは、破産手続開始の決定による解散の場合を除き、会長及び副会長がその清算人となる。ただし、会則に別段の定めがあるとき、又は総会において会長及び副会長以外の者を選任したときは、この限りでない。
　２　次に掲げる者は、清算人となることができない。
　一　死刑又は無期若しくは６年以上の懲役若しくは禁錮の刑に処せられ、復権を得ない者
　二　６年未満の懲役又は禁錮の刑に処せられ、その執行を終わるまで又はその執行を受けることがなくなるまでの者

　税理士会が解散したときは、破産手続開始の決定による解散の場合を除き、会長及び副会長がその清算人となる。ただし、会則に別段の定めがあるとき、又は総会において会長及び副会長以外の者を選任したときは、この限りでない。
　また、次に掲げる者は、清算人となることができない。
　①　死刑又は無期若しくは６年以上の懲役若しくは禁錮の刑に処せられ、復権を得ない者
　②　６年未満の懲役又は禁錮の刑に処せられ、その執行を終わるまで又はその執行を受けることがなくなるまでの者
　法49条の12の２（清算中の税理士会の能力）から49条の12の９（裁判所による監督）までの規定は、平成18年の会社法の施行に伴う関係法律の整備に平仄を合わせるために、法49条の12（合併と解散）に補足し追加された、税理士会の解散及び清算に関する規定である。

裁判所による清算人の選任

第49条の12の 4

　前条第１項の規定により清算人となる者がないとき、又は清算人が欠けたため損害を生ずるおそれがあるときは、裁判所は、利害関係人若しくは検察官の請求により又は職権で、清算人を選任することができる。

　法49条の12の３第１項の規定により清算人となる者がないとき、又は清算人が欠けたため損害を生ずるおそれがあるときは、裁判所は、利害関係人若しくは検察官の請求により又は職権で、清算人を選任することができるとされている。

　法49条の12の２（清算中の税理士会の能力）から49条の12の９（裁判所による監督）までの規定は、平成18年の会社法の施行に伴う関係法律の整備に平仄を合わせるために、法49条の12（合併と解散）に補足し追加された、税理士会の解散及び清算に関する規定である。

清算人の解任

第49条の12の 5

　重要な事由があるときは、裁判所は、利害関係人若しくは検察官の請求により又は職権で、清算人を解任することができる。

　重要な事由があるときは、裁判所は、利害関係人若しくは検察官の請求により又は職権で、清算人を解任することができるとされている。

　法49条の12の２（清算中の税理士会の能力）から49条の12の９（裁判所による監督）までの規定は、平成18年の会社法の施行に伴う関係法律の整備に平仄を合わせるために、法49条の12（合併と解散）に補足し追加された、税理士会の解散及び清算に関する規定である。

清算人の職務及び権限

第49条の12の 6

　清算人の職務は、次のとおりとする。

清算人の職務は、次のとおりとされている。

① 現務の結了

② 債権の取立て及び債務の弁済

③ 残余財産の引渡し

また、清算人は、①から③までに掲げる職務を行うために必要な一切の行為をすることができる。

法49条の12の2（清算中の税理士会の能力）から49条の12の9（裁判所による監督）までの規定は、平成18年の会社法の施行に伴う関係法律の整備に平仄を合わせるために、法49条の12（合併と解散）に補足し追加された、税理士会の解散及び清算に関する規定である。

清算人は、その就職の日から2月以内に、少なくとも3回の公告をもって、債権者に対し、一定の期間内にその債権の申出をすべき旨の催告をしなければならない。こ

の場合において、その期間は、2月を下ることができないとされている。

この公告には、債権者がその期間内に申出をしないときは清算から除斥されるべき旨を付記しなければならない。ただし、清算人は、知れている債権者を除斥することができない。

また、清算人は、知れている債権者には、各別にその申出の催告をしなければならず、前記の公告は、官報に掲載してすることとされている。

法49条の12の2（清算中の税理士会の能力）から49条の12の9（裁判所による監督）までの規定は、平成18年の会社法の施行に伴う関係法律の整備に平仄を合わせるために、法49条の12（合併と解散）に補足し追加された、税理士会の解散及び清算に関する規定である。

期間経過後の債権の申出

第49条の12の8

前条第1項の期間の経過後に申出をした債権者は、税理士会の債務が完済された後まだ権利の帰属すべき者に引き渡されていない財産に対してのみ、請求をすることができる。

清算人による債権の申出の催告に係る公告の期間の経過後に申出をした債権者は、税理士会の債務が完済された後まだ権利の帰属すべき者に引き渡されていない財産に対してのみ、請求をすることができる。

法49条の12の2（清算中の税理士会の能力）から49条の12の9（裁判所による監督）までの規定は、平成18年の会社法の施行に伴う関係法律の整備に平仄を合わせるために、法49条の12（合併と解散）に補足し追加された、税理士会の解散及び清算に関する規定である。

裁判所による監督

第49条の12の9

税理士会の解散及び清算は、裁判所の監督に属する。
2　裁判所は、職権で、いつでも前項の監督に必要な検査をすることができる。

税理士会の解散及び清算は、裁判所の監督に属し、裁判所は、職権で、いつでもその監督に必要な検査をすることができるとされている。

法49条の12の2（清算中の税理士会の能力）から49条の12の9（裁判所による監督）までの規定は、平成18年の会社法の施行に伴う関係法律の整備に平仄を合わせるために、法49条の12（合併と解散）に補足し追加された、税理士会の解散及び清算に関する規定である。

日本税理士会連合会

第49条の13

全国の税理士会は、日本税理士会連合会を設立しなければならない。

2　日本税理士会連合会は、税理士及び税理士法人の使命及び職責にかんがみ、税理士及び税理士法人の義務の遵守及び税理士業務の改善進歩に資するため、税理士会及びその会員に対する指導、連絡及び監督に関する事務を行い、並びに税理士の登録に関する事務を行うことを目的とする。

3　日本税理士会連合会は、法人とする。

4　税理士会は、当然、日本税理士会連合会の会員となる。

◆　日本税理士会連合会の設立

全国の税理士会は、日本税理士会連合会を設立しなければならず、日本税理士会連合会は、税理士法に基づき全国の税理士会を会員として設立される特別法人である（法49の13①③④）。

日本税理士会連合会を設立しようとするときは、税理士会は会則を定め、設立総会の議を経た会則についての認可申請書を国税庁長官を経由して財務大臣に提出しなければならない（令11①）。

この認可申請書には、会則のほか、会員となるべき税理士会の名簿、設立総会の議事録を添付しなければならない（令11②による令7⑥の準用）。

◆　日本税理士会連合会の目的

日本税理士会連合会は、税理士及び税理士法人の使命及び職責にかんがみ、税理士及び税理士法人の義務の遵守及び税理士業務の改善進歩に資するため、税理士会及びその会員に対する指導、連絡及び監督に関する事務を行い、並びに税理士の登録に関

する事務を行うことを目的とする（法49の13②）。

日本税理士会連合会は、その目的を達成するため、主として次の事業を行っている。

⑴　税理士会及びその会員の指導、連絡及び監督に関し必要な事項について、税理士会及びその会員に対し勧告をし、又は指示を行うこと。

⑵　税務行政その他租税又は税理士に関する制度について調査研究を行うこと。

⑶　税理士会の会員の業務の改善進歩に関して調査研究を行うこと。

⑷　税理士に関する制度及び税理士の業務に関する広報活動を行うこと。

⑸　会報を発行すること。

⑹　税理士の登録及び税理士法人の届出に関する事務を行うこと。

⑺　税理士の研修に関し必要な施策を行うこと。

⑻　法２条の業務における電磁的方法の利用に関し必要な施策を行うこと。

⑼　経済的な理由により税理士又は税理士法人に業務を委嘱することが困難な納税者及び本会が指導を必要と認める納税者に対する税理士の業務に関し必要な施策を行うこと。

⑽　税理士会の会員の業務に関する帳簿の作成に関し必要な施策を行うこと。

⑾　租税に関する教育その他知識の普及及び啓発のための活動に関し必要な施策を行うこと。

⑿　その他本会の目的を達成するため必要な施策を行うこと。

◆　日本税理士会連合会には、税理士法によって法人格が与えられており、日本税理士会連合会の会員は、全国15の税理士会であって、税理士会は当然に日本税理士会連合会の会員となり、税理士会が日本税理士会連合会を退会することは許されない。

◆　15税理士会　－　北海道、東北、関東信越、東京、千葉県、東京地方、北陸、名
古屋、東海、近畿、中国、四国、九州北部、南九州、沖縄

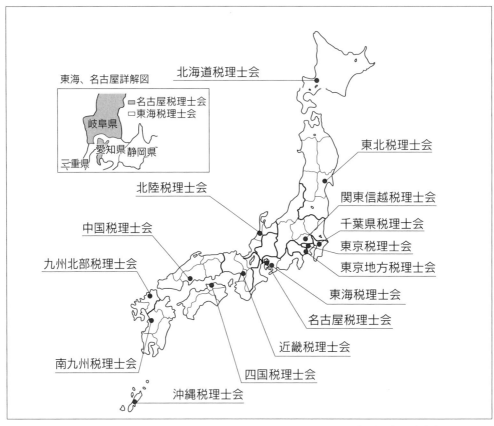

（日本税理士会連合会HPより）

日本税理士会連合会の会則

第49条の14

日本税理士会連合会の会則には、次の事項を記載しなければならない。

一　第49条の2第2項第1号、第3号から第5号まで、第8号及び第11号か
ら第13号までに掲げる事項

二　税理士の登録に関する規定

三　第49条の16に規定する資格審査会に関する規定

四　第41条第1項の帳簿及びその記載に関する規定

五　税理士会の会員の研修に関する規定

六　第49条の2第2項第10号に規定する税理士業務の実施の基準に関する規

定

2　日本税理士会連合会の会則の変更（前項第2号に掲げる事項その他政令で定める重要な事項に係るものに限る。）は、財務大臣の認可を受けなければ、その効力を生じない。

◆　日本税理士会連合会の会則には次の事項を記載しなければならない。

一．絶対的記載事項

① 名称及び事務所の所在地

② 役員に関する規定

③ 会議に関する規定

④ 税理士の品位保持に関する規定

⑤ 第2条の業務において電磁的方法により行う業務に関する規定

⑥ 租税に関する教育その他知識の普及及び啓発のための活動に関する規定

⑦ 会費に関する規定

⑧ 庶務及び会計に関する規定

二．税理士の登録に関する規定

三．資格審査会に関する規定

四．税理士及び税理士法人が作成すべき帳簿及びその記載に関する規定

五．税理士会の会員の研修に関する規定

六．委嘱者の経済的理由により無償又は著しく低い報酬で行う税理士業務の実施の基準に関する規定

税理士会に関する規定の準用

第49条の15

第49条の2第1項、第49条の4、第49条の5、第49条の7から第49条の9まで及び第49条の11の規定は、日本税理士会連合会について準用する。

　日本税理士会連合会については、その成立の時期、登記、役員、総会、総会の決議等の財務大臣への報告、建議・答申に関する税理士会の規定が準用される。

　ただし、日本税理士会連合会の会員は全国の税理士会であり、これら税理士会の中

には会員である税理士を多数有しているものもあれば、比較的少数のものもあるため、日本税理士会連合会の総会における議決権を、会員である税理士会一つにつき一個とすることは実情に即さないこともあり得るため、会則で総会における議決権については、税理士会の会員である税理士の数に応じたものとすることができる（令12）。

資格審査会

第49条の16

　　日本税理士会連合会に、資格審査会を置く。

2　資格審査会は、日本税理士会連合会の請求により、第22条第1項の規定による登録若しくは登録の拒否又は第25条第1項の規定による登録の取消しについて審議を行うものとする。

3　資格審査会は、会長及び委員4人をもつて組織する。

4　会長は、日本税理士会連合会の会長をもつてこれに充てる。

5　委員は、会長が、財務大臣の承認を受けて、税理士、国税又は地方税の行政事務に従事する職員及び学識経験者のうちから委嘱する。

6　委員の任期は、2年とする。ただし、欠員が生じた場合の補欠の委員の任期は、前任者の残任期間とする。

7　前各項に規定するもののほか、資格審査会の組織及び運営に関し必要な事項は、政令で定める。

◆　日本税理士会連合会は、その税理士登録事務遂行の適正を期するため、資格審査会を置くこととされている。

◆　資格審査会は、日本税理士会連合会の請求により、

①　税理士の登録を申請した者について登録を拒否しようとするとき

②　欠格事由に該当する者又は登録拒否事由に該当する者として税務署長等から通知のあった者について登録をしようとするとき

③　既に登録を受けた者でその登録が虚偽の申請等に基づいてされていたため登録の取消しを行おうとするとき

④　心身の故障により税理士業務を行わせることが適正を欠くおそれがある者に該当するに至ったとき

⑤　２年以上継続して所在が不明であるとき

に、これらの者について必要な審議を行う。

◆　資格審査会の構成は、会長と４人の委員で組織され、会長は日本税理士会連合会の会長がこれにあたり、会務を総理する。委員には、税理士、国税関係職員、地方税関係職員及び学識経験者のうちからそれぞれ一人を充てなければならないこととされ、資格審査会の会長が財務大臣の承認を受けて委嘱することとされている。

◆　資格審査会の組織及び運営に関する細目については、日本税理士会連合会の会則で定めることとされている。

総会の決議の取消し

第49条の17

　　財務大臣は、税理士会又は日本税理士会連合会の総会の決議が法令又はその税理士会若しくは日本税理士会連合会の会則に違反し、その他公益を害するときは、その決議を取り消すべきことを命ずることができる。

　税理士及び税理士法人の使命及び職責並びに税理士会、日本税理士会連合会の業務の公共性にかんがみれば、税理士の団体の運営のいかんが納税義務者、税務行政に及ぼす影響は極めて大きいといわなければならない。

　このため、税理士会又は日本税理士会連合会の総会の決議が、法令に違反し、その他公益を害するときは、財務大臣は総会の決議を取り消すことができる。

　なお、従前、財務大臣の監督権限として規定されていた役員の解任権については、税理士会及び日本税理士会連合会の運営状況を勘案すれば、これらの団体の自治権のもとで自発的是正が十分に期待でき、人事権の介入までは不要ではないかと考えられたことから、平成13年の法改正において廃止された。

参考

【国会会議録（抄）】平成13年４月５日　参議院・財政金融委員会
　大門実紀史委員（共）

日税連の要望書の中には、今のことともかかわるんですが、「税理士会の自主性の確立」という項目の中に、49条の16に当たりますが、財務大臣による日税連あるいは税理士会の総会決議の取り消しと役員の解任の規定を両方とも廃止してもらいたいという要望がありましたけれども、今回はその役員の解任の廃止だけになっております。その総会決議の取り消しは依然残っているわけですが、これはなぜでしょうか。

大武健一郎政府参考人（国税庁次長）
　お答えさせていただきます。
　ただいま先生からお話がありましたとおり、昨年９月、日本税理士会連合会から提出された要望書の中には二つの事項がございまして、総会決議の取り消しと役員の解任規定の廃止というのがありました。
　我々も国税庁として日税連と御相談させていただきましたが、日税連等の創設以来ちょうど50年余の歴史から見ましても、極力自主的な運営をやる、そういう実力も能力もありますし、現在の行政庁と日税連の信頼関係を考えますと、さらには今後の相互信頼の一層の確立という観点からも、できるだけのいわば自主性というのは進めていきたいというふうに思ったわけでございます。特に、人事権まで行政が介入する必要性は必ずしもないのではないかということから、大臣による役員の解任規定は削除させていただくということにさせていただきました。
　ただ、もう先生よくおわかりのとおり、先ほど来の御質問の中にもあったとおり、税理士法１条というのは、独立した公正な立場で納税者の納税義務の適正な実現を図るという極めて公共性の高い使命を持った職業でございまして、そういう意味では、日税連等の高い公共性というもののいわば担保といいますか、適正な運営確保ということをやはり行政庁として国民に対する責任という観点からどうしても維持しなければならない、そういう意味では総会決議の取り消し権の廃止までは適切ではないというふうに考えたところでございます。
　いずれにしても、他の士業、公認会計士法とか先ほど来出ております弁理士法等他の士業の法律では、行政庁の権限として、総会決議の取り消しと役員の解任と両方実は権限として持っているわけで、ある意味でいいますと、この人事権への介入といいますか削除というのは、我々としてはかなりその自主性を認めようとして進めたところであるということは御理解いただきたいと存じます。

大門実紀史委員（共）
　そうしますと、総会の決議の取り消しというのは、具体的にどんな決議を税理士

会なり日税連がしたことを想定されているんですか、公益性に反すると言いますけれども。

大武健一郎政府参考人（国税庁次長）
　具体的にかつて決議の取り消しというのを行ったことなどございません。したがいまして、現在の信頼関係からそのようなことはやはり想定しにくい、日税連はしっかりした団体だと私どもは思っておりますが、しかし最終的には、国民に対する責任という意味で留保しなければならないということで規定は残させていただいている、こういうことでございます。

参考

【国会議事録（抄）】平成13年5月25日、衆議院・財務金融委員会
吉井英勝委員（共）
　弁護士の場合には、弁護士会自治が原則的に確立されていますね。税理士会の場合は、第49条の16で、今度は役員の解任の部分は削除ですが、総会決議の取り消しということで、財務大臣、課税庁の管理監督のもとに置かれるということで、納税者が争う課税庁から独立した存在ではない。税理士会自治が制度的に保障されていないという問題があると思うんですね。
　私は、どうも、税理士さんたちを課税庁の意向に沿うように囲い込んでという御意向が、今の御答弁を聞いておっても非常に強く感じられるんですが、私は、こういう部分は削除して、やはり税理士会自治の尊重、そして税理士会自治と税理士の皆さんに課税庁からの独立というものをやはりきちんと保障していくのは当然のことだと思うのですが、これは大臣、やはりそういう方向へいかなきゃいけないんじゃないですか。

大武健一郎政府参考人（国税庁次長）
　今回の改正は、やはり、先生言われますように、日本税理士会の自治ということを尊重するという視点ではございます。特に今回、日本税理士会及び各税理士会は、税理士の義務の遵守あるいは税理士業務の改善、進歩を図るために税理士に対する指導監督等を行うという目的で設立された、高い公共的使命を担っている、そういうことでございまして、税理士業務の適正な運営を確保するという行政責任も同時にその点から出てくる。したがって、必要な監督権限は維持していくことが必要だ。
　一方で、これまで日税連及び税理士会の運営状況を勘案いたしますと、この両会の自治権のもとで自発的是正が十分期待できるので、人事権の介入までは必要では

ないと考えられるので、役員の解任規定、そういうものについては廃止するということにしたものでございます。

植田至紀委員（社）

　今既に御説明いただきましたように、税理士の自主性の確立の観点からすれば、今回の役員の解任規定がなくなったということは評価はしたいわけです。

　ただ、「総会の決議についてはこれを取り消すべきことを命じ」というところも、今も御説明ありましたけれども、別に、これも今回の改正で外したって、そんなに不都合があったんでしょうか。そこをもう一度ちょっと詳しくお話しいただけますか。さして不都合はなかったと思うんですが。

大武健一郎政府参考人（国税庁次長）

　先ほど来申しましたように、税理士会には大変強い公共性を付与されているわけでございまして、その税理士会を、当然、長年の経緯から強い信頼関係を我々持っておりますけれども、しかし、最後のところで、総会決議について取り消し権まで廃止してしまいますと、我々に与えられた国民に対する責任という観点からいかがなものか。そういう意味では、規定としては置かせていただいている、こういうことでございます。

貸借対照表等

第49条の18

　日本税理士会連合会は、毎事業年度、第49条の15の規定において準用する第49条の8第3項に規定する総会の決議を経た後、遅滞なく、貸借対照表及び収支計算書を官報に公告し、かつ、財産目録、貸借対照表、収支計算書及び附属明細書並びに会則で定める事業報告書及び監事の意見書を、事務所に備えて置き、財務省令で定める期間、一般の閲覧に供しなければならない。

　本条は、認可法人の事業活動、財務内容に関する実態について透明性を一層確保し、国民の理解を深めるため、認可法人の財務内容等に関する書類の公開を推進する観点から行われた総務省の「認可法人に関する調査結果に基づく勧告」（平成11年3月）において、日本税理士会連合会についても財務内容等に関する書類の作成・公開義務付けが必要であるとされたことを踏まえ、平成13年の改正において創設された規定であ

る。

　これにより日本税理士会連合会は、毎事業年度、総会の決議を経た後、遅滞なく、貸借対照表及び収支計算書を官報に公告するとともに、財産目録、貸借対照表、収支計算書及び附属明細書並びに会則で定める事業報告書及び監事の意見書を、事務所に備えて置き、5年間、一般の閲覧に供しなければならない（規25）。

一般的監督

第49条の19

　財務大臣は、税理士会又は日本税理士会連合会の適正な運営を確保するため必要があるときは、これらの団体から報告を徴し、その行う業務について勧告し、又は当該職員をしてこれらの団体の業務の状況若しくは帳簿書類その他の物件を検査させることができる。
2　前項の規定による報告の徴取又は検査の権限は、犯罪捜査のために認められたものと解してはならない。

　財務大臣による一般的監督は、法49条の17に規定される特別な監督権限（総会の決議の取消し）のほか、税理士会及び日本税理士会連合会の運営が、国、地方公共団体及び一般納税者に重大な影響を与えるものであることにかんがみ、その適正な運営が確保されるように、税理士会及び日本税理士会連合会に対する一般的な監督権限を定めた。

　なお、税理士・税理士法人に対する監督権限は、国税庁長官にある（法55）。

一般社団法人及び一般財団法人に関する法律の準用

第49条の20

　一般社団法人及び一般財団法人に関する法律第4条及び第78条の規定は、税理士会及び日本税理士会連合会について準用する。

　税理士会及び日本税理士会連合会については、一般社団法人及び一般財団法人に関する法律（平成18年法律第48号）の規定が準用され、その住所は、その主たる事務所の所在地にあるものとされる（法49の20による一般社団法人及び一般財団法人に関する法律4の

準用）。また、税理士会及び日本税理士会連合会は、会長その他の代表者がその職務を行うについて第三者に与えた損害を賠償する責任を負うこととされている（一般社団法人及び一般財団法人に関する法律78の準用）。

政令への委任

第49条の21

この法律に定めるもののほか、税理士会及び日本税理士会連合会の設立、運営、合併、解散及び清算に関し必要な事項は、政令で定める。

本条は、税理士会及び日本税理士会連合会の設立、運営、合併、解散及び清算についての政令への委任を定める規定である。

雑則

（第50条—第57条）

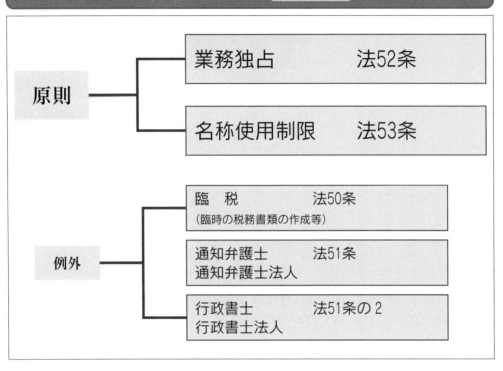

税理士業務制限 （第50条－53条）

原則
- 業務独占　　　　法52条
- 名称使用制限　　法53条

例外
- 臨　税　　　　　法50条
  （臨時の税務書類の作成等）
- 通知弁護士　　　法51条
  通知弁護士法人
- 行政書士　　　　法51条の2
  行政書士法人

◎第7章　雑則

臨時の税務書類の作成等

第50条

　国税局長（地方税については、地方公共団体の長）は、租税の申告時期において、又はその管轄区域内に災害があつた場合その他特別の必要がある場合においては、申告者等の便宜を図るため、税理士又は税理士法人以外の者に対し、その申請により、2月以内の期間を限り、かつ、租税を指定して、無報酬で申告書等の作成及びこれに関連する課税標準等の計算に関する事項について相談に応ずることを許可することができる。ただし、その許可を受けることができる者は、地方公共団体の職員及び公益社団法人又は公益財団法人その他政令で定める法人その他の団体の役員又は職員に限るものとする。

2　第33条第2項及び第4項、第36条並びに第38条の規定は、前項の規定による許可を受けた者に準用する。

◆　この制度は、申告時期等、税務事務が一時に集中することにより、税理士が平素に比して一層不足することになるような場合に、納税者、特に零細納税者に対するサービスが不足することを防止する観点から、税理士以外の者に、しかも非営利的な立場で税理士業務を限定的に行うことを認める趣旨である。

　なお、租税の税目の指定は、原則として申告所得税及び個人事業者の消費税に限るものとする。

◆　この場合の政令で定める法人その他の団体とは具体的には、農業協同組合、漁業協同組合、事業協同組合及び商工会である（基通50－1）。

　また、この許可を受けた者については、法33条2項、4項、法36条、法38条の規定が準用される。

税理士業務を行う弁護士等

第51条

　弁護士は、所属弁護士会を経て、国税局長に通知することにより、その国税局の管轄区域内において、随時、税理士業務を行うことができる。

2　前項の規定により税理士業務を行う弁護士は、税理士業務を行う範囲において、第1条、第30条、第31条、第33条から第38条まで、第41条から第41

の３まで、第43条前段、第44条から第46条まで（これらの規定中税理士業務の禁止の処分に関する部分を除く。）、第47条、第47条の３、第47条の４及び第54条から第56条までの規定の適用については、税理士とみなす。この場合において、第33条第３項及び第33条の２第３項中「税理士である旨その他財務省令で定める事項」とあるのは、「第51条第１項の規定による通知をした弁護士である旨及び同条第３項の規定による通知をした弁護士法人又は弁護士・外国法事務弁護士共同法人の業務として同項の業務を行う場合にはこれらの法人の名称」とする。

3　弁護士法人又は弁護士・外国法事務弁護士共同法人（これらの法人の社員（弁護士に限る。）の全員が、第１項の規定により国税局長に通知している法人に限る。）は、所属弁護士会を経て、国税局長に通知することにより、その国税局の管轄区域内において、随時、税理士業務を行うことができる。

4　前項の規定により税理士業務を行う弁護士法人又は弁護士・外国法事務弁護士共同法人は、税理士業務を行う範囲において、第33条、第33条の２、第48条の16（第２条の３及び第39条の規定を準用する部分を除く。）、第48条の20（税理士法人に対する解散の命令に関する部分を除く。）及び第54条から第56条までの規定の適用については、税理士法人とみなす。

◆　弁護士

　弁護士は、弁護士法３条２項の規定により、「当然、弁理士及び税理士の事務を行うことができる」と定められている。

　それにより、弁護士は、弁護士の資格のまま税理士業務を行う場合に、税理士法上の規定の適用は受けないこととなる。このような事態を放置することは、税務行政上適当ではないので、弁護士が税理士業務を行う場合には、その弁護士の所属弁護士会を経て、国税局長に、その旨を通知しなければならないものとし、その通知をしてはじめて、その国税局管内において、随時、税理士業務を行うことができるものとしたものである。

◆　弁護士が国税局長に通知して行う税理士業務は、弁護士法による弁護士の事務として行うものであり、その業務について弁護士法の適用があることはいうまでもないところ、そのうち税理士業務に係る業務を営む限りにおいて税理士とみなされて、税理士法の規定が適用される。

上記の通知弁護士については、以下の規定が適用される。

①税理士の使命（法1）、②税務代理の権限の明示（法30）、③特別の委任を要する事項（法31）、④署名の義務（法33）、⑤計算事項、審査事項等を記載した書面の添付（法33の2）、⑥調査の通知（法34）、⑦意見の聴取（法35）、⑧脱税相談等の禁止（法36）、⑨信用失墜行為の禁止（法37）、⑩非税理士に対する名義貸しの禁止（法37の2）、⑪秘密を守る義務（法38）、⑫帳簿作成の義務（法41）、⑬使用人等に対する監督義務（法41の2）、⑭助言義務（法41の3）、⑮業務の停止（法43前段）、⑯懲戒の種類（法44）、⑰脱税相談等をした場合の懲戒（法45）、⑱一般の懲戒（法46）、⑲懲戒の手続等（法47）、⑳除斥期間（法47の3）、㉑懲戒処分の公告（法47の4）、㉒税理士の使用人等の秘密を守る義務（法54）、㉓監督上の措置（法55）、㉔関係人等への協力要請（法56）

ただし、⑯から⑱までについては、税理士業務の禁止の処分に関する部分は除かれる。国税局の長に通知を行った弁護士（弁護士法人は除く）の情報が国税庁のホームページに掲載されている。

◆ 弁護士法人

平成13年6月1日に成立した「弁護士法の一部を改正する法律」により、弁護士についても弁護士法人の設立が可能となり、弁護士法人は、弁護士と同様、当然に弁理士及び税理士の事務を行うことができることとされたことを受けて、平成13年の税理士法の改正において、弁護士法人についても随時、税理士業務を行うことができるものとして、いわゆる通知弁護士法人制度が定められた。

◆ 弁護士法人又は弁護士・外国法事務弁護士共同法人については、税理士会に入会することなく、所属弁護士会を経て国税局長に通知することにより、その国税局の管轄区域内において、随時、税理士業務を行うことができることとなる（基通51-1）。

◆ なお、弁護士法人又は弁護士・外国法事務弁護士共同法人の通知については、それら法人が国税局長に通知するだけでなく、それら法人の社員（弁護士）全員が、法51条1項の通知をしなければならない（基通51-1）。

◆ 通知弁護士法人については、税理士業務を営む限りにおいて税理士法人とみなされて、上記①から⑩まで、⑫から⑭まで、及び㉒から㉔までの規定が適用される。また、違法行為等についての処分（法48の20）は、解散の命令に関する部分を除いて適

用される。

行政書士等が行う税務書類の作成

第51条の2

行政書士又は行政書士法人は、それぞれ行政書士又は行政書士法人の名称を用いて、他人の求めに応じ、ゴルフ場利用税、自動車税、軽自動車税、事業所税その他政令で定める租税に関し税務書類の作成を業として行うことができる。

昭和55年の法改正により、税理士業務の対象税目は、原則として国税及び地方税のすべてとするいわゆる包括規定をもって定められたが、従前の法定列挙時において行政書士が行ってきた業務に影響を及ぼすこととなったため、その調整を図る見地から措置された規定である。

行政書士は、その名称を用いて、他人の求めに応じてゴルフ場利用税、自動車税、軽自動車税、自動車取得税、事業所税その他政令で定める租税に関し税務書類の作成を業とすることができる。なお、その他政令で定める租税として、石油ガス税、不動産取得税、道府県たばこ税（都たばこ税を含む。）、市町村たばこ税（特別区たばこ税を含む。）、特別土地保有税及び入湯税の8税目が規定されている（令14の2）。

また、行政書士法人制度を受けて行政書士法人も行政書士同様、法に規定された租税に関し税務書類の作成を業として行うことができる。

なお、この規定により行政書士又は行政書士法人に認められる業務は、税務書類の作成に限られ、税務代理及び税務相談は認められていない。

税理士業務の制限

第52条

税理士又は税理士法人でない者は、この法律に別段の定めがある場合を除くほか、税理士業務を行つてはならない。

◆ 業務の制限

税理士法は、税理士の使命（法1）の重要性にかんがみ、税理士業務（法2①に限ら

れる。）は税理士の独占業務とし、税理士又は税理士法人でない者は、原則として、税理士業務を行ってはならないと規定されている。

　また、例外として、税理士以外の者が行う臨時の税務書類の作成等（法50）、税理士業務を行う弁護士等（法51）及び行政書士等が行う税務書類の作成（法51の２）について規定している。

　なお、規定に違反した者に対しては、罰則の規定（法59①四）が適用される。

◆　無償独占の根拠と隣接士業の業務独占

【税務代弁者取締規則】

　明治の末期から昭和の初期にかけて、警察による不当な税務代弁者の取締規則として制定された「大阪税務代弁者取締規則」、「京都税務代弁者取締規則」においては、無資格者に対する名義貸行為を欠格事項としていることや事務所の名称使用制限を定めた。

【税務代理士法】

　昭和17年に制定された「税務代理士法」では、税務代理士となるには大蔵大臣の許可を要件として、税務代理士業務を行うことができる者を税務代理士に限定した。昭和24年の最高裁判決において、税務代理士業務は「営利目的の有無ないし有償無償の別は問わない」ことと示されており、よって税務代理士業務は無償独占と解されている。

【税理士法】

　昭和26年に制定された「税理士法」、その後改正を経た現在においても、税理士となる資格を有する者が税理士名簿に登録を受けた者を税理士といい、税理士又は税理士法人以外の者は、別段の定めを除いて、税理士業務を行ってはならないこととされている。昭和40年東京高裁判決において、税理士業務は「営利の目的をもって行ったことなどを必要としないもの」と示されている、また平成14年４月１日に既往の税理士法に関する通達を整理統合して制定された税理士法基本通達の２－１にも税理士業務は「必ずしも有償であることを要しない」と規定されており、よって現在に至るまで税理士業務は無償独占となっている。

　一方、弁護士法72条は「弁護士又は弁護士法人でない者は、報酬を得る目的で訴訟事件、非訟事件及び審査請求、再調査の請求、再審査請求等行政庁に対する不服申立事件その他一般の法律事務に関して鑑定、代理、仲裁若しくは和解その他の法律事務を取り扱い、又はこれらの周旋をすることを業とすることができない」と規

定し、公認会計士法2条1項が「公認会計士は、他人の求めに応じ報酬を得て、財務書類の監査又は証明をすることを業とする。」と規定しているように、弁護士業務及び公認会計士業務は有償独占となっている。

名称の使用制限

第53条

税理士でない者は、税理士若しくは税理士事務所又はこれらに類似する名称を用いてはならない。

2 税理士法人でない者は、税理士法人又はこれに類似する名称を用いてはならない。

3 税理士会及び日本税理士会連合会でない団体は、税理士会若しくは日本税理士会連合会又はこれらに類似する名称を用いてはならない。

4 前3項の規定は、税理士又は税理士法人でない者並びに税理士会及び日本税理士会連合会でない団体が他の法律の規定により認められた名称を用いることを妨げるものと解してはならない。

◆ 税理士業務を税理士の独占業務としていることから、税理士又は税理士事務所の名称を税理士以外の者に使用させることを禁止しなければ、その効果が十分でないと同時に、税理士の名称自身には、それ自体の特権が付与されており、これを保護する必要がある。

◆ これと同様の意味において、税理士会及び日本税理士会連合会等の名称についても、その名称を他に使用されることを禁止し、これを保護する必要がある。

また、税理士法人以外の者が税理士法人又はこれに類似する名称を用いることを禁止されている。

これらの規定に違反した者に対しては、罰則の規定 (法61) が適用される。

◎第7章 雑則

税理士の使用人等の秘密を守る義務

第54条

　税理士又は税理士法人の使用人その他の従業者は、正当な理由がなくて、税理士業務に関して知り得た秘密を他に漏らし、又は盗用してはならない。税理士又は税理士法人の使用人その他の従業者でなくなつた後においても、また同様とする。

◆　税理士は委嘱者である納税義務者の資産等の秘密に接する機会が多く、正当な理由がなくて、税理士業務に関して知り得た秘密を他に漏らし、または窃盗してはならないとされている（法38）。

　この税理士の守秘義務については、納税義務者と税理士との信頼関係を維持するため、税理士のみならず、その使用人等についても同様に、正当な理由がなくて、税理士業務に関して知り得た秘密を他に漏らし、または盗用してはならないこととされており、税理士又は税理士法人の使用人その他の従業者でなくなった後においても秘密を守る義務が課されている。

　この規定に違反した者は、2年以下の懲役又は100万円以下の罰金に処することとされている（法59①三）。

税理士等でない者が税務相談を行つた場合の命令等

第54条の2

　財務大臣は、税理士又は税理士法人でない者（以下この項において「税理士等でない者」という。）が税務相談を行つた場合（税理士等でない者がこの法律の別段の定めにより税務相談を行つた場合を除く。）において、更に反復してその税務相談が行われることにより、不正に国税若しくは地方税の賦課若しくは徴収を免れさせ、又は不正に国税若しくは地方税の還付を受けさせることによる納税義務の適正な実現に重大な影響を及ぼすことを防止するため緊急に措置をとる必要があると認めるときは、当該税理士等でない者に対し、その税務相談の停止その他当該停止が実効的に行われることを確保するために必要な措置を講ずることを命ずることができる。

2　第47条の4の規定は、前項の規定による命令について準用する。

◆　近年、SNSの普及等に伴い、税理士等でない者によって不特定多数の者に脱税相談（指南）等が行われるリスクが高まっている中、多数の者が脱税等を行い、納税義務の適正な実現に重大な影響が及ぶ事態を防止するためには、こうした脱税相談等が行われるよりも前に行政上の対応を行うことを可能とすることが必要であり、税理士業務のうち特にこうした脱税相談等を未然に防止するための実効性のある措置の整備が課題とされていた。

　さらに、こうした税理士等でない者に対して実際に行政上の対応のための情報収集をしようとした場合には、通常の課税調査と異なり、調査忌避等に対して罰則が科されるような調査に関する根拠規定がないため、応じる必要がないとして対象者が対応を拒否するといった課題に直面することになる。

　こうした課題を踏まえ、令和5年度の法改正においては、税理士等でない者による脱税相談等により、納税義務の適正な実現に重大な影響が及ぶ事態を防止するために、前記の税理士業務の制限違反への罰則とは別に、より機動的な行政上の対応が可能となる枠組みが整備された。具体的には、税理士等でない者が税務相談を行った場合の命令制度が創設されるとともに、その税務相談を行った者に対する調査権限等が整備された。

◆　「不正に国税若しくは地方税の賦課若しくは徴収を免れさせ、又は不正に国税若しくは地方税の還付を受けさせることによる納税義務の適正な実現に重大な影響を及ぼすこと」とは、脱税指南により不特定多数の者が国税を免れる申告を行う等の申告納税制度の根幹を揺るがすような行為が行われることが該当するものと考えられる。

　また、「その他その停止が実効的に行われることを確保するために必要な措置」とは、税理士等でない者による営業広告の中止や顧客名簿の廃棄等が該当するものと考えられる。

◆　財務大臣は、命令をしたときは、遅滞なくその旨を、相当と認める期間、インターネットに接続された自動公衆送信装置に記録する方法（具体的には、国税庁のホームページに掲載する方法）により不特定多数の者が閲覧することができる状態に置く措置をとるとともに、官報をもって公告しなければならないこととされている。

監督上の措置

第55条

　　国税庁長官は、税理士業務の適正な運営を確保するため必要があるときは、税理士又は税理士法人から報告を徴し、又は当該職員をして税理士又は税理士法人に質問し、若しくはその業務に関する帳簿書類を検査させることができる。

2　国税庁長官は、第48条第1項の規定による決定のため必要があるときは、税理士であった者から報告を徴し、又は当該職員をして税理士であった者に質問し、若しくはその業務に関する帳簿書類を検査させることができる。

3　国税庁長官は、前条第1項の規定による命令をすべきか否かを調査する必要があると認めるときは、同項の税務相談を行った者から報告を徴し、又は当該職員をしてその者に質問し、若しくはその業務に関する帳簿書類を検査させることができる。

4　前3項の規定による報告の徴取、質問又は検査の権限は、犯罪捜査のために認められたものと解してはならない。

◆　納税義務の適正な実現を図ることを使命とする税理士及び税理士法人が携わる税理士業務は極めて公共的性格が強く、国税庁長官はその適正な運営を確保するため必要があるときは、税理士又は税理士法人から報告を徴し、又は当該職員をして税理士又は税理士法人に質問し、若しくはその業務に関する帳簿書類（業務処理簿等）を検査させることができるものとされている。ただし、この報告の徴取、質問又は検査の権限は犯罪捜査のために認められたものと解してはならない。

◆　令和4年改正において、法48条（懲戒処分を受けるべきであったことについての決定等）の規定が設けられたことを受けて、懲戒処分を受けるべきであったことについての決定のため必要があるときは、国税庁長官の質問及び検査の及ぶ者に「税理士であった者」も対象とするよう改正することで、国税庁長官は懲戒逃れをする元税理士に対しても質問又は検査の権限を行使することができるようになった。なお、通知弁護士（法51条1項の規定により税理士業務を行う弁護士をいう。）であった者については、この「税理士であった者」とみなされないこととされている。

◆　この権限の行使に対して、税理士若しくは税理士法人、税理士であった者又は税

務相談を行った税理士若しくは税理士法人でない者が報告せず、若しくは虚偽の報告をし、質問に答弁せず、若しくは虚偽の答弁をし、又は検査を拒み、妨げ、若しくは忌避したときは、罰則の規定 (法62条) が適用される。

関係人等への協力要請

第56条

　国税庁長官は、この法律の規定に違反する行為又は事実があると思料するときその他税理士業務の適正な運営を確保するため必要があるときは、関係人又は官公署に対し、当該職員をして、必要な帳簿書類その他の物件の閲覧又は提供その他の協力を求めさせることができる。

◆　税理士法違反行為には、脱税相談等の相手方の存在を前提とするものがあり、質問検査に当たって、その相手方（関与先等）の協力が必要な場合がある。そこで令和4年改正において、関係人等への協力要請として、国税庁長官は、税理士法の規定に違反する行為又は事実があると思料するとき、その他税理士業務の適正な運営を確保するために必要があるときは、関係人又は官公署に対し、当該職員をして、必要な帳簿書類その他の物件の閲覧又は提供その他の協力を求めることができる規定が新たに新設されることとなった。

　なお、法55条の権限の行使に対し虚偽の報告等をした場合には罰則規定 (法62) が適用されるが、「関係人等への協力要請」の規定については、罰則規定の適用はない。

事務の委任

第57条

　国税庁長官は、第55条第1項から第3項まで又は前条の規定によりその権限に属せしめられた事務を国税局長又は税務署長に取り扱わせることができる。
2　国税庁長官は、前項の規定により事務を国税局長又は税務署長に取り扱わせることとしたときは、その旨を告示しなければならない。

◆　国税庁長官は、前述の監督権限 (法55①②③) 又は関係人等への協力要請 (法56)

に関する事務を国税局長又は税務署長に取り扱わせることができる。なお、この規定により監督事務又は協力要請を国税局長等に取り扱わせる場合には、その旨を告示しなければならず、具体的には、「『国税局長又は税務署長に取り扱わせる国税庁長官の権限に属する事務を定める件（昭和26年９月15日国税庁告示第７号)』の一部を改正する件（令和５年３月31日国税庁告示第９号)」において措置されている。

第8章

罰則

（第58条—第65条）

罰　則 第58条－65条

適用条項	罰　則	違反条項	違反区分	対象者
法58条	3年以下の懲役又は200万円以下の罰金	法36条違　反	脱税相談等の禁止規定に違反したとき	税理士、税理士法人通知弁護士臨時作成者
法59条	2年以下の懲役又は100万円以下の罰金	法25条①一違　反	税理士になる資格につき虚偽の申請をし、その申請に基づき当該登録を受けた者であることが判明したとき	無資格者
		法37条の2違　反	非税理士に対する名義貸しの禁止規定に違反したとき	税理士、税理士法人通知弁護士
		法38条違　反	秘密を守る義務規定に違反したとき	税理士通知弁護士臨時作成者
		法54条違　反		税理士又は税理士法人の使用人
		法52条違　反	税理士業務の制限規定に違反したとき	無資格者
法60条	1年以下の懲役又は100万円以下の罰金	法42条違　反	業務の制限規定に違反したとき	税理士
		法43条違　反	業務の停止規定に違反したとき	税理士通知弁護士
		法45条法46条法48条の20①違　反	税理士業務の停止の処分を受けた場合において、その処分に違反したとき	税理士、税理士法人通知弁護士
		法54条の2①	税理士等でない者が税務相談を行った場合の命令に違反したとき	税理士でない者税理士法人でない者
法61条	100万円以下の罰金	法53条違　反	名称の使用制限規定に違反したとき	税理士でない者税理士法人でない者税理士会又は日税連でない団体
法62条	30万円以下の罰金	法48条の19の2⑥法49条の19①法55条①～③違　反	監督上の措置規定に違反したとき	税理士会日税連税理士、税理士法人税理士であった者税務相談を行った者（法54条の2①）通知弁護士
法64条	100万円以下の過料	法48条の19の2⑥違反他	虚偽報告他	税理士法人税理士会・日税連
法65条	30万円以下の過料	組合等登記令違反他	登記を怠ったとき他	税理士法人の社員・清算人税理士会・日税連役員

第58条

　第36条（第48条の16又は第50条第２項において準用する場合を含む。）の規定に違反したときは、その違反行為をした者は、３年以下の懲役又は200万円以下の罰金に処する。

◆　脱税相談等禁止違反

　法36条は、「税理士は、不正に国税若しくは地方税の賦課若しくは徴収を免れ、又は不正に国税若しくは地方税の還付を受けることにつき、指示をし、相談に応じ、その他これらに類似する行為をしてはならない」と規定しており、これに違反した者に対しては、３年以下の懲役又は200万円以下の罰金に処せられる。

　平成13年の改正で、罰金額の上限が100万円から200万円に引き上げられたが、それ以前から、税理士の使命に照らして、この脱税相談等の禁止を犯した者への罰則が、税理士法上の最も重い罰則とされている。

　なお、本条は、税理士法人及び法50条１項の規定する国税局長から臨時に税務書類の作成等を行うことの許可を受けた者にも準用されることから、これらの者に対しても、この刑事罰は適用される。

　また、所属弁護士会を経て、国税局長に通知することにより、その国税局の管轄内において、随時、税理士業務を行うことのできる弁護士又は弁護士法人（以下「通知弁護士等」、法51①、③）も、法36条（法48条の16で準用する場合を含む。）の規定の適用については、税理士又は税理士法人とみなされ（法51②、④）、それに違反した場合、同様にこの刑事罰が適用されることとなる。

第59条

　次の各号のいずれかに該当する場合には、その違反行為をした者は、２年以下の懲役又は100万円以下の罰金に処する。

一　税理士となる資格を有しない者が、日本税理士会連合会に対し、その資格につき虚偽の申請をして税理士名簿に登録させたとき。

二　第37条の２（第48条の16において準用する場合を含む。）の規定に違反したとき。

三　第38条（第50条第２項において準用する場合を含む。）又は第54条の規定に違反したとき。

四　第52条の規定に違反したとき。
　2　前項第３号の罪は、告訴がなければ公訴を提起することができない。

◆　虚偽登録

　税理士となるには、税理士としての資格を有する者が、日本税理士会連合会に登録申請書を提出し、税理士名簿に登録を受けなければならない（法18、21①）のであるが、税理士となる資格を有しない者で、日本税理士会連合会に対し、その資格について虚偽の申請をして税理士名簿に登録させた者は、２年以下の懲役又は100万円以下の罰金に処せられる。この罰則は、公認会計士法、弁理士法等他の士業法では既に設けられており、税理士法においても平成13年の改正で設けられたものである。

　なお、虚偽申請により登録を受けた者であることが判明した場合には、当然、その登録は取り消され（法25①）、欠格条項（法４十）に該当することとなる。

◆　非税理士に対する名義貸し禁止違反

　平成26年改正以前から、非税理士への名義貸しは信用失墜行為として財務大臣処分の対象であったが、平成26年改正による新設法37条の２は「税理士は、第52条又は第53条１項から第３項までの規定に違反する者に自己の名義を利用させてはならない。」と規定している。

　非税理士に対する名義貸しを放置すると、法52条（税理士業務の制限）の規定を有名無実化し、国民納税者に不測の損害を被らせるおそれがあることから、特にこれを明文化して禁止している。

　無資格者への名義貸しは、資格のない者が税理士行為を行うという犯罪行為に加担する行為であるから、この規定に違反した税理士又は税理士法人（通知弁護士等を含む。）は、２年以下の懲役又は100万円以下の罰金に処せられる。

　平成26年改正で、報酬のある公職に就いた場合の税理士業務の停止規定が緩和されたことを契機として、それまでは信用失墜行為の一類型として法37条により処理されていた名義貸しの行為のうち、非税理士に対する名義貸しについて独立した禁止規定が税理士法上に明文化され、併せて、罰則規定も独立した項目として規定された。

◆　守秘義務違反

　法38条で、「税理士は、正当な理由がなくて、税理士業務に関して知り得た秘密を

他に洩らし、又は窃用してはならない。税理士でなくなった後においても、また同様とする」と規定するとともに、法54条で「税理士又は税理士法人の使用人その他の従業者は、正当な理由がなくて、税理士業務に関して知り得た秘密を他に漏らし、又は盗用してはならない。税理士又は税理士法人の使用人その他の従業者でなくなつた後においても、また同様とする」と規定し、税理士又は税理士法人 (通知弁護士等を含む。) の使用人等に守秘義務を課している。

これらの規定に違反した者は、２年以下の懲役又は100万円以下の罰金に処せられるが、告訴がなければ公訴を提起することができないこととされている。また、法38条の規定は、同法50条１項に規定する、国税局長から臨時に税務書類の作成等を行うことの許可を受けた者に準用されており、この者に対しても、この刑事罰が適用される。

平成13年の改正で、罰金額の上限が20万円から100万円に引き上げられた。

◆　税理士業務の制限違反

法52条は、「税理士又は税理士法人でない者は、この法律に別段の定めがある場合を除くほか、税理士業務を行つてはならない」と規定している。これは、税理士業務が税理士の独占業務であることを明らかにし、にせ税理士行為を禁止するものである。

この規定に違反した者は、２年以下の懲役又は100万円以下の罰金に処せられる。

平成13年の改正で、罰金額の上限が30万円から100万円に引き上げられた。

第60条

次の各号のいずれかに該当する場合には、その違反行為をした者は、１年以下の懲役又は100万円以下の罰金に処する。
一　第42条の規定に違反したとき。
二　第43条の規定に違反したとき。
三　第45条若しくは第46条又は第48条の20第１項の規定による税理士業務の停止の処分を受けた場合において、その処分に違反して税理士業務を行つたとき。
四　第54条の２第１項の規定による命令に違反したとき。

◆　業務制限違反、業務停止違反、業務停止処分違反

税理士法は、税理士に対して、一定の場合に税理士業務を行うことを制限している

が、この制限に違反した者は、１年以下の懲役又は100万円以下の罰則に処せられる。

平成13年の改正で、①罰金額の上限が20万円から100万円に引き上げられるとともに、②税理士法人制度の創設に伴い税理士法人の違反行為等についての処分が規定され、この処分に違反した場合が追加された。

(1) 業務制限違反

法42条の規定（国税又は地方税に関する行政事務に従事していた国又は地方公共団体の公務員で税理士となったものは、離職後１年間はその離職前１年内に占めていた職の所掌に属すべき事件について税理士業務を行ってはならない。ただし、国税庁長官の承認を受けた者については、この限りではない。）に違反した者

(2) 業務停止違反

法43条の規定（税理士は、懲戒処分により、弁護士、外国法事務弁護士、公認会計士、弁理士、司法書士、行政書士若しくは社会保険労務士の業務を停止された場合又は不動産鑑定士が不動産の鑑定評価に関する法律５条に規定する鑑定評価等業務を行うことを禁止された場合においては、その処分を受けている間、税理士業務を行ってはならない。税理士が報酬のある公職に就き、その職にある間においても、また同様とする。）に違反した者

(3) 業務停止処分違反

法45条（脱税相談等をした場合の懲戒）若しくは46条（一般の懲戒）又は48条の20第１項（違法行為等についての処分）の規定による税理士業務の停止処分を受けた場合において、その処分に違反して税理士業務を行った者（通知弁護士等を含む。）

(4) 税理士でない者が税務相談を行った場合の命令違反

法54条の２（税理士等でない者が税務相談を行つた場合の命令等）の規定による命令等に違反した者

第61条

次の各号のいずれかに該当する場合には、その違反行為をした者は、100万円以下の罰金に処する。

一　第53条第１項の規定に違反したとき。

二　第53条第２項の規定に違反したとき。

三　第53条第３項の規定に違反したとき。

◆ 名称の使用制限違反

法53条1項において「税理士でない者は、税理士若しくは税理士事務所又はこれらに類似する名称を用いてはならない」と規定するとともに、同条2項において「税理士法人でない者は、税理士法人又はこれに類似する名称を用いてはならない」と規定し、さらに同条3項において「税理士会及び日本税理士会連合会でない団体は、税理士会若しくは日本税理士会連合会又はこれらに類似する名称を用いてはならない」と規定し、税理士、税理士事務所、税理士法人、税理士会又は日本税理士会連合会の名称の使用を制限している。

これらの規定に違反した者は、100万円以下の罰金に処せられる。

平成13年の改正で、①罰金額の上限が20万円から100万円に引き上げられるとともに、②税理士法人の創設に伴い税理士法人の名称の使用についても制限された（法53条2項）から、税理士法人の名称の使用制限違反が追加された。

第62条

次の各号のいずれかに該当する場合には、その違反行為をした者は、30万円以下の罰金に処する。

一　第48条の19の2第6項（第49条の12第3項において準用する場合を含む。）において準用する会社法第955条第1項の規定に違反して、同項に規定する調査記録簿等に同項に規定する電子公告調査に関し法務省令で定めるものを記載せず、若しくは記録せず、若しくは虚偽の記載若しくは記録をし、又は当該調査記録簿等を保存しなかつたとき。

二　第49条の19第1項又は第55条第1項から第3項までの規定による報告、質問又は検査について、報告をせず、若しくは虚偽の報告をし、質問に答弁せず、若しくは虚偽の答弁をし、又は検査を拒み、妨げ、若しくは忌避したとき。

◆ 監督を受けることに関する罰則

電子公告制度の導入のための商法等の一部を改正する法律（平成16年法律第87号）により、電子公告制度が導入されたことに伴い、税理士会が合併する場合についても電子公告に関する旧商法の規定が適用され、旧商法に準じて電子公告の調査機関に対する罰則が設けられた。その後、会社法が制定され、旧商法の規定が会社法に規定された。この結果、法48条の19の2第6項（法49条の12第3項において準用する場合を含む。）

において準用する会社法955条1項の規定に違反して、同項に規定する調査記録簿等に同項に規定する電子公告調査に関し法務省令で定めるものを記載せず、若しくは記録せず、若しくは虚偽の記載若しくは記録をし、又は当該調査記録簿等を保存しなかった者は、30万円以下の罰金に処せられる。

　また、法49条の19第1項は、「財務大臣は、税理士会又は日本税理士会連合会の適正な運営を確保するため必要があるときは、これらの団体から報告を徴し、その行う業務について勧告し、又は当該職員をしてこれらの団体の業務の状況若しくは帳簿書類その他の物件を検査させることができる」とし、法55条1項は、「国税庁長官は、税理士業務の適正な運営を確保するため必要があるときは、税理士又は税理士法人から報告を徴し、又は当該職員をして税理士又は税理士法人に質問し、若しくはその業務に関する帳簿書類を検査させることができる」、法55条2項は、「国税庁長官は、法48条1項の規定による決定のため必要があるときは、税理士であった者から報告を徴し、又は当該職員をして税理士であった者に質問し、若しくはその業務に関する帳簿書類を検査させることができる」とそれぞれ規定している。

　第55条3項は、「国税庁長官は、前条第1項（税理士でない者が税務相談を行った場合の命令等）の規定による命令をすべきか否かを調査する必要があると認めるときは、同項の税務相談を行った者から報告を徴し、又は当該職員をしてその者に質問し、若しくはその業務に関する帳簿書類を検査させることができる」とそれぞれ規定している。

　これらの規定による報告、質問又は検査について、報告をせず、若しくは虚偽の報告をし、質問に答弁せず、若しくは虚偽の答弁をし、又は検査を拒み、妨げ、若しくは忌避した者（通知弁護士等を含む。）は、30万円以下の罰金に処せられる。

　平成13年の改正で、罰金額の上限が5万円から30万円に引き上げられた。

第63条

　法人の代表者又は法人若しくは人の代理人、使用人その他の従業者が、その法人又は人の業務に関し、第58条、第59条第1項第2号（第48条の16において準用する第37条の2に係る部分に限る。）若しくは第4号、第60条第3号（第48条の20第1項に係る部分に限る。）若しくは第4号、第61条又は前条第1号若しくは第2号（第49条の19第1項並びに第55条第1項（税理士法人に係る部分に限る。）及び第3項に係る部分に限る。）の違反行為をしたときは、その行為者を罰するほか、その法人又は人に対し、各本条の罰金刑を科する。

◆ 両罰規定

　法人の代表者又は法人若しくは人の代理人、使用人その他の従業者が、その法人又は人の業務に関し、法58条、同59条1項2号（法48の16において準用する法37の2に係る部分に限る。）若しくは4号、同60条3号（法48の20・1項に係る部分に限る。）、法61条又は同62条の違反行為をしたときは、その行為者を罰するほか、その法人又は人に対し、各本条の罰金刑が科せられる。

　これは、いわゆる両罰規定といわれるもので、事業主である法人又は個人の業務に関し、その法人の代表者又は法人若しくは個人の代理人、使用人その他の従業者が、法58条（脱税相談等の禁止違反）、法59条1項2号（法48の16において準用する法37の2に係る部分に限る。）若しくは同項4号（税理士業務の制限違反・にせ税理士行為）、法60条3号（税理士法人に対する業務停止処分違反）、法61条（税理士、税理士事務所、税理士法人、税理士会又は日本税理士会連合会の名称制限違反）又は法62条（監督を受けることに関する罰則）に該当する行為をした場合に、その行為者を罰するほか、事業主である法人又は個人に対してもそれぞれに規定する罰金刑を科するものである。

　平成13年の改正では、①法58条（脱税相談等の禁止違反）、②法60条3号（税理士法人に対する業務停止処分違反）、③法61条1号及び2号（税理士、税理士事務所又は税理士法人の名称制度違反）に該当する行為が追加されたほか、④旧法64条に規定されていた「ただし、法人又は人の代理人、使用人その他の従業者の当該違反行為を防止するため当該業務に関し相当の注意及び監督が尽くされたことの証明があつたときは、その法人又は人については、この限りでない」という免責規定が削除された。この削除については、規定がなくても当然に免責されるという解釈が現在確立していることによる。

　また、平成26年の改正では、法59条1項2号(非税理士に対する名義貸し禁止違反)に該当する行為が追加され、令和4年の法改正では、法64条二号（監督を受けることに関する罰則）に該当する行為のうち税理士であった者に係る部分が追加され、令和5年の法改正では、60条四号(税理士等でない者が税務相談を行った場合の命令違反)に該当する行為が追加された。

第64条

次の各号のいずれかに該当する者は、100万円以下の過料に処する。

一　第48条の19の２第６項（第49条の12第３項において準用する場合を含む。次号において同じ。）において準用する会社法第946条第３項の規定に違反して、報告をせず、又は虚偽の報告をした者

二　正当な理由がないのに、第48条の19の２第６項において準用する会社法第951条第２項各号又は第955条第２項各号に掲げる請求を拒んだ者

第65条

　次の各号のいずれかに該当する場合には、税理士法人の社員若しくは清算人又は税理士会若しくは日本税理士会連合会の役員は、30万円以下の過料に処する。

一　この法律に基づく政令の規定に違反して登記をすることを怠つたとき。

二　第48条の19の２第２項又は第５項の規定に違反して合併をしたとき。

三　第48条の19の２第６項（第49条の12第３項において準用する場合を含む。）において準用する会社法第941条の規定に違反して同条の調査を求めなかつたとき。

四　定款又は第48条の21第１項において準用する会社法第615条第１項の会計帳簿若しくは第48条の21第１項において準用する同法第617条第１項若しくは第２項の貸借対照表に記載し、若しくは記録すべき事項を記載せず、若しくは記録せず、又は虚偽の記載若しくは記録をしたとき。

五　第48条の21第２項において準用する会社法第656条第１項の規定に違反して破産手続開始の申立てを怠つたとき。

六　第48条の21第２項において準用する会社法第664条の規定に違反して財産を分配したとき。

七　第48条の21第２項において準用する会社法第670条第２項又は第５項の規定に違反して財産を処分したとき。

◆　社員等の登記義務違反等に対する過料

　税理士法人、税理士会及び日本税理士会連合会に対して、登記義務を課すほか、会社法等の規定を準用しているが、これらの規定に違反等があった場合には、過料に処せられる。これは、税理士法人制度が創設されたことや他の士業法等とのバランスなどを踏まえ、平成13年の改正で創設されたもので、これらの過料は、弁護士法、公認会計士法及び弁理士法においても設けられている。

　具体的には、次に該当する場合である。

⑴　次のいずれかに該当する者は100万円以下の過料に処せられる。

　①　法48条の19の２第６項（法49条の12第３項において準用する場合を含む。②において同じ。）において準用する会社法946条３項の規定に違反して、電子公告調査機関が法務大臣に対して、報告をせず、又は虚偽の報告をした者

　②　正当な理由がないのに、法48条の19の２第６項において準用する会社法951条２項各号又は955条２項各号に掲げる電子公告調査委託者等の請求を拒んだ者

⑵　次のいずれかに該当する場合には、税理士法人の社員若しくは清算人又は税理士会若しくは日本税理士会連合会の役員は、30万円以下の過料に処せられる。

　①　この法律に基づく政令の規定に違反して組合等登記令による登記をすることを怠ったとき。

　②　法48条の19の２第２項又は５項の規定に違反して合併をしたとき。

　③　法48条の19の２第６項（法49条の12第３項において準用する場合を含む。）において準用する会社法941条の規定に違反して税理士法人又は税理士会が、電子公告調査機関に対して、同条の調査を求めなかったとき。

　④　定款又は法48条の21第１項において準用する会社法615条１項の会計帳簿若しくは法48条の21第１項において準用する会社法617条１項若しくは２項の貸借対照表に記載し、若しくは記録すべき事項を記載せず、若しくは記録せず、又は虚偽の記載若しくは記録をしたとき。

　⑤　法48条の21第２項において準用する会社法656条１項の規定に違反して破産手続開始の申立てを怠ったとき。

　⑥　法48条の21第２項において準用する会社法664条の規定に違反して財産を分配したとき。

　⑦　法48条の21第２項において準用する会社法670条２項又は第５項の規定に違反して財産を処分したとき。

※　法48条の19の２については、184ページ参照。

参 考 資 料

- ・税理士法施行令
- ・税理士法施行規則
- ・税理士法基本通達
- ・税理士等・税理士法人に対する懲戒処分 等の考え方
- ・所属税理士制度（税理士法施行規則第1 条の2）に関するQ＆A
- ・税理士業務処理簿
- ・税理士法人に関する定款モデル
- ・委任状（税理士法第31条の規定に基づく もの）
- ・代理人（復代理人）の選任届出書
- ・過去10年間の税理士登録者数等

税理士法施行令

(昭和26年6月15日政令第216号)

最終改正：令和5年3月31日政令第146号

　内閣は、税理士法（昭和26年法律第237号）に基き、及び同法を実施するため、この政令を制定する。

（税理士業務の対象としない租税）

第1条　税理士法（以下「法」という。）第2条第1項に規定する政令で定める租税は、印紙税、登録免許税、自動車重量税、電源開発促進税、国際観光旅客税、関税、とん税、特別とん税及び狩猟税並びに法定外普通税（同項に規定する法定外普通税をいい、地方税法（昭和25年法律第226号）第1条第2項において準用する同法第4条第3項若しくは第5条第3項の規定又は同法第734条第6項の規定によつて課する普通税を含む。）及び法定外目的税（法第2条第1項に規定する法定外目的税をいい、地方税法第1条第2項において準用する同法第4条第6項若しくは第5条第7項の規定又は同法第735条第2項の規定によつて課する目的税を含む。）とする。

（申告等）

第1条の2　法第2条第1項第1号に規定する政令で定める行為は、租税（前条に規定する租税を除く。）に関する法令又は行政不服審査法（平成26年法律第68号）の規定に基づく届出、報告、申出、申立てその他これらに準ずる行為とする。

（会計に関する事務）

第1条の3　法第3条第1項及び第5条第1項第1号ニに規定する政令で定める会計に関する事務は、貸借対照表勘定及び損益勘定を設けて計理する会計に関する事務（特別の判断を要しない機械的事務を除く。）とする。

（会計検査等に関する行政事務）

第2条　法第5条第1項第1号ロに規定する政令で定める会計検査、金融検査又は会社その他の団体の経理に関する行政事務は、次に掲げるものとする。

　一　会計検査院の職員の行う租税（関税、とん税及び特別とん税を除く。）収入に関する検査事務

　二　地方公共団体の監査委員又はその補助職員の行う租税収入に関する監査事務

　三　法第5条第1項第1号ニに規定する法人の前条に規定する会計に関する事務につき法令の規定に基づいて行う検査事務

　四　財政融資資金の運用に関して行う運用先の監査事務

　五　銀行法（昭和56年法律第59号）その他の法律に基づく検査事務で財務省令で定めるもの

　六　金融商品取引法（昭和23年法律第25号）その他の法律に基づく犯則事件の調査事務で財

　　　　　　◎参考資料

務省令で定めるもの

七　金融機関再建整備法（昭和21年法律第39号）又は企業再建整備法（昭和21年法律第40号）の規定に基づいて行う整備計画書又は最終処理方法書の審査事務

（資金の運用に関する事務）

第３条　法第５条第１項第１号ハに規定する政令で定める貸付けその他資金の運用に関する事務は、資金の貸付け又は有価証券に対する投資に関して行う貸付先又は投資先の業務及び財産に関する帳簿書類の審査事務並びに当該審査事務を含む資金の貸付け又は有価証券に対する投資に関する事務とする。

第４条　削除

（法律上資格を有する者）

第５条　法第５条第１項第１号ヘに規定する政令で定める法律上資格を有する者は、弁理士、司法書士、行政書士、社会保険労務士又は不動産鑑定士とする。

（試験科目の一部の免除の基準）

第６条　法第７条第１項から第３項まで及び第11条第２項に規定する政令で定める基準は、満点の60パーセントとする。

（受験手数料等）

第６条の２　法第９条第１項に規定する政令で定める額は、受験科目の数が一である場合にあつては4,000円、受験科目の数が二以上である場合にあつては4,000円と1,500円に一を超える受験科目の数を乗じて得た額との合計額とする。

２　法第９条第２項に規定する政令で定める額は、8,800円とする。

（税理士会の通知）

第６条の３　税理士会が法第47条第２項の規定により財務大臣に通知するときは、当該税理士会の主たる事務所の所在地を管轄する国税局長を経由してしなければならない。

２　前項の規定は、税理士会が法第48条第２項において準用する法第47条第２項の規定により財務大臣に通知する場合について準用する。

（税理士会の設立）

第７条　税理士が法第49条第１項又は第４項の規定により税理士会を設立しようとするときは、当該設立しようとする税理士会の会員となるべき税理士５人以上が設立委員となり、会則を定め、設立総会の議を経て、法第49条の２第１項の規定による認可の申請書を、国税庁長官を経由して、財務大臣に提出しなければならない。

２　設立委員が設立総会を招集しようとするときは、その日時及び場所並びに会議の目的

となる事項を、会日より2週間前までに、会員となるべき税理士に書面又は電磁的記録（電子的方式、磁気的方式その他人の知覚によつては認識することができない方式で作られる記録であつて、電子計算機による情報処理の用に供されるものをいう。以下同じ。）により通知するとともに、国税庁長官に報告しなければならない。

3　設立総会の議決は、会員となるべき税理士の2分の1以上が出席し、その出席者の3分の2以上の多数によらなければならない。

4　会員となるべき税理士で設立総会に出席することができないものは、あらかじめ会議の目的となる事項について賛否の意見を明らかにした書面又は電磁的記録をもつて出席者に委任して、その議決権を行使することができる。

5　前項の規定により議決権を行使する者は、設立総会に出席したものとみなす。

6　第1項の申請書には、会則並びに会員となるべき税理士の名簿及び設立総会の議事録を添付しなければならない。

（税理士会の会則の変更）
第7条の2　法第49条の2第3項に規定する政令で定める重要な事項は、同条第2項第4号から第11号までに掲げる事項とする。

2　税理士会は、法第49条の2第3項の認可を受けようとするときは、当該認可の申請書を、国税庁長官を経由して、財務大臣に提出しなければならない。

3　前項の申請書には、同項の認可に係る変更前の会則及び当該変更後の会則並びに当該会則の変更に関する総会の議事録を添付しなければならない。

（総会の招集）
第8条　税理士会は、総会を招集しようとするときは、その日時及び場所並びに会議の目的となる事項を、会日より2週間前までに、当該税理士会の会則で定めるところにより、会員（会員である税理士に限る。次条において同じ。）に書面又は電磁的記録により通知しなければならない。

（総会の議事）
第9条　税理士会の総会の議事は、会員の2分の1以上の者が出席し、その出席者の過半数で決するものとし、可否同数のときは、議長の決するところによる。

2　税理士会の総会において会則の変更につき議決する場合においては、前項の規定にかかわらず、会員の2分の1以上の者が出席し、その出席者の3分の2以上の多数によらなければならない。

3　第7条第4項及び第5項の規定は、前2項の議決について準用する。

4　第1項及び第2項に規定する会員は、税理士会が前条の規定により総会の招集の通知をすべき会員とする。

（会員名簿）
第10条　税理士会は、その会員名簿を作成し、常に整備しておかなければならない。

（日本税理士会連合会の設立）
第11条　税理士会が法第49条の13第1項の規定により日本税理士会連合会を設立しようとするときは、会員となるべき税理士会は、会則を定め、設立総会の議を経て、法第49条の15において準用する法第49条の2第1項の規定による認可の申請書を、国税庁長官を経由して、財務大臣に提出しなければならない。
2　第7条第6項の規定は、前項の申請書の提出について準用する。

（日本税理士会連合会の会則の変更）
第11条の2　法第49条の14第2項に規定する政令で定める重要な事項は、同条第1項第1号（法第49条の2第2項第4号、第5号、第8号及び第11号に係る部分に限る。）及び第4号から第6号までに掲げる事項とする。
2　第7条の2第2項及び第3項の規定は、日本税理士会連合会が法第49条の14第2項の認可を受けようとする場合について準用する。

（日本税理士会連合会の総会）
第12条　日本税理士会連合会は、その会則で、総会における会員の議決権を会員たる税理士会の会員である税理士の数に応じたものとすることができる。
2　第8条及び第9条第1項から第3項までの規定は、日本税理士会連合会について準用する。この場合において、前項の規定により会則で会員の議決権についての定めをしているときは、同条第1項及び第2項中「出席者」とあるのは、「出席した会員の議決権」と読み替えるものとする。

（資格審査会の組織及び運営）
第12条の2　資格審査会の委員には、税理士、国税の行政事務に従事する職員、地方税の行政事務に従事する職員及び学識経験者各1人を充てなければならない。
2　資格審査会の会長は、法第49条の16第5項の承認を受けようとするときは、当該承認の申請書を、国税庁長官を経由して、財務大臣に提出しなければならない。
3　資格審査会の会長は、資格審査会の委員に欠員が生じたときは、遅滞なくその欠員を補充しなければならない。
4　資格審査会の委員は、再任されることができる。
5　資格審査会の会長は、会務を総理する。
6　資格審査会は、委員の過半数の出席がなければ、会議を開き、議決をすることができない。
7　資格審査会の議事は、出席委員の過半数で決し、可否同数のときは、会長の決するところによる。

8　前各項に規定するもののほか、資格審査会の組織及び運営に関し必要な事項は、日本税理士会連合会の会則で定める。

（税理士会の報告）
第13条　税理士会が法第49条の9の規定により財務大臣に報告するときは、当該税理士会の主たる事務所の所在地を管轄する国税局長を経由してしなければならない。

（臨時の税務書類の作成等を許可する役職員の属する法人その他の団体）
第14条　法第50条第1項ただし書に規定する政令で定める法人その他の団体は、農業協同組合、漁業協同組合、事業協同組合及び商工会とする。

（行政書士が税務書類の作成を行うことができる租税）
第14条の2　法第51条の2に規定する政令で定める租税は、石油ガス税、不動産取得税、道府県たばこ税（都たばこ税を含む。）、市町村たばこ税（特別区たばこ税を含む。）、特別土地保有税及び入湯税とする。

（当該職員の証票携帯）
第15条　次の各号の当該職員は、当該各号に掲げる場合には、その身分を示す証票を携帯し、関係人の請求があつたときは、これを提示しなければならない。
　一　法第49条の19第1項の規定により当該職員が税理士会又は日本税理士会連合会の業務の状況又は帳簿書類（その作成又は保存に代えて電磁的記録の作成又は保存がされている場合における当該電磁的記録を含む。次号において同じ。）その他の物件を検査する場合
　二　法第55条第1項から第3項までの規定により当該職員が税理士若しくは税理士法人、税理士であつた者又は法第54条の2第1項の税務相談を行つた者に質問し、又はその業務に関する帳簿書類を検査する場合
　三　法第56条の規定により当該職員が同条の職務を執行する場合

　　　附　　則（略）

税理士法施行規則

（昭和26年6月15日大蔵省令第55号）

最終改正：令和5年3月31日財務省令第20号

　税理士法に基き、同法を実施するため、並びに印紙をもつてする歳入金納付に関する法律（昭和23年法律第142号）第1条但書及び税理士法施行令附則第7項の規定に基き、税理士法施行規則を次のように定める。

　　　第1章　総則

（申告書等）
第1条　税理士法（昭和26年法律第237号。以下「法」という。）第2条第1項第2号に規定する財務省令で定める書類（その作成に代えて電磁的記録（電子的方式、磁気的方式その他人の知覚によつては認識することができない方式で作られる記録であつて、電子計算機による情報処理の用に供されるものをいう。第22条の5を除き、以下同じ。）を作成する場合における当該電磁的記録を含む。以下同じ。）は、届出書、報告書、申出書、申立書、計算書、明細書その他これらに準ずる書類とする。

（所属税理士の業務）
第1条の2　法第2条第3項の規定により税理士又は税理士法人の補助者として従事する同項に規定する業務については、第8条第2号ロに規定する所属税理士（以下この条において「所属税理士」という。）が行うものとする。
2　所属税理士が他人の求めに応じ自ら委嘱を受けて法第2条第1項又は第2項の業務に従事しようとする場合には、その都度、あらかじめ、その使用者である税理士又は税理士法人の書面による承諾を得なければならない。
3　前項の承諾を得た所属税理士は、次の各号に掲げる事項を記載した書面に同項の承諾を得たことを証する書面の写しを添付した上、これを委嘱者に対して交付し、当該事項につき説明しなければならない。
　一　所属税理士である旨
　二　その勤務する税理士事務所の名称及び所在地又はその所属する税理士法人の名称及

び勤務する事務所（当該事務所が従たる事務所である場合には、主たる事務所及び当該従たる事務所）の所在地

　三　その使用者である税理士又は税理士法人の承諾を得ている旨

　四　自らの責任において委嘱を受けて前項に規定する業務に従事する旨

4　前項の書面の交付に当たつては、所属税理士は、当該書面に署名しなければならない。

5　所属税理士は、第3項の規定により説明を行つた場合には、その旨を記載した書面に同項の委嘱者の署名を得なければならない。

6　所属税理士は、前項の署名を得た書面の写しをその使用者である税理士又は税理士法人に提出しなければならない。

7　所属税理士は、第2項の承諾を得て自ら委嘱を受けた同項に規定する業務が終了したとき又は同項の承諾を得たにもかかわらず委嘱を受けるに至らなかつたときは、速やかに、その使用者である税理士又は税理士法人にその旨を報告しなければならない。

（税法に関する研修）

第1条の3　法第3条第3項に規定する財務省令で定める税法に関する研修は、税法に属する科目（法第6条第1号に規定する税法に属する科目をいう。第2条の5第1項において同じ。）について、法第7条第1項に規定する成績を得た者が有する学識と同程度のものを習得することができるものとして国税審議会が指定する研修とする。

2　国税審議会は、前項に規定する研修を指定したときは、その旨を、相当と認める期間、インターネットに接続された自動公衆送信装置（著作権法（昭和45年法律第48号）第2条第1項第9号の5イに規定する自動公衆送信装置をいう。以下同じ。）に記録する方法により不特定多数の者が閲覧することができる状態に置く措置をとるとともに、官報をもつて公告しなければならない。これを解除したときも、同様とする。

第1章の2　税理士試験

（検査事務等）

第2条　税理士法施行令（昭和26年政令第216号。以下「令」という。）第2条第5号に規定する財務省令で定める検査事務は、次に掲げるものとする。

　一　金融庁組織規則（平成10年総理府令第81号）第5条第1項又は第9条に規定する金融証券検査官の行う検査事務

　二　財務省組織規則（平成13年財務省令第1号）第232条第1項に規定する金融証券検査官の行う検査事務

　三　金融庁組織規則第23条第1項に規定する証券検査官の行う検査事務

　四　財務省組織規則第191条第1項に規定する証券検査官の行う検査事務

2　令第2条第6号に規定する財務省令で定める犯則事件の調査事務は、次に掲げるものとする。

　一　金融庁組織規則第23条第1項に規定する証券取引特別調査官の行う犯則事件の調査

事務

　　二　財務省組織規則第193条第１項に規定する証券取引特別調査官の行う犯則事件の調査
　　　事務

（大学等と同等以上の学校）

第２条の２　法第５条第１項第２号に規定する財務省令で定める学校は、学校教育法（昭和
　　22年法律第26号）の規定による大学、専修学校（同法第132条に規定する専門課程に限る。）及び昭
　　和28年文部省告示第５号（大学院及び大学の専攻科の入学に関し大学を卒業した者と同等以上の学力
　　があると認められる者を文部科学大臣が定める件）第５号から第９号までに規定する大学校とす
　　る。

（受験資格の認定の申請）

第２条の３　税理士試験（法第６条第１号に定める科目の試験に限る。）の受験資格について法第
　　５条第１項第５号又は第３項に規定する国税審議会の認定を受けようとする者は、別紙
　　第１号様式による税理士試験受験資格認定申請書に、次の各号に掲げる場合の区分に応
　　じ当該各号に定める書類を添付し、国税審議会会長に提出しなければならない。

　　一　法第５条第１項第５号の認定を受けようとする場合　学歴又は職歴を証する書面

　　二　法第５条第３項の認定を受けようとする場合　事務又は業務の内容を証する書面

２　前項の申請書の提出があつた場合において、国税審議会が法第５条第１項第５号若し
　　くは第３項の認定をしたとき、又はその認定をしなかつたときは、国税審議会会長は、
　　その旨を当該申請者に通知しなければならない。

（受験願書）

第２条の４　税理士試験を受けようとする者は、別紙第２号様式による税理士試験受験願
　　書に次に掲げる書類（会計学に属する科目（法第６条第２号に規定する会計学に属する科目をいう。
　　次条第２項第３号及び第２条の８において同じ。）の試験のみを受けようとする者にあつては、第１号及
　　び第２号に掲げる書類）を添付し、税理士試験受験願書の受付期間内に、当該税理士試験を
　　受けようとする場所を管轄する国税局長を経由して、これを国税審議会会長に提出しな
　　ければならない。

　　一　税理士試験受験申込書

　　二　受験票及び写真票

　　三　受験資格を有することを証する書面

２　法第７条の規定により試験科目のうちの一部の科目につき試験の免除を申請しようと
　　する者は、当該試験の免除を受ける科目を前項第１号の税理士試験受験申込書に記載し
　　なければならない。

３　前項に規定する者のうち法第７条第２項又は第３項に規定する国税審議会の認定を受
　　けようとするものは、次の各号に掲げる書類を添付した別紙第３号様式による研究認定
　　申請書を第１項の税理士試験受験願書に添付しなければならない。

一　修士の学位又は次条第３項に定める学位（以下「修士の学位等」という。）を授与された
　　ことを証する書面
　二　成績証明書
　三　修士の学位等取得に係る学位論文の写し
　四　別紙第４号様式による指導教授の証明書
　五　前各号に掲げる書類のほか国税審議会が必要があると認めたもの
4　法第８条の規定により試験科目のうちの一部の科目につき試験の免除を申請しようと
　する者は、当該試験の免除を受ける科目を第１項第１号の税理士試験受験申込書に記載
　し、その資格を有することを証する書面を同項の税理士試験受験願書に添付しなければ
　ならない。
5　第１項の場合において、国税局長が税理士試験受験願書を受理したときは、当該税理
　士試験受験願書は、同項の規定により国税審議会会長に提出されたものとみなす。

（法第７条第２項等の財務省令で定める科目等）
第２条の５　法第７条第２項に規定する財務省令で定める科目は、次に掲げる科目とする。
　一　租税（関税、とん税及び特別とん税を除く。次号において同じ。）に関する法律（税法に属する
　　科目を除く。）
　二　外国との租税に関する協定を扱う科目
　三　税法に属する科目及び前二号に掲げる科目に類する科目
2　法第７条第３項に規定する財務省令で定める科目は、次に掲げる科目とする。
　一　原価計算論
　二　会計監査論
　三　会計学に属する科目及び前二号に掲げる科目に類する科目
3　法第７条第２項及び第３項に規定する文部科学大臣の定める学位で財務省令で定める
　ものは、学位規則（昭和28年文部省令第９号）第５条の２に定める修士（専門職）の学位又は
　法務博士（専門職）の学位とする。

（認定基準の公告等）
第２条の６　国税審議会は、法第７条第２項及び第３項に規定する認定についての基準を
　定めたときは、その旨を、相当と認める期間、インターネットに接続された自動公衆送
　信装置に記録する方法により不特定多数の者が閲覧することができる状態に置く措置を
　とるとともに、官報をもつて公告しなければならない。これを解除したときも、同様と
　する。
2　第２条の４第３項に規定する国税審議会の認定を受けようとする者から同項の研究認
　定申請書の提出があつた場合において、国税審議会が当該研究認定申請書を提出した者
　について当該認定をしたとき又は認定をしなかつたときは、国税審議会会長は、その旨
　を当該研究認定申請書を提出した者に通知しなければならない。
3　第２条の４第４項に規定する試験の免除を申請しようとする者から同条第１項の税理

　　　　　◎参考資料

士試験受験願書の提出があつた場合において、国税審議会が当該税理士試験受験願書を提出した者について当該免除をすることを決定し、又は免除しないことを決定したときは、国税審議会会長は、その旨を当該税理士試験受験願書を提出した者に通知しなければならない。

（管理監督的地位等）
第２条の７　法第８条第１項第10号に規定する財務省令で定める職は、次の各号に掲げる官公署の区分に応じ、当該各号に定める国税（関税、とん税及び特別とん税を除く。以下この条において同じ。）又は地方税に関する事務を担当する職とする。
　一　税務署、国税局、国税庁（附属機関を含む。）又は財務省主税局　国税に関する事務を担当する係長以上の職又は国税調査官、国税徴収官その他これらの職に相当する専門的な職（次号において「国税調査官等」という。）
　二　前号に掲げる官公署以外の官公署　国税又は地方税に関する事務を担当する係長以上の職又は国税調査官等に準ずる職で、その職務の複雑、困難及び責任の度が前号に掲げる職に相当するもの

（指定研修の要件）
第２条の８　法第８条第１項第10号に規定する財務省令で定める要件は、次の各号に掲げる要件とする。
　一　官公署がその職員に対し必要な職務上の訓練として行う研修であること。
　二　会計学に属する科目を必修とする研修であること。
　三　会計学に属する科目について、高度の研修を行うものであること。
　四　前号に規定する研修の内容を習得するのに必要かつ十分な研修時間が確保されていること。
　五　会計学に属する科目に係る研修の効果を測定するために試験が行われ、その試験に合格することが研修の修了要件とされていること。

（指定研修の公告等）
第２条の９　国税審議会は、法第８条第１項第10号に規定する研修を指定したときは、その旨を、相当と認める期間、インターネットに接続された自動公衆送信装置に記録する方法により不特定多数の者が閲覧することができる状態に置く措置をとるとともに、官報をもつて公告しなければならない。これを解除したときも、同様とする。
２　国税審議会は、前項に規定する研修が前条に規定する要件を満たしているかどうかについて、１年に１回以上検証するものとする。

（試験免除の申請等）
第３条　法第７条又は第８条の規定により法第６条に定める試験科目の全部につき試験の免除を受けようとする者（次項に規定する者を除く。）は、別紙第５号様式による税理士試験

免除申請書を国税審議会会長に提出しなければならない。この場合において、法第8条の規定の適用を受けようとするときは、当該税理士試験免除申請書にその資格を有することを証する書面を添付しなければならない。

2　法第7条第2項又は第3項に規定する国税審議会の認定を受けることにより前項に規定する試験科目の全部につき試験の免除を受けることができることとなる者で、当該認定及び当該免除を受けようとするものは、別紙第6号様式による研究認定申請書兼税理士試験免除申請書に次に掲げる書類を添付し、国税審議会会長に提出しなければならない。

一　第2条の4第3項各号に掲げる書類

二　法第8条の規定の適用を受けようとするときは、その資格を有することを証する書面

3　第1項の申請書の提出があつた場合において、国税審議会が当該申請書を提出した者について試験科目の全部につき試験を免除することを決定し、又は免除しないことを決定したときは、国税審議会会長は、その旨を当該申請書を提出した者に通知しなければならない。

4　第2項の申請書の提出があつた場合において、国税審議会が当該申請書を提出した者について法第7条第2項又は第3項に規定する認定をしたとき若しくは認定をしなかつたとき又は試験科目の全部につき試験を免除することを決定し、若しくは免除しないことを決定したときは、国税審議会会長は、その旨を当該申請書を提出した者に通知しなければならない。

(受験手数料等)

第4条　法第9条第1項の受験手数料又は同条第2項の認定手数料は、それぞれ第2条の4第1項の税理士試験受験願書又は同条第3項の研究認定申請書若しくは前条第2項の研究認定申請書兼税理士試験免除申請書に収入印紙を貼つて納付しなければならない。

(試験実施地)

第5条　税理士試験は、北海道、宮城県、埼玉県、東京都、石川県、愛知県、大阪府、広島県、香川県、福岡県、熊本県、沖縄県及び国税審議会の指定するその他の場所において行う。

(試験実施の日時及び場所等の公告)

第6条　国税審議会会長は、税理士試験実施の日時及び場所並びに税理士試験受験願書の受付期間その他税理士試験の受験に関し必要な事項を、相当と認める期間、インターネットに接続された自動公衆送信装置に記録する方法により不特定多数の者が閲覧することができる状態に置く措置をとるとともに、官報をもつて公告しなければならない。

2　前項の規定による公告は、税理士試験実施の初日の2月前までに開始しなければならない。

（試験合格者の公告）

第7条　国税審議会会長は、税理士試験に合格した者の受験番号を、相当と認める期間、インターネットに接続された自動公衆送信装置に記録する方法により不特定多数の者が閲覧することができる状態に置く措置をとるとともに、官報をもつて公告しなければならない。

第2章　登録

（登録事項）

第8条　法第18条に規定する財務省令で定めるところにより登録を受けなければならない事項は、次に掲げる事項とする。

一　氏名、生年月日、本籍及び住所並びに法第3条第1項各号の区分による資格及びその資格の取得年月日

二　次のイからハまでに掲げる場合の区分に応じ、それぞれイからハまでに定める事項

イ　税理士法人の社員となる場合　その所属する税理士法人又は設立しようとする税理士法人の名称及び執務する事務所（当該事務所が従たる事務所である場合には、主たる事務所及び当該従たる事務所）の所在地

ロ　法第2条第3項の規定により税理士又は税理士法人の補助者として当該税理士の税理士事務所に勤務し、又は当該税理士法人に所属し、同項に規定する業務に従事する者（第16条及び第18条において「所属税理士」という。）となる場合　その勤務する税理士事務所の名称及び所在地又はその所属する税理士法人の名称及び勤務する事務所（当該事務所が従たる事務所である場合には、主たる事務所及び当該従たる事務所）の所在地

ハ　イ及びロに掲げる場合以外の場合　設けようとする税理士事務所の名称及び所在地

三　国税又は地方税に関する行政事務に従事していた者については、当該事務に従事しなくなつた日前5年間に従事した職名及びその期間

（税理士名簿）

第9条　税理士名簿は、日本税理士会連合会の定める様式による。

2　日本税理士会連合会は、法第19条第3項の規定により税理士名簿を電磁的記録をもつて作成する場合には、電子計算機（電子計算機による方法に準ずる方法により一定の事項を確実に記録しておくことができる機器を含む。第19条及び第22条第3項において同じ。）の操作によるものとする。

（変更の登録の申請）

第10条　法第20条の規定により変更の登録を申請する者は、変更の内容及び理由、変更の生じた年月日その他参考となるべき事項を記載した変更登録申請書を、所属税理士会を経由して、日本税理士会連合会に提出しなければならない。

（登録の申請）

第11条　法第21条第１項に規定する財務省令で定める事項は、第８条に規定する事項、法第21条第１項に規定する者の学歴及び職歴、当該者が法第４条各号及び第24条各号のいずれにも該当しない旨その他参考となるべき事項とする。

2　法第21条第１項の登録申請書（次項及び次条において「登録申請書」という。）には、次に掲げるもの（第２条の４第１項の税理士試験受験願書又は第３条第１項若しくは第２項の申請書の提出の時から氏名又は本籍に変更があつた者以外の者にあつては、第３号に掲げるものを除く。）を添付しなければならない。

一　申請者の写真

二　履歴書

三　戸籍抄本

四　住民票の写し

五　申請者が破産手続開始の決定を受けて復権を得ない者及び民法の一部を改正する法律の施行に伴う関係法律の整備等に関する法律（平成11年法律第151号）附則第３条の規定によりなお従前の例によることとされる準禁治産者でない旨の官公署の証明書（当該官公署の証明書を取得することができない者にあつては、これに代わる書面）

六　申請者が法第４条第３号から第11号まで及び第24条各号のいずれにも該当しないことを誓約する書面

七　前各号に掲げるもののほか、日本税理士会連合会が必要があると認めたもの

3　登録申請書は、日本税理士会連合会の定める様式による。

4　法第21条第１項に規定する財務省令で定める税理士会は、法第18条の規定による登録を受けようとする者がその登録を受けようとする税理士事務所又は税理士法人の事務所の所在地を含む区域に設立されている税理士会とする。

（登録の申請等に関する手続）

第11条の2　前条第４項に規定する税理士会及び日本税理士会連合会は、登録申請書（第10条の変更登録申請書を含む。）の提出があつたとき又は法第20条の規定により変更の登録が必要であるにもかかわらずその申請がないと認めるときは、その申請者又はその変更の登録を申請すべきと認める者に対して、事務所の名称及び所在地その他の登録事項に関し必要な指導又は助言を行うことができる。

（税理士証票）

第12条　税理士証票は、別紙第７号様式により、淡青色とする。

（報酬のある公職）

第12条の2　法第24条第２号に規定する財務省令で定める公職は、国税又は地方税の賦課又は徴収に関する事務に従事する職以外の公職であつて、国家公務員法（昭和22年法律第120号）その他の法令（条例を含む。）又はその公職の服務に関する規範により法第２条第２項

に規定する税理士業務（第19条及び第26条第1項において「税理士業務」という。）との兼業が制限されていないものとする。

（税理士証票返還等の手続）
第13条　税理士は、税理士証票を亡失し、又は損壊したときは、当該亡失又は損壊した税理士証票の番号、当該亡失又は損壊した年月日及び場所その他参考となるべき事項を記載した書面を当該税理士の所属税理士会を経由して、日本税理士会連合会に提出しなければならない。この場合において、税理士証票が損壊したため当該書面を提出するときは、当該損壊した税理士証票を当該書面に添付して返還しなければならない。

2　法第28条第1項の規定により税理士証票を返還しようとする者は、当該税理士証票の交付を受けていた税理士の所属税理士会又は所属していた税理士会を経由して、日本税理士会連合会に返還しなければならない。

3　法第28条第2項の規定により税理士証票の再交付を申請する税理士及び税理士証票を亡失し、又は損壊したためその再交付を申請する税理士は、再交付申請書を、当該税理士の所属税理士会を経由して、日本税理士会連合会に提出しなければならない。

4　税理士は、その所属税理士会及び日本税理士会連合会の会則で定めるところにより、定期的に税理士証票の交換をしなければならない。

5　日本税理士会連合会は、必要があると認めたときは、税理士に交付をしている税理士証票を他の税理士証票に差し替えることができる。

（登録の取消しに関する届出）
第13条の2　税理士の登録を受けた者が法第25条第1項各号のいずれかに該当することとなつたときは、その者、その法定代理人又はその同居の親族は、遅滞なく、その旨を日本税理士会連合会に届け出なければならない。

2　前項の規定により届け出ようとする者は、その届出書を、同項の税理士の登録を受けた者の所属税理士会又は所属していた税理士会を経由して、日本税理士会連合会に提出しなければならない。

（登録のまつ消に関する届出）
第14条　法第26条第2項の規定により税理士が同条第1項第1号、第2号又は第4号のいずれかに該当することとなつた旨を届け出ようとする者は、その届出書を、当該該当することとなつた税理士が所属していた税理士会を経由して、日本税理士会連合会に提出しなければならない。

（税理士名簿の登録等の通知）
第14条の2　日本税理士会連合会は、税理士名簿に登録したとき又は当該登録した事項を変更したとき若しくは当該登録をまつ消したときは、遅滞なく、その旨を国税庁長官に通知しなければならない。

（登録抹消の制限に係る懲戒の手続の開始時期等）

第14条の3　法第47条の2に規定する税理士が懲戒の手続に付された場合とは、税理士に対し、懲戒処分に係る聴聞又は弁明の機会の付与について行政手続法（平成5年法律第88号）第15条第1項又は第30条に規定する通知をした場合をいう。

2　財務大臣は、税理士に対して前項に規定する通知を発した場合には、その旨を日本税理士会連合会に通知しなければならない。

（日本税理士会連合会への通知）

第14条の4　財務大臣は、税理士であつた者に対して、法第48条第1項の規定による決定に係る聴聞又は弁明の機会の付与について行政手続法第15条第1項又は第30条に規定する通知を発した場合には、その旨を日本税理士会連合会に通知しなければならない。

第3章　雑則

（税務代理権限証書）

第15条　法第30条（法第48条の16において準用する場合を含む。）に規定する財務省令で定めるところにより提出しなければならない税務代理の権限を有することを証する書面は、別紙第8号様式による税務代理権限証書とする。

（税務書類等への付記）

第16条　法第33条第3項に規定する財務省令で定める事項は、次の各号に掲げる場合の区分に応じ、それぞれ当該各号に定める事項とする。

一　税理士法人の社員が署名する場合　その所属する税理士法人の名称

二　所属税理士が署名する場合　その勤務する税理士事務所の名称又はその所属する税理士法人の名称

2　法第33条の2第3項に規定する財務省令で定める事項は、同項に規定する書面を作成した税理士又は税理士法人の前条の税務代理権限証書の提出の有無とする。

3　所属税理士が他人の求めに応じ自ら委嘱を受けて法第2条第1項又は第2項の業務に従事する場合には、第1項第2号に定める事項に加え、直接受任（自らの責任において委嘱を受けて当該業務に従事することをいう。）である旨を付記するものとする。

（計算事項、審査事項等を記載した書面）

第17条　法第33条の2第1項又は第2項に規定する財務省令で定めるところにより記載した書面は、別紙第9号様式又は別紙第10号様式により記載した書面とする。

（調査の通知）

第17条の2　法第34条第2項（法第48条の16において準用する場合を含む。以下この項において同じ。）に規定する財務省令で定める場合は、第15条の税務代理権限証書に、法第34条第2項に

規定する申告書を提出した者への調査の通知は同項の税理士に対してすれば足りる旨の記載がある場合とする。

2　法第34条第3項（法第48条の16において準用する場合を含む。以下この項において同じ。）に規定する財務省令で定める場合は、第15条の税務代理権限証書に、当該税務代理権限証書を提出する者を法第34条第3項の代表する税理士として定めた旨の記載がある場合とする。

（事務所を設けてはならない者）
第18条　法第40条第1項に規定する財務省令で定める者は、所属税理士とする。

（税理士業務に関する帳簿の電磁的記録による作成方法）
第19条　税理士又は税理士法人は、法第41条第3項（法第48条の16において準用する場合を含む。）の規定により税理士業務に関する帳簿を電磁的記録をもつて作成する場合には、電子計算機の操作によるものとする。

（業務制限に関する承認申請）
第20条　法第42条ただし書の規定による国税庁長官の承認を受けようとする者は、その旨並びにその者が離職前1年内に占めていた職の所掌に属する事務及び離職の事由を記載した申請書を、その者が登録を受けた税理士事務所又は税理士法人の事務所の所在地を管轄する税務署長を経由して、国税庁長官に提出しなければならない。

（懲戒処分の公告の方法）
第20条の2　法第47条の4に規定する財務省令で定める方法は、財務大臣が、法第45条又は第46条の規定により懲戒処分をした旨を、相当と認める期間、インターネットに接続された自動公衆送信装置に記録する方法とする。

（懲戒処分を受けるべきであつたことについての決定の公告の方法）
第20条の3　前条の規定は、法第48条第3項において準用する法第47条の4に規定する財務省令で定める方法について準用する。

（税理士法人の業務の範囲）
第21条　法第48条の5に規定する財務省令で定める業務は、次に掲げる業務とする。
　一　財務書類の作成、会計帳簿の記帳の代行その他財務に関する事務（他の法律においてその事務を業として行うことが制限されているものを除く。）を業として行う業務
　二　当事者その他関係人の依頼又は官公署の委嘱により、後見人、保佐人、補助人、監督委員その他これらに類する地位に就き、他人の法律行為について、代理、同意若しくは取消しを行う業務又はこれらの業務を行う者を監督する業務
　三　租税に関する教育その他知識の普及及び啓発の業務

（税理士法人の名簿）

第22条　法第48条の10第２項に規定する税理士法人の名簿は、日本税理士会連合会の定める様式による。

2　日本税理士会連合会は、税理士法人の名簿を常に整備しておくとともに、国税庁長官の求めに応じ、これを遅滞なく提出しなければならない。

3　日本税理士会連合会は、法第48条の10第３項の規定により税理士法人の名簿を電磁的記録をもつて作成する場合には、電子計算機の操作によるものとする。

（違法行為等についての処分の公告の方法）

第22条の２　第20条の２の規定は、法第48条の20第２項において準用する法第47条の４に規定する財務省令で定める方法について準用する。

（会計帳簿）

第22条の３　法第48条の21第１項において準用する会社法（平成17年法律第86号）第615条第１項の規定により作成すべき会計帳簿については、この条の定めるところによる。

2　会計帳簿は、書面又は電磁的記録をもつて作成をしなければならない。

3　税理士法人の会計帳簿に計上すべき資産については、この省令に別段の定めがある場合を除き、その取得価額を付さなければならない。ただし、取得価額を付すことが適切でない資産については、事業年度の末日における時価又は適正な価格を付すことができる。

4　償却すべき資産については、事業年度の末日（事業年度の末日以外の日において評価すべき場合にあつては、その日。以下この条において同じ。）において、相当の償却をしなければならない。

5　次の各号に掲げる資産については、事業年度の末日において当該各号に定める価格を付すべき場合には、当該各号に定める価格を付さなければならない。

　一　事業年度の末日における時価がその時の取得原価より著しく低い資産（当該資産の時価がその時の取得原価まで回復すると認められるものを除く。）　事業年度の末日における時価

　二　事業年度の末日において予測することができない減損が生じた資産又は減損損失を認識すべき資産　その時の取得原価から相当の減額をした額

6　取立不能のおそれのある債権については、事業年度の末日においてその時に取り立てることができないと見込まれる額を控除しなければならない。

7　税理士法人の会計帳簿に計上すべき負債については、この省令に別段の定めがある場合を除き、債務額を付さなければならない。ただし、債務額を付すことが適切でない負債については、時価又は適正な価格を付すことができる。

8　のれんは、有償で譲り受け、又は合併により取得した場合に限り、資産又は負債として計上することができる。

9　前各項の用語の解釈及び規定の適用に関しては、一般に公正妥当と認められる会計の基準その他の会計の慣行をしん酌しなければならない。

（貸借対照表）

第22条の4　法第48条の21第1項において準用する会社法第617条第1項及び第2項の規定により作成すべき貸借対照表については、この条の定めるところによる。

2　貸借対照表に係る事項の金額は、1円単位、1,000円単位又は100万円単位をもつて表示するものとする。

3　貸借対照表は、日本語をもつて表示するものとする。ただし、その他の言語をもつて表示することが不当でない場合は、この限りでない。

4　法第48条の21第1項において準用する会社法第617条第1項の規定により作成すべき貸借対照表は、成立の日における会計帳簿に基づき作成しなければならない。

5　法第48条の21第1項において準用する会社法第617条第2項の規定により作成すべき各事業年度に係る貸借対照表は、当該事業年度に係る会計帳簿に基づき作成しなければならない。

6　各事業年度に係る貸借対照表の作成に係る期間は、当該事業年度の前事業年度の末日の翌日（当該事業年度の前事業年度がない場合にあつては、成立の日）から当該事業年度の末日までの期間とする。この場合において、当該期間は、1年（事業年度の末日を変更する場合における変更後の最初の事業年度については、1年6月）を超えることができない。

7　貸借対照表は、次に掲げる部に区分して表示しなければならない。

一　資産
二　負債
三　純資産

8　前項各号に掲げる部は、適当な項目に細分することができる。この場合において、当該各項目については、資産、負債又は純資産を示す適当な名称を付さなければならない。

9　前各項の用語の解釈及び規定の適用に関しては、一般に公正妥当と認められる会計の基準その他の会計の慣行をしん酌しなければならない。

（電磁的記録に記録された事項を表示する方法）

第22条の5　法第48条の21第1項において準用する会社法第618条第1項第2号に規定する財務省令で定める方法は、法第48条の21第1項において準用する会社法第618条第1項第2号の電磁的記録に記録された事項を紙面又は映像面に表示する方法とする。

（財産目録）

第22条の6　法第48条の21第2項において準用する会社法第658条第1項又は第669条第1項若しくは第2項の規定により作成すべき財産目録については、この条の定めるところによる。

2　前項の財産目録に計上すべき財産については、その処分価格を付すことが困難な場合を除き、法第48条の18第1項各号又は第2項に掲げる場合に該当することとなつた日における処分価格を付さなければならない。この場合において、税理士法人の会計帳簿については、財産目録に付された価格を取得価額とみなす。

3　第1項の財産目録は、次に掲げる部に区分して表示しなければならない。この場合において、第1号及び第2号に掲げる部は、その内容を示す適当な名称を付した項目に細分することができる。

　　一　資産
　　二　負債
　　三　正味資産

(清算開始時の貸借対照表)

第22条の7　法第48条の21第2項において準用する会社法第658条第1項又は第669条第1項若しくは第2項の規定により作成すべき貸借対照表については、この条の定めるところによる。

2　前項の貸借対照表は、財産目録に基づき作成しなければならない。

3　第1項の貸借対照表は、次に掲げる部に区分して表示しなければならない。この場合において、第1号及び第2号に掲げる部は、その内容を示す適当な名称を付した項目に細分することができる。

　　一　資産
　　二　負債
　　三　純資産

4　処分価格を付すことが困難な資産がある場合には、第1項の貸借対照表には、当該資産に係る財産評価の方針を注記しなければならない。

(税理士会の分割)

第23条　法第49条第2項に規定する財務省令で定める数は、5,000人とする。

2　法第49条第2項の規定により、国税庁長官に対し、同項に規定する指定区域を定めることを請求する税理士会は、その旨を記載した申請書に、当該請求が総会その他正当な権限を有する機関の議決に基づくものであることを証する書面を添付して、これを当該税理士会の主たる事務所の所在地を管轄する国税局長を経由して、国税庁長官に提出しなければならない。この場合において、当該税理士会の希望する指定区域があるときは、当該希望する指定区域を記載した書面及び当該希望する指定区域内に税理士事務所又は税理士法人の事務所の登録を受けた税理士の3分の2以上が同条第4項の規定により税理士会を設立することに賛成であることを明らかにする書面を、当該申請書に添付して提出するものとする。

3　国税庁長官は、法第49条第3項の規定により、同項に規定する指定区域を定めるにあたつては、次に定めるところによるものとする。

　　一　一の税務署の管轄区域の一部のみが当該指定区域に含まれることとならないこと。
　　二　法第49条第4項の規定により設立することができることとされている税理士会の会員となるべき税理士の数及び同条第5項の規定により設立されたものとされる税理士会の会員となるべき税理士の数のいずれもが、第1項に規定する数のおおむね3分の

　　　　　　◎参考資料

１を下回らないこと。

４　国税庁長官は、税理士会から第２項に規定する申請書の提出があつた場合において、法第49条第３項の規定により同項に規定する指定区域を定めたときは当該指定区域及び同条第４項の規定により税理士会を設立することができる期限を、指定区域を定めないこととしたときはその旨を、当該申請書を提出した税理士会に対し書面により通知しなければならない。

（会員の異動の通知）
第24条　税理士会は、会員である税理士の異動があつたときは、その氏名及び住所並びに入会又は退会の年月日を、当該税理士会の主たる事務所の所在地を管轄する国税局長及び国税庁長官に通知しなければならない。

（貸借対照表等の閲覧期間）
第25条　法第49条の18に規定する財務省令で定める期間は、５年間とする。

（税理士業務を行う弁護士等の通知）
第26条　法第51条第１項又は第３項の規定により税理士業務を行おうとする弁護士、弁護士法人又は弁護士・外国法事務弁護士共同法人は、これらの規定により税理士業務を行う旨を記載した書面を、所属弁護士会を経由して、当該税理士業務を行おうとする区域を管轄する国税局長に提出しなければならない。

２　国税局長は、前項の書面を受理したときは、当該書面を受理したことを証する書面を同項の書面を提出した弁護士、弁護士法人又は弁護士・外国法事務弁護士共同法人に交付しなければならない。

（税理士等でない者が税務相談を行つた場合の命令の公告の方法）
第26条の２　第20条の２の規定は、法第54条の２第２項において準用する法第47条の４に規定する財務省令で定める方法について準用する。

（電子情報処理組織による申請等）
第27条　日本税理士会連合会又は税理士会に対して行うこととされている法又はこの省令に係る申請等（情報通信技術を活用した行政の推進等に関する法律（平成14年法律第151号。以下この条において「情報通信技術活用法」という。）第３条第８号に規定する申請等をいう。以下この条において同じ。）を、情報通信技術活用法第６条の規定に基づき又は準じて、電子情報処理組織を使用する方法により行う場合については、情報通信技術活用法及びこの条の定めるところによる。

２　情報通信技術活用法第６条第１項の規定に基づき又は準じて、電子情報処理組織を使用する方法により行うことができる申請等は、法第20条、第21条第１項、第26条第２項、第28条第２項、第48条の10第１項、第48条の13第２項、第48条の18第３項、第48条の19

第3項若しくは第49条の10の規定又は第13条第1項若しくは第13条の2第1項の規定に基づく申請等とする。

3　情報通信技術活用法第6条第1項に規定する主務省令で定める電子情報処理組織は、日本税理士会連合会又は税理士会の使用に係る電子計算機と申請等をする者の使用に係る電子計算機（次項において「特定電子計算機」という。）とを電気通信回線で接続した電子情報処理組織とする。

4　電子情報処理組織を使用する方法により申請等を行う者は、特定電子計算機から、当該申請等に関する規定において書面等（情報通信技術活用法第3条第5号に規定する書面等をいう。次項において同じ。）に記載すべきこととされている事項を入力して送信することにより、当該申請等を行わなければならない。

5　前項の申請等を行う者は、同項の規定にかかわらず、当該申請等に関する規定に基づき添付すべきこととされている書面等に記載されている事項又は記載すべき事項を併せて入力して送信することをもつて、当該書面等の提出に代えることができる。

6　前各項に定めるもののほか、電子情報処理組織の使用に係る手続に関し必要な事項及び手続の細目については、別に定めるところによる。

　　　附　則（略）

◎参考資料

◆税理士試験受験資格認定申請書（第1号様式）

税理士試験受験資格認定申請書

令和　　年　　月　　日

国税審議会会長　　殿

郵便番号 □□□－□□□□

住　　所＿＿＿＿＿＿＿＿＿＿＿＿＿

（フリガナ）
氏　　名＿＿＿＿＿＿＿＿＿＿＿＿＿

連絡先電話番号（　　）　－

税理士試験受験資格の認定を、下記書類を添えて申請します。

記

学歴若しくは職歴又は事務若しくは業務の内容を証する書面

注意事項
　1　申請書及び添付書類は、法第6条第1号に規定する税法に属する科目の試験の受験資
　　格について国税審議会の認定を受けようとする者が国税審議会会長（国税庁内）に提
　　出すること。
　2　郵送の場合は、書留、簡易書留又は特定記録郵便によること。

◆税理士試験受験願書（第2号様式）

(表　面)

税理士試験受験願書

令和　　年　　月　　日

国税審議会会長　殿

郵便番号
住　所＿＿＿＿＿＿＿＿＿＿＿＿＿＿＿＿＿＿＿＿
（フリガナ）
氏　名＿＿＿＿＿＿＿＿＿＿＿＿＿＿＿＿＿＿＿＿
連絡先電話番号(　　)　　　　―

第　　　回税理士試験を税理士試験受験申込書に記載のとおり受けたいので申し込みます。
添付書類
1　税理士試験受験申込書
2　受験票及び写真票
3　受験資格を有することを証する書面
4　税理士法第7条第2項又は第3項の規定により研究の認定を申請する場合には、税理士法施行規則第2条の4第3項に規定する研究認定申請書
5　税理士法第8条の規定により試験科目のうちの一部の科目につき試験の免除を申請する場合には、その資格を有することを証する書面

収入印紙貼り付け欄
（消印してはならない。）

収入印紙	収入印紙
収入印紙	収入印紙

（ここに貼りきれない場合は、裏面に貼ること。）

受験科目数	科目

受験手数料	円

※　受験科目数欄及び受験手数料欄を記入し、収入印紙の額と必ず照合すること。

1　科　目	4,000円
2　科　目	5,500円
3　科　目	7,000円
4　科　目	8,500円
5　科　目	10,000円

(注)　裏面の注意事項を参照のこと。

◎参考資料

(裏　面)

注意事項

1　受験手数料を納付するため、表面に受験科目数に応じた額の収入印紙を貼ること。不備願書は受理されません。
（表面の「収入印紙貼り付け欄」に貼りきれない場合は、下の余白に貼ること。）
（参考）受験手数料一覧表

受験科目数	受験手数料
1　科　目	4,000円
2　科　目	5,500円
3　科　目	7,000円
4　科　目	8,500円
5　科　目	10,000円

2　添付すべき写真の大きさは、縦45mm×横35mmとすること。
3　受験資格を有することを証する書面は、法第6条第1号に規定する税法に属する科目の試験を受けようとする者が提出すること。
4　願書及び添付書類は、受験地を管轄する国税局長を経由して提出すること。
5　郵送の場合は、書留、簡易書留又は特定記録郵便によること。

◆研究認定申請書（第３号様式）

研 究 認 定 申 請 書

令和　　年　　月　　日

国 税 審 議 会 会 長　　殿

郵便番号
住　　所＿＿＿＿＿＿＿＿＿＿＿＿＿＿＿＿
（フリガナ）
氏　　名＿＿＿＿＿＿＿＿＿＿＿＿＿＿＿＿
連絡先電話番号（　　　　）　　　　－

税理士法施行規則第２条の４第３項の認定を下記により申請します。

記

1	税理士法第11条第２項の規定により通知された科目	一部科目合格通知番号（	）
2	認定を申請する研究内容	税法に属する科目等に関する研究　・	会計学に属する科目等に関する研究

収入印紙貼り付け欄
（ 消印してはならない ）
(注)　8,800円分の収入印紙を貼り付けること。なお、貼りきれない場合は裏面に貼ること。

添付書類
　(1)　修士の学位等を授与されたことを証する書面
　(2)　成績証明書
　(3)　修士の学位等取得に係る学位論文の写し
　(4)　指導教授の証明書
　(5)　そのほか国税審議会が必要があると認めたもの

注意事項
　1　「1」欄には、通知を受けた科目名及び一部科目合格通知番号を記載すること。
　2　「2」欄は、該当する研究を○で囲むこと。

◎参考資料

◆指導教授の証明書（第4号様式）

指 導 教 授 の 証 明 書

令和　　年　　月　　日

国 税 審 議 会 会 長　　殿

　　　　　　　　＿＿＿＿＿＿大学大学院

　　　　　　　　＿＿＿＿＿＿学指導教授＿＿＿＿＿＿＿＿＿＿印

　　別添の学位取得に係る論文については、下記のとおり相違ないことを証明します。

記

作 成 者 名	
作成者が修了した研究科の名称 及び専攻の名称	研究科　　　　　　専攻
学位の名称（ 専攻分野の名称）	（　　　　　　）
論 文 の 題 名	
論 文 の 内 容	税法に属する科目等　　会計学に属する科目等 に関する研究　　　・　に関する研究

注意事項
　「 論文の内容」欄は、該当する研究を○で囲むこと。

◆税理士試験免除申請書（第5号様式）

税 理 士 試 験 免 除 申 請 書

令和　　年　　月　　日

国 税 審 議 会 会 長　　殿

郵便番号
住　　所 _____
(フリ　ガナ)
氏　　名 _____
連絡先電話番号　　（　　　　　）　　　－

税理士試験の科目の全部について下記により試験の免除を申請します。

記

1	税理士法第11条第2項の規定により通知された科目	一部科目合格通知番号　（　　　　　　　　　　　）
2	税理士法施行規則第2条の6第2項の規定により通知された科目	上記以外の　　　　　　　上記以外の 税法に属する科目　　　　会計学に属する科目
3	税理士法施行規則第2条の6第3項の規定により通知された科目	一部科目免除通知番号　（　　　　　　　　　　　）
4	税理士法第8条の規定により受験を免除される科目	

添付書類
　税理士法第8条の規定の適用を受けようとするときは、その資格を有することを証する書面

注意事項
1　「1」から「4」までの各欄は、該当する欄のみ記入すること。
2　「1」欄及び「3」欄には、通知を受けた科目名及び該当する通知番号を記載すること。
　また、「2」欄は、該当する科目を〇で囲むこと。
3　申請書及び添付書類は、国税審議会会長（国税庁内）に提出すること。
4　郵送の場合は書留、簡易書留又は特定記録郵便によること。

◆研究認定申請書兼税理士試験免除申請書 （第6号様式）

研究認定申請書兼税理士試験免除申請書

令和　　年　　月　　日

国税審議会会長　殿

郵便番号
住　　所
(フリガナ)
氏　　名
連絡先電話番号 （　　　　） 　　　　―

　税理士法施行規則第3条第2項の認定及び税理士試験の科目の全部の免除を下記により申請します。

記

1	税理士法第11条第2項の規定により通知された科目	一部科目合格通知番号 （　　　　　　　　　　　）
2	認定を申請する研究内容	税法に属する科目等に関する研究　・　会計学に属する科目等に関する研究
3	税理士法施行規則第2条の6第2項の規定により通知された科目	「1」欄の科目以外の税法に属する科目　・　「1」欄の科目以外の会計学に属する科目
4	税理士法施行規則第2条の6第3項の規定により通知された科目	一部科目免除通知番号 （　　　　　　　　　　　）
5	税理士法第8条の規定により受験を免除される科目	

- - - - - - - 収入印紙はり付け欄 - - - - - - -
（消印してはならない）
（注）　ここにはりきれない場合は、裏面にはること。

添付書類
　⑴　修士の学位等を授与されたことを証する書面
　⑵　成績証明書
　⑶　修士の学位等取得に係る学位論文の写し
　⑷　指導教授の証明書
　⑸　税理士法第8条の規定の適用を受けようとするときは、その資格を有することを証する　　書面
　⑹　そのほか国税審議会が必要があると認めたもの

注意事項
　1　「1」から「5」までの各欄は、該当する欄のみ記入すること。
　2　「1」欄及び「4」欄には、通知を受けた科目名及び該当する通知番号を記載すること。
　　また、「2」欄は該当する研究を○で囲み、「3」欄は該当する科目を○で囲むこと。
　3　申請書及び添付書類は、国税審議会会長（国税庁内）に提出すること。
　4　郵送の場合は書留、簡易書留又は配達記録郵便によること。

◎税理士法施行規則

289

◆税理士証票（第7号様式）

第　　号

税　理　士　証　票

（氏　　名）

年　　月　　日生

（登録番号）

（税理士事務所又は税理士法人の名称）

（税理士事務所又は税理士法人の事務所の所在地）

　上記の者は、　　年　　月　　日税理士の登録（税理士法施行規則第8条第2号　　該当）を受けたことを証明する。

年　　月　　日

日本税理士会連合会　　㊞

◎参考資料

◆税務代理権限証書（第8号様式）

受　付　印	税　務　代　理　権　限　証　書	※整理番号	

		氏名又は名称	
令和　年　月　日 　　　　　　　殿	税理士 又は 税理士法人	事務所の名称 及び所在地	電話(　　)　　－
		所属税理士会等	税理士会　　　　　　支部 登録番号等　第　　　　　号

上記の　税理士　　を代理人と定め、下記の事項について、税理士法第2条第1項第1号に規定する税務代理を委
　　　　税理士法人
任します。　　　　　　　　　　　　　　　　　　　　　　　　　　　令和　年　月　日

過年分に 関　す　る 税務代理	下記の税目に関して調査が行われる場合には、下記の年分等より前の年分等（以下「過年分」と いいます。）についても税務代理を委任します（過年分の税務代理権限証書において上記の代理人に 委任している事項を除きます。）。【委任する場合は□にレ印を記載してください。】	□
調査の通知・ 終了の際の 手続に関する 同　　　意	上記の代理人に税務代理を委任した事項（過年分の税務代理権限証書において委任した事項を含みま す。以下同じ。）に関して調査が行われる場合には、私（当法人）への下表の通知又は説明等は、私（当 法人）に代えて当該代理人に対して行われることに同意します。【同意する場合は□にレ印を記載してく ださい。】	
	調査の通知	□
	調査終了時点において更正決定等をすべきと認められない場合における、その旨の通知	□
	調査の結果、更正決定等をすべきと認められる場合における、調査結果の内容の説明等 （当該説明に併せて修正申告等の勧奨が行われる場合における必要な説明・書面の交付を含む。）	□
代理人が複数 ある場合におけ る代表する 代理人の定め	上記の代理人に税務代理を委任した事項に関しては、当該代理人をその代表する代理人として定 めます。【代表する代理人として定める場合は□にレ印を記載してください。】	□

依　頼　者	氏名又は名称	
	住所又は事務所 の　所　在　地	電話(　　)　　－

1　税務代理の対象に関する事項

税　　目 （該当する税目にレ印を記載してください。）		年　分　等
所得税（復興特別所得税を含む） ※ 申 告 に 係 る も の	□	平成・令和　　　　　　　年分
法　　人　　税 （復興特別法人税・ 地方法人税を含む）	□	自　平成・令和　年　月　日　至　平成・令和　年　月　日
消　費　税　及　び 地方消費税（譲渡割）	□	自　平成・令和　年　月　日　至　平成・令和　年　月　日
所得税（復興特別所得税を含む） ※ 源 泉 徴 収 に 係 る も の	□	自　平成・令和　年　月　日　至　平成・令和　年　月　日 （法 定 納 期 限 到 来 分）
	□	
	□	
	□	

2　税務代理の対象となる書類の受領に関する事項

3　その他の事項

- -

委　任　状

令和　年　月　日
上記の＿＿＿＿＿＿＿＿＿＿＿＿＿＿＿＿＿＿を代理人と定め、＿＿＿＿＿＿＿＿＿＿＿＿＿＿＿＿
＿＿＿＿＿＿＿＿＿＿＿＿＿＿＿＿＿＿＿＿＿＿について、委任します。
　　依頼者：＿＿＿＿＿＿＿＿＿＿＿＿＿＿（住所又は事務所の所在地は、上記税務代理権限証書に記載のとおり）

※事務処理欄	部門		業種		他部門等回付	・　・　（　　）部門

税務代理権限証書の記載要領

1 「税理士又は税理士法人」の「事務所の名称及び所在地」欄には、税理士事務所又は税理士法人の名称及び所在地を記載してください。なお、税理士法人の従たる事務所において実務を担当している場合には、当該従たる事務所の所在地等を記載してください。

2 本文中「 税 理 士 」の文字は、税理士が提出する場合には下段の「税理士法人」を二重線等で抹消し、税理士法人が提出する場合には上段の「税理士」を二重線等で抹消してください。

3 以下に該当する場合は□にレ印を記載してください。
  (1) 「過年分に関する税務代理」欄
     「1 税務代理の対象に関する事項」の「税目」欄に記載した税目に関する調査の際には、「1 税務代理の対象に関する事項」の「年分等」欄に記載した年分等より前の年分等（以下「過年分」といいます。）についても税務代理（税理士法第2条第1項第1号に規定する税務代理をいう。以下同じ。）を委任する場合。
     (注) 過年分の税務代理権限証書において、今回委任する代理人に委任している事項を除きます。
  (2) 「調査の通知・終了の際の手続に関する同意」欄
     今回委任する代理人に税務代理を委任した事項（過年分の税務代理権限証書において委任した事項を含みます。以下同じです。）に関する調査の際に、依頼者への次の①～③の通知又は説明等は、今回委任する代理人に対して行われることに同意する場合。
     ① 調査の通知
     ② 調査終了時点において更正決定等をすべきと認められない場合における、その旨の通知
     ③ 調査の結果、更正決定等をすべきと認められる場合における、調査結果の内容の説明等
     （当該説明に併せて修正申告等の勧奨が行われる場合における必要な説明・書面の交付を含みます。）
  (3) 「代理人が複数ある場合における代表する代理人の定め」欄
     今回委任する代理人に税務代理を委任した事項に関して代理人が複数あるときには、今回委任する代理人をその代表する代理人として定める場合。
     (注) 代表する代理人を定めた場合は、他の代理人に税務代理を委任した事項に関する調査の際には、当該他の代理人への調査の通知は、代表する代理人に対して行われます。

4 「依頼者」欄には、依頼者の氏名又は名称及び住所又は事務所の所在地を記載してください。
  なお、相続税の場合は、依頼者である相続人ごとに税務代理権限証書を作成することに留意してください。

5 「1 税務代理の対象に関する事項」欄には、税務代理を委任する税目にレ印を記載し、当該税目の区分に応じた年分等を記載してください。また、表記税目以外の税目について税務代理を委任する場合は、当該税目及び年分等を記載してください。
  (注) 1 相続税の場合は、「年分等」欄に、相続開始年月日を「○年○月○日相続開始」と記載してください。
     2 税務官公署の調査の際に、源泉徴収に係る所得税（復興特別所得税を含みます。）について税務代理を委任する場合も、当該税目にレ印を記載してください。

6 「2 税務代理の対象となる書類の受領に関する事項」欄には、税務官公署から送付される書類のうち、「1 税務代理の対象に関する事項」欄に記載した税目・年分等に係る書類の受領について、税務代理を委任する場合にその書類の名称を記載してください。なお、この欄に記載のない書類の受領の代理については、税務代理の対象から除かれることになります。
  【具体例】
  ・ 更正通知書
  ・ 加算税の賦課決定通知書

7 「3 その他の事項」欄には、税務代理（税務官公署から送付される書類の受領の代理を除きます。）の対象から除く事項がある場合にはその事項を記載してください。また、当該税務代理の範囲を特に限定する場合にその旨を記載してください。

8 「※整理番号」及び「※事務処理欄」は記載しないでください。

- -

委 任 状 の 記 載 要 領

1 税務代理以外の行為について委任する場合には、税務代理権限証書ではなく、様式下部の委任状欄を利用し、代理人に委任する行為の内容を付帯的に記載してください。
  【具体例】
  ・ 納税証明書（令和●年分所得税等　その2）の受領
  ・ 令和●年分所得税申告書及び青色決算書の閲覧
2 「令和　年　月　　日」には、上記の行為の代理を委任した年月日を記載してください。

◆税務代理権限証書に記載した税務代理の委任が終了した旨の通知書

税務代理権限証書に記載した税務代理の
委 任 が 終 了 し た 旨 の 通 知 書

受 付 印			※整理番号

令和　年　月　日	税 理 士 又 は 税 理 士 法 人	氏名又は名称	
		事務所の名称 及 び 所 在 地	電話(　　)　　－
殿		所属税理士会等	税理士会　　　　　支部 登録番号等　　第　　　　号

平成・令和　　年　　月　　日（e-Tax 受付番号：　　　　　　　　）に提出した「税務代理権限証書」に記載した税務代理については、令和　　年　　月　　日に委任が終了した旨を通知します。

| 過 年 分 に 関 す る 税務代理 | 上記の「税務代理権限証書」に記載した各税目に関する年分に加えて、当該「税務代理権限証書」の「過年分に関する税務代理」欄の□にレ印がある場合における当該過年分の各税目に係る税務代理についても、委任が終了した旨を通知します。【通知する場合は□にレ印を記載してください。】 | □ |

| 依頼者で あったもの | 氏 名 又 は 名 称 | |
| | 住所又は事務所 の 所 在 地 | 電話（　　）　　－ |

■ 参考（任意）
上記の「税務代理権限証書」に記載した事項

過年分に関する税務代理		有	□	無	□
調査の通知・終了の際の手続に関する同意					
	調査の通知	有	□	無	□
	調査終了時点において更正決定等をすべきと認められない場合における、その旨の通知	有	□	無	□
	調査の結果、更正決定等をすべきと認められる場合における、調査結果の内容の説明等（当該説明に併せて修正申告等の勧奨が行われる場合における必要な説明・書面の交付を含む。）	有	□	無	□
代理人が複数ある場合における代表する代理人の定め		有	□	無	□

1　税務代理の対象に関する事項

税　目 (該当する税目にレ印を記載してください。)		年　分　等
所得税（復興特別所得税を含む） ※　申 告 に 係 る も の	□	平成・令和　　　年分
法 人 税 復 興 特 別 法 人 税 ・ 地 方 法 人 税 を 含 む	□	自　平成・令和　年　月　日　至　平成・令和　年　月　日
消 費 税 及 び 地 方 消 費 税（譲 渡 割）	□	自　平成・令和　年　月　日　至　平成・令和　年　月　日
所得税（復興特別所得税を含む） ※　源 泉 徴 収 に 係 る も の	□	自　平成・令和　年　月　日　至　平成・令和　年　月　日 （法 定 納 期 限 到 来 分）
	□	
	□	
	□	

2　税務代理の対象となる書類の受領に関する事項

3　その他の事項

委任状に記載した委任が終了した旨の通知書

令和　　年　　月　　日

令和　　年　　月　　日（e-Tax 受付番号：　　　　　　　　）に提出した「委任状」に記載した委任については、令和　　年　　月　　日に終了した旨を通知します。

氏名又は名称：

（住所又は事務所の所在地は、上記「税務代理権限証書に記載した税務代理の委任が終了した旨の通知書」に記載のとおり）

■ 参考（任意）
上記の「委任状」に記載した事項

委任事項	

※事務処理欄	部門		業種			他部門等回付	・　・（　　）部門

税務代理権限証書に記載した税務代理の委任が終了した旨の通知書の記載要領

1　この通知書は、税務官公署に提出した税務代理権限証書に記載した税務代理の委任が終了した場合に、その税務代理の委任を受けていた税理士又は税理士法人が提出します。

2　「税理士又は税理士法人」の「事務所の名称及び所在地」欄には、税理士事務所又は税理士法人の名称及び所在地を記載してください。なお、税理士法人の従たる事務所において実務を担当している場合には、当該従たる事務所の所在地等を記載してください。

3　本文中「平成・令和　　年　　月　　日（e-Tax 受付番号：　　　　　　　　　）」には、委任が終了した旨を通知する税務代理権限証書（以下「委任が終了した税務代理権限証書」といいます。）の提出年月日及び当該委任が終了した税務代理権限証書を e-Tax で提出した際の e-Tax 受付番号を記載してください。

4　「過年分に関する税務代理」欄には、委任が終了した税務代理権限証書の「過年分に関する税務代理」欄の□にレ印がある場合において、当該過年分の各税目に係る税務代理の委任についても、委任が終了した旨を通知する場合は、□にレ印を記載してください。

5　「依頼者であったもの」欄には、委任が終了した税務代理権限証書の「依頼者」欄に記載した依頼者の氏名又は名称及び住所又は事務所の所在地を記載してください。

6　「参考（任意）」欄には、以下のとおり記載してください。
⑴　「過年分に関する税務代理」欄
　　委任が終了した税務代理権限証書の「過年分に関する税務代理」欄の□にレ印がある場合には「有」欄の□に、レ印がない場合には「無」欄の□にそれぞれレ印を記載してください。
⑵　「調査の通知・終了の際の手続に関する同意」欄
　　委任が終了した税務代理権限証書の「調査の通知・終了の際の手続に関する同意」欄の各欄の□にレ印がある場合には「有」欄の□に、レ印がない場合には「無」欄の□にそれぞれレ印を記載してください。
⑶　「代理人が複数ある場合における代表する代理人の定め」欄
　　委任が終了した税務代理権限証書の「代理人が複数ある場合における代表する代理人の定め」欄の□にレ印がある場合には「有」欄の□に、レ印がない場合には「無」欄の□にそれぞれレ印を記載してください。
⑷　「1　税務代理の対象に関する事項」欄には、委任が終了した税務代理権限証書に記載した税務代理を委任していた項目にレ印を記載し、当該税目の区分に応じた年分等を記載してください。また、表記税目以外の税目について税務代理を委任していた場合は、当該税目及び年分等を記載してください。
　　（注）1　相続税の場合は、「年分等」欄に、相続開始年月日を「○年○月○日相続開始」と記載してください。
　　　　　2　税務官公署の調査の際に、源泉徴収に係る所得税（復興特別所得税を含みます。）について税務代理を委任していた場合も、当該税目にレ印を記載してください。
⑸　「2　税務代理の対象となる書類の受領に関する事項」欄には、委任が終了した税務代理権限証書の「2　税務代理の対象となる書類の受領に関する事項」欄に記載した内容を記載してください。
⑹　「3　その他の事項」欄には、委任が終了した税務代理権限証書の「3　その他の事項」欄に記載した内容を記載してください。

7　「※整理番号」及び「※事務処理欄」は記載しないでください。

- -

委任状に記載した委任が終了した旨の通知書の記載要領

1　冒頭の「令和　　年　　月　　日」には、この通知書の提出年月日を記載してください。

2　本文中「令和　　年　　月　　日（e-Tax 受付番号：　　　　　　　　　）」には、委任が終了した旨を通知する委任状の提出年月日及び当該委任が終了した委任状を e-Tax で提出した際の e-Tax 受付番号を記載してください。

3　「氏名又は名称」欄には、この通知書を提出する者（法人）の氏名又は名称を記載してください。

4　「参考（任意）」欄の「委任事項」欄には、委任が終了した委任状に記載した委任事項を記載してください。

◎参考資料

◆申告書の作成に関する計算事項等記載書面（第9号様式）

税　　　申告書（　　　年分・　年　月　日事業年度分・　　　　）に係る

申告書の作成に関する計算事項等記載書面　　33の2①

受付印

　　　年　月　日
_____殿

※整理番号	

税理士又は 税理士法人	氏名又は名称	
	事務所の所在地	電話（　）　　－
書面作成に 係る税理士	氏　　　名	
	事務所の所在地	電話（　）　　－
	所属税理士会等	税理士会　　　支部　登録番号　第　　　号
税務代理権限証書の提出		有（　　　　　　　　）・無
依　頼　者	氏名又は名称	
	住所又は事務所 の　所　在　地	電話（　）　　－

　私（当法人）が申告書の作成に関し、計算し、整理し、又は相談に応じた事項は、下記の1から5までに掲げる事項であります。

1　提示を受けた帳簿書類に関する事項

帳簿書類（申告書の作成に関し、計算し、又は整理するために用いたものに限る。）の名称	左記の帳簿書類以外の帳簿書類の名称

2　自ら作成記入した帳簿書類に関する事項

帳　簿　書　類　の　名　称	作成記入の基礎となった書類等

※事務 処理欄	部門	業種		意見聴取連絡事績		事前通知等事績	
				年月日	税理士名	通知年月日	予定年月日
				・・		・・・	・・

| | ※整理番号 | | |

3	計算し、整理した主な事項			
	区　　　　分	事　　　　　　項	備　　　　　　考
(1)			
(2)	(1)のうち顕著な増減事項	増　　減　　理　　由	
(3)	(1)のうち会計処理方法に変更等があった事項	変　更　等　の　理　由	

　　　　　◎参考資料

※整理番号	

4 相談に応じた事項

事　　　　項	相　談　の　要　旨

5 総合所見

6 その他

	※整理番号	

＊追加記載する事項

A		
B	C	D

＊追加記載する事項

A		
B	C	D

◎参考資料

申告書の作成に関する計算事項等記載書面の記載要領

1　表題の（　　）内の「事業年度分・」の後の余白には、月分の申告書の場合はその年月を「○年○月分」と記載してください。

2　「書面作成に係る税理士」の「事務所の所在地」欄には、この書面を作成した税理士が税理士名簿に登録を受けている事務所の所在地（税理士法人の従たる事務所に所属している場合は当該従たる事務所の所在地）を記載してください。

3　「税務代理権限証書の提出」欄には、この書面を添付する申告書の納税者に係る法第30条に規定する書面の提出の有無を○で囲んで表示し、「有」の場合には、法第2条第1項第1号に規定する税務代理の委任を受けた税目を（　　）内に記載してください。

4　「3　計算し、整理した主な事項」欄の記載要領は、次のとおりです。
　イ　(1)の「区分」欄には、勘定科目、申告調整科目等を記載してください。
　ロ　(1)の「事項」欄には、「区分」ごとに、計算・整理した内容を具体的に記載するとともに、関係資料との確認方法及びその程度等を記載してください。
　ハ　(1)の「備考」欄には、「区分」ごとに、計算・整理の際に留意した事項等を記載してください。
　ニ　(2)の「(1)のうち顕著な増減事項」欄には、(1)に記載したもののうち、前期（前年）等と比較して金額が顕著に増減したものについて、その増減事項を簡記し、その原因・理由等を「増減理由」欄に具体的に記載してください。
　ホ　(3)の「(1)のうち会計処理方法に変更等があった事項」欄には、(1)に記載したもののうち、当期（当年）において会計処理方法に変更等があった事項について、その変更等があった事項を簡記し、その理由等を「変更等の理由」欄に具体的に記載してください。
　（注）　(2)及び(3)欄に記載した事項については、(1)欄への記載を省略して差し支えありません。

5　「4　相談に応じた事項」欄には、法第2条第1項第3号に規定する税務相談に関し特に重要な事項に関する相談項目を「事項」欄に記載し、その相談内容、回答要旨、申告書への反映状況等を、「相談の要旨」欄に記載してください。

6　「5　総合所見」欄には、申告書の作成に関し、計算し、整理し、又は相談に応じた事項の総合的な所見を記載してください。

7　「6　その他」欄には、「1　提示を受けた帳簿書類に関する事項」欄から「5　総合所見」欄までの各欄に記載した事項以外の事項で、記載すべき事項（例えば、申告書の作成に関し、計算し、整理した事項以外の事項で個別的・特徴的である事項や、税理士が行う納税者の帳簿書類の監査の頻度、納税者の税に関する認識、申告書作成に当たって留意した事項など）があれば記載してください。

8　「＊追加記載する事項」の各欄は、「1　提示を受けた帳簿書類に関する事項」ないし「6　その他」の各欄を使用しても、なお記載しきれない場合に使用してください。

　　(注)　1枚で記載しきれない場合は、更に追加して使用してください。

　　この場合、「A」欄には、「1　提示を受けた帳簿書類に関する事項」ないし「6　その他」の記載しきれなかった項目名を記載し、「B」欄から「D」欄には、下表のとおり、「A」欄に記載した項目名の区分に応じて、それぞれ右の「B」欄から「D」欄に掲げる項目名及びその内容を記載してください。

「A」欄	「B」欄	「C」欄	「D」欄
1　提示を受けた帳簿書類に関する事項	帳簿書類（申告書の作成に関し、計算し、又は整理するために用いたものに限る。）の名称	左記の帳簿書類以外の帳簿書類の名称	
2　自ら作成記入した帳簿書類に関する事項	帳簿書類の名称	作成記入の基礎となった書類等	
3　計算し、整理した主な事項(1)	区分	事項	備考
3　計算し、整理した主な事項(2)	(1)のうち顕著な増減事項	増減理由	
3　計算し、整理した主な事項(3)	(1)のうち会計処理方法に変更等があった事項	変更等の理由	
4　相談に応じた事項	事項	相談の要旨	
5　総合所見		総合所見	
6　その他		その他	

9　「※」印の欄は記入しないでください。

　　　　　　　　◎参考資料

◆申告書の作成に関する計算事項等記載書面（資）

税　　　　申告書（　　　　年分・　年　月　日相続開始分）に係る

申告書の作成に関する計算事項等記載書面（資） 33の2①（資）

受付印

　年　月　日

　　　　　　　　殿

※整理番号

税理士又は 税理士法人	氏名又は名称	
	事務所の所在地	電話（　）　　－

書面作成に 係る税理士	氏　　　名	
	事務所の所在地	電話（　）　　－
	所属税理士会等	税理士会　　支部　登録番号　第　　　号

税務代理権限証書の提出	有（　　　　　　　　　　　　）・無

依頼者 （複数人の 場合は別紙 に記載する こと）	氏名又は名称	
	住所又は事務所 の所在地	電話（　）　　－

相続税の場合	被相続人の氏名	
	被相続人の住所	

　私（当法人）が申告書の作成に関し、計算し、整理し、又は相談に応じた事項は、下記の１から５までに掲げる事項であります。

　１　提示を受けた書類等に関する事項

書類等（申告書の作成に関し、計算し、又は 整理するために用いたものに限る。）の名称	左記の書類等以外の書類等

　２　自ら作成記入した書類等に関する事項

書　類　等　の　名　称	作成記入の基礎となった書類等

※事務 処理欄	部門	業種		意見聴取連絡事績		事前通知等事績	
				年月日	税理士名	通知年月日	予定年月日
				・　・		・　・	・　・

（1／4）

◎税理士法施行規則

301

※整理番号 [　　　　　]

3　計算し、整理した主な事項

区　　　分	事　　　　項	備　　　　考
(1)		

(1)のうち個別的・特徴的な事項	備　　　　考
(2)	

(2／4)

◎参考資料

	※整理番号	

4　相談に応じた事項	
事　　　　項	相　談　の　要　旨

5　総合所見

6　その他

（3／4）

	※整理番号	

＊追加記載する事項

A

B	C	D

＊追加記載する事項

A

B	C	D

（4／4）

　　　　　◎参考資料

申告書の作成に関する計算事項等記載書面（資）の記載要領

1　「書面作成に係る税理士」の「事務所の所在地」欄には、この書面を作成した税理士が税理士名簿に登録を受けている事務所の所在地（税理士法人の従たる事務所に所属している場合は当該従たる事務所の所在地）を記載してください。

2　「税務代理権限証書の提出」欄には、この書面を添付する申告書の納税者に係る法第30条に規定する書面の提出の有無を○で囲んで表示し、「有」の場合には、法第2条第1項第1号に規定する税務代理の委任を受けた税目を（　　）内に記載してください。

3　依頼者が複数人いるため「依頼者」欄に記載しきれない場合には、別紙に依頼者各人の氏名又は名称及び住所又は事務所の所在地を記載してください。

4　「3　計算し、整理した主な事項」欄の記載要領は、次のとおりです。
　イ　(1)の「区分」欄には、取得財産、債務等を記載してください。
　ロ　(1)の「事項」欄には、「区分」ごとに、計算・整理した内容を具体的に記載するとともに、関係資料との確認方法及びその程度等を記載してください。
　ハ　(1)の「備考」欄には、「区分」ごとに、計算・整理の際に留意した事項等を記載してください。
　ニ　(2)の「(1)のうち個別的・特徴的な事項」欄には、(1)に記載したもののうち、個別的・特徴的である事項について、その内容を簡記し、その詳細等を「備考」欄に具体的に記載してください。

5　「4　相談に応じた事項」欄には、法第2条第1項第3号に規定する税務相談に関し特に重要な事項に関する相談項目を「事項」欄に記載し、その相談内容、回答要旨、申告書への反映状況等を、「相談の要旨」欄に記載してください。

6　「5　総合所見」欄には、申告書の作成に関し、計算し、整理し、又は相談に応じた事項の総合的な所見を記載してください。

7　「6　その他」欄には、「1　提示を受けた書類等に関する事項」欄から「5　総合所見」欄までの各欄に記載した事項以外の事項で、記載すべき事項（例えば、申告書の作成に関し、計算し、整理した事項以外の事項で個別的・特徴的である事項や、税理士が行う納税者の帳簿書類の監査の頻度、納税者の税に関する認識、申告書作成に当たって留意した事項など）があれば記載してください。

8　「＊追加記載する事項」の各欄は、「1　提示を受けた書類等に関する事項」ないし「6　その他」の各欄を使用しても、なお記載しきれない場合に使用してください。
　（注）1枚で記載しきれない場合は、更に追加して使用してください。
　　この場合、「A」欄には、「1　提示を受けた書類等に関する事項」ないし「6　その他」の記載し

きれなかった項目名を記載し、「Ｂ」欄から「Ｄ」欄には、下表のとおり、「Ａ」欄に記載した項目名の区分に応じて、それぞれ右の「Ｂ」欄から「Ｄ」欄に掲げる項目名及びその内容を記載してください。

「Ａ」欄	「Ｂ」欄	「Ｃ」欄	「Ｄ」欄
1　提示を受けた書類等に関する事項	書類等（申告書の作成に関し、計算し、又は整理するために用いたものに限る。）の名称	左記の書類等以外の書類等	
2　自ら作成記入した書類等に関する事項	書類等の名称	作成記入の基礎となった書類等	
3　計算し、整理した主な事項(1)	区分	事項	備考
3　計算し、整理した主な事項(2)	(1)のうち個別的・特徴的な事項	備考	
4　相談に応じた事項	事項	相談の要旨	
5　総合所見		総合所見	
6　その他		その他	

9　「※」印の欄は記入しないでください。

◆申告書に関する審査事項等記載書面（第10号様式）

税　　　　申告書（　　　年分・　年　月　日　事業年度分・　　　　　）に係る
　　　　　　　　　　　　　　　　　　　年　月　日

受　付　印

申告書に関する審査事項等記載書面　　33の2②

　　年　月　日
　　　　　　　　殿

※整理番号

税理士又は 税理士法人	氏名又は名称	
	事務所の所在地	電話（　　　）　　　―
書面作成に 係る税理士	氏　　　　名	
	事務所の所在地	電話（　　　）　　　―
	所属税理士会等	税理士会　　　支部　登録番号　第　　　号
税務代理権限証書の提出		有（　　　　　　　　　　　　　）・無
依　頼　者	氏名又は名称	
	住所又は事務所 の　所　在　地	電話（　　　）　　　―

　私（当法人）が審査の依頼を受けた申告書に関し審査した事項は、下記の1から5までに掲げる事項であります。

1　相談を受けた事項

事　　　　　　　項	相　談　の　要　旨

2　審査に当たって提示を受けた帳簿書類

帳　簿　書　類　の　名　称	確　認　し　た　内　容

※事務 処理欄	部門	業種			意見聴取連絡事績		事前通知等事績	
					年月日	税理士名	通知年月日	予定年月日
					・　・		・　・　・	

◎税理士法施行規則

307

	※整理番号	

3　審査した主な事項			
	区　　分	事　　　項	備　　　考
(1)			
(2)	(1)のうち顕著な増減事項	増　減　理　由	
(3)	(1)のうち会計処理方法 に変更等があった事項	変　更　等　の　理　由	

◎参考資料

4　審査結果

5　総合所見

6　その他

	※整理番号	

＊追加記載する事項

A		
B	C	D

＊追加記載する事項

A		
B	C	D

◎参考資料

申告書に関する審査事項等記載書面の記載要領

1　表題の（　）内の「事業年度分・」の後の余白には、月分の申告書の場合はその年月を「○年○月分」と記載してください。

2　「書面作成に係る税理士」の「事務所の所在地」欄には、この書面を作成した税理士が税理士名簿に登録を受けている事務所の所在地（税理士法人の従たる事務所に所属している場合は当該従たる事務所の所在地）を記載してください。

3　「税務代理権限証書の提出」欄には、この書面を添付する申告書の納税者に係る法第30条に規定する書面の提出の有無を○で囲んで表示し、「有」の場合には、法第2条第1項第1号に規定する税務代理の委任を受けた税目を（　）内に記載してください。

4　「1　相談を受けた事項」欄には、法第2条第1項第3号に規定する税務相談に関し特に重要な事項に関する相談項目を記載し、その相談内容、回答要旨、申告書への反映状況等を、「相談の要旨」欄に記載してください。

5　「3　審査した主な事項」欄の記載要領は、次のとおりです。
イ　(1)の「区分」欄には、勘定科目、申告調整科目等を記載してください。
ロ　(1)の「事項」欄には、「区分」ごとに、審査した内容を具体的に記載するとともに、関係資料との確認方法及びその程度等を記載してください。
ハ　(1)の「備考」欄には、「区分」ごとに、審査の際に留意した事項等を記載してください。
ニ　(2)の「(1)のうち顕著な増減事項」欄には、(1)に記載したもののうち、前期（前年）等と比較して金額が顕著に増減したものについて、その増減事項を簡記し、その原因・理由等を「増減理由」欄に具体的に記載してください。
ホ　(3)の「(1)のうち会計処理方法に変更等があった事項」欄には、(1)に記載したもののうち、当期（当年）において会計処理方法に変更等があった事項について、その変更等があった事項を簡記し、その理由等を「変更等の理由」欄に具体的に記載してください。
（注）　(2)及び(3)欄に記載した事項については、(1)欄への記載を省略して差し支えありません。

6　「4　審査結果」欄には、申告書が法令の規定に従って作成されている旨を記載してください。なお、審査において、指導等を行った場合はその内容を具体的に記載してください。

7　「5　総合所見」欄には、申告書に関し審査した事項の総合的な所見を記載してください。

8　「6　その他」欄には、「1　相談を受けた事項」欄から「5　総合所見」欄までの各欄に記載した事項以外の事項で、記載すべき事項（例えば、申告書に関し審査した事項以外の事項で個別的・特徴的である事項や、申告書の審査に当たって留意した事項など）があれば記載してください。

9　「＊追加記載する事項」の各欄は、「1　相談を受けた事項」ないし「6　その他」の各欄を使用しても、なお記載しきれない場合に使用してください。

　　（注）1枚で記載しきれない場合は、更に追加して使用してください。

　　この場合、「A」欄には、「1　相談を受けた事項」ないし「6　その他」の記載しきれなかった項目名を記載し、「B」欄から「D」欄には、下表のとおり、「A」欄に記載した項目名の区分に応じて、それぞれ右の「B」欄から「D」欄に掲げる項目名及びその内容を記載してください。

「A」欄	「B」欄	「C」欄	「D」欄
1　相談を受けた事項	事項	相談の要旨	
2　審査に当たって提示を受けた帳簿書類	帳簿書類の名称	確認した内容	
3　審査した主な事項(1)	区分	事項	備考
3　審査した主な事項(2)	(1)のうち顕著な増減事項	増減理由	
3　審査した主な事項(3)	(1)のうち会計処理方法に変更等があった事項	変更等の理由	
4　審査結果		審査結果	
5　総合所見		総合所見	
6　その他		その他	

10　「※」印の欄は記入しないでください。

◎参考資料

◆申告書に関する審査事項等記載書面（資）

<table>
<tr><td colspan="2" rowspan="2">受付印</td><td colspan="3">税　　　申告書（　　　年分・　年　月　　日相続開始分）に係る</td><td colspan="2"></td></tr>
<tr><td colspan="3">申告書に関する審査事項等記載書面（資）</td><td>33の2②（資）</td></tr>
</table>

税　　　申告書（　　　年分・　年　月　　日相続開始分）に係る

申告書に関する審査事項等記載書面（資）　33の2②（資）

受付印

年　月　日
　　　　　　　殿

※整理番号

税理士又は税理士法人	氏名又は名称	
	事務所の所在地	電話（　　）　　－

書面作成に係る税理士	氏　　名	
	事務所の所在地	電話（　　）　　－
	所属税理士会等	税理士会　　　支部　登録番号　第　　　号

税務代理権限証書の提出	有（　　　　　　　　　　　）・無

依頼者（複数人の場合は別紙に記載すること）	氏名又は名称	
	住所又は事務所の所在地	電話（　　）　　－

相続税の場合	被相続人の氏名	
	被相続人の住所	

　私（当法人）が審査の依頼を受けた申告書に関し審査した事項は、下記の1から5までに掲げる事項であります。

1　相談を受けた事項

事　　　　　項	相　談　の　要　旨

2　審査に当たって提示を受けた書類等

書　類　等　の　名　称	確　認　し　た　内　容

※事務処理欄	部門	業種			意見聴取連絡事績		事前通知等事績	
					年月日	税理士名	通知年月日	予定年月日
					・　・		・　・	・　・

（1／4）

3 審査した主な事項

	区　　　分	事　　　　　項	備　　　考
(1)			

	(1)のうち個別的・特徴的な事項	備　　　　考
(2)		

（2／4）

◎参考資料

＊追加記載する事項

A

B	C	D

＊追加記載する事項

A

B	C	D

（4／4）

申告書に関する審査事項等記載書面（資）の記載要領

1　「書面作成に係る税理士」の「事務所の所在地」欄には、この書面を作成した税理士が税理士名簿に登録を受けている事務所の所在地（税理士法人の従たる事務所に所属している場合は当該従たる事務所の所在地）を記載してください。

2　「税務代理権限証書の提出」欄には、この書面を添付する申告書の納税者に係る法第30条に規定する書面の提出の有無を○で囲んで表示し、「有」の場合には、法第2条第1項第1号に規定する税務代理の委任を受けた税目を（　）内に記載してください。

3　依頼者が複数人いるため「依頼者」欄に記載しきれない場合には、別紙に依頼者各人の氏名又は名称及び住所又は事務所の所在地を記載してください。

4　「1　相談を受けた事項」欄には、法第2条第1項第3号に規定する税務相談に関し特に重要な事項に関する相談項目を記載し、その相談内容、回答要旨、申告書への反映状況等を、「相談の要旨」欄に記載してください。

5　「3　審査した主な事項」欄の記載要領は、次のとおりです。
　イ　(1)の「区分」欄には、取得財産、債務等を記載してください。
　ロ　(1)の「事項」欄には、「区分」ごとに、審査した内容を具体的に記載するとともに、関係資料との確認方法及びその程度等を記載してください。
　ハ　(1)の「備考」欄には、「区分」ごとに、審査の際に留意した事項等を記載してください。
　ニ　(2)の「(1)のうち個別的・特徴的な事項」欄には、(1)に記載したもののうち、個別的・特徴的である事項について、その内容を簡記し、その詳細等を「備考」欄に具体的に記載してください。

6　「4　審査結果」欄には、申告書が法令の規定に従って作成されている旨を記載してください。なお、審査において、指導等を行った場合はその内容を具体的に記載してください。

7　「5　総合所見」欄には、申告書に関し審査した事項の総合的な所見を記載してください。

8　「6　その他」欄には、「1　相談を受けた事項」欄から「5　総合所見」欄までの各欄に記載した事項以外の事項で、記載すべき事項（例えば、申告書に関し審査した事項以外の事項で個別的・特徴的である事項や、申告書の審査に当たって留意した事項など）があれば記載してください。

9　「＊追加記載する事項」の各欄は、「1　相談を受けた事項」ないし「6　その他」の各欄を使用しても、なお記載しきれない場合に使用してください。
　（注）1枚で記載しきれない場合は、更に追加して使用してください。
　　この場合、「A」欄には、「1　相談を受けた事項」ないし「6　その他」の記載しきれなかった項

目名を記載し、「B」欄から「D」欄には、下表のとおり、「A」欄に記載した項目名の区分に応じて、それぞれ右の「B」欄から「D」欄に掲げる項目名及びその内容を記載してください。

「A」欄	「B」欄	「C」欄	「D」欄
1　相談を受けた事項	事項	相談の要旨	
2　審査に当たって提示を受けた書類等	書類等の名称	確認した内容	
3　審査した主な事項(1)	区分	事項	備考
3　審査した主な事項(2)	(1)のうち個別的・特徴的な事項	備考	
4　審査結果		審査結果	
5　総合所見		総合所見	
6　その他		その他	

10　「※」印の欄は記入しないでください。

税理士法基本通達

第1章　総則

第2条《税理士業務》関係

(税理士業務)
2－1　税理士法 (以下「法」という。) 第2条に規定する「税理士業務」とは、同条第1項
　　各号に掲げる事務 (電子情報処理組織を使用して行う事務を含む。) を行うことを業とする場合
　　の当該事務をいうものとする。この場合において、「業とする」とは、当該事務を反復継
　　続して行い、又は反復継続して行う意思をもって行うことをいい、必ずしも有償である
　　ことを要しないものとし、国税又は地方税に関する行政事務に従事する者がその行政事
　　務を遂行するために必要な限度において当該事務を行う場合には、これに該当しないも
　　のとする。

(税理士業務の対象としない租税に関する事務)
2－2　法第2条第1項及び税理士法施行令 (以下「令」という。) 第1条の規定により税理
　　士業務の対象としない租税に関する事務は、法第2条第2項及び税理士法施行規則 (以下
　　「規則」という。) 第21条第1号に規定する財務に関する事務に含まれることに留意する。

(税務代理の範囲)
2－3　法第2条第1項第1号に規定する「税務代理」には、税務官公署に対してする主
　　張又は陳述の前提となる税務官公署から納税者に対して発する書類等の受領行為を含む
　　ほか、分納、納税の猶予等に関し税務官公署に対してする陳述につき、代理することを
　　含むものとする。
　　(注)　上記の「税務代理」に含まれる「税務官公署に対してする主張又は陳述の前提と
　　　　なる税務官公署から納税者に対して発する書類等の受領行為」には、国税通則法 (昭
　　　　和37年法律第66号) 第117条第1項に規定する納税管理人又は同条第5項に規定する
　　　　特定納税管理人が、その処理すべき事項として行う税務官公署から納税者に対して
　　　　発する書類等の受領行為は含まれないことに留意する。

(代理代行)
2－4　法第2条第1項第1号に規定する「代理」とは、代理人の権限内において依頼人
　　のためにすることを示して同号に規定する事項を行うことをいい、同号に規定する「代
　　行」には、事実の解明、陳述等の事実行為を含むものとする。

（税務書類の作成）

2－5　法第2条第1項第2号に規定する「作成する」とは、同号に規定する書類を自己の判断に基づいて作成することをいい、単なる代書は含まれないものとする。

（税務相談）

2－6　法第2条第1項第3号に規定する「相談に応ずる」とは、同号に規定する事項について、具体的な質問に対して答弁し、指示し又は意見を表明することをいうものとする。

2－7　削除（平成26年官税164により削除）

2－8　削除（平成26年官税164により削除）

（税理士の資格としての実務経験）

3－1　法第3条第1項ただし書に規定する「租税に関する事務又は会計に関する事務」とは、税務官公署における事務のほか、その他の官公署及び会社等における税務又は会計に関する事務（特別の判断を要しない機械的事務を除く。）をいうものとし、この実務経験の期間は、税理士試験の合格の時又は試験全科目の免除の決定の時の前後を問わないものとする。

（特別な判断を要しない機械的事務）

3－2　令第1条の3に規定する「特別の判断を要しない機械的事務」とは、簿記会計に関する知識がなくてもできる単純な事務をいい、電子計算機を使用して行う単純な入出力事務もこれに含まれるものとする。

（特別な判断を要しない機械的事務に該当しない事務）

3－3　次の各号に掲げるような事務は、簿記の原則に従って会計帳簿等を記録し、その会計記録に基づいて決算を行い、財務諸表等を作成する過程において簿記会計に関する知識を必要とするものであり、令第1条の3に規定する「特別の判断を要しない機械的事務」には含まれないことに留意する。

⑴　簿記上の取引について、簿記の原則に従い取引仕訳を行う事務

⑵　仕訳帳等から各勘定への転記事務

⑶　元帳を整理し、日計表又は月計表を作成して、その記録の正否を判断する事務

⑷　決算手続に関する事務

⑸　財務諸表の作成に関する事務

⑹　帳簿組織を立案し、又は原始記録と帳簿記入の事項とを照合点検する事務

第4条《欠格条項》関係

（刑に処せられた場合）

4-1　次の各号に掲げる場合は、法第4条第3号から第5号までに規定する「刑に処せられた」場合に該当しないものとする。

⑴　刑の執行猶予の言渡しを取り消されることなく猶予の期間を経過したとき

⑵　大赦又は特赦により有罪の言渡しの効力がなくなったとき

（刑の執行の終了）

4-2　法第4条第3号から第5号までに規定する「刑の執行を終つた日」とは、次の各号に掲げる日をいうものとする。

⑴　罰金を完納した日又はその完納ができない場合において、労役場に留置されその期間が満了し、又は仮出場を許されてその処分が取り消されず労役場留置期間が満了した日

⑵　禁錮又は懲役の刑期の満了した日又は仮出獄を許された場合において、仮出獄の処分が取り消されず刑期が満了した日

（刑の執行を受けることがなくなつた日）

4-3　法第4条第3号から第5号までに規定する「刑の執行を受けることがなくなつた日」とは、次の各号に掲げる日をいうものとする。

⑴　時効の完成により刑の執行が免除された日

⑵　外国において言い渡された刑の全部又は一部の執行を受けたことによって、刑の執行の減軽又は免除を受け、刑の執行を受けることがなくなった日

⑶　恩赦法に規定する減刑により、刑の執行を減軽されることによって刑の執行を受けることがなくなった日

⑷　恩赦法に規定する刑の執行の免除により、刑の執行を免除された日

（執行猶予中の者に対する税理士登録の取扱い）

4-4　法第4条第3号から第5号までに規定する刑に処せられた者でその刑の執行を猶予されているもの（以下「執行猶予中の者」という。）から税理士登録申請書が提出された場合には、それぞれ同条各号に規定する欠格事由に該当する者（以下「欠格条項該当者」という。）として、法第22条第1項の規定により登録を拒否するものとする。

　　また、執行猶予中の者が既に税理士の登録を受けている場合には、法第26条第1項第4号に該当するものとして、同条の規定により、その登録を抹消するものとする。

第2章　税理士試験

第5条《受験資格》関係

(税務官公署における事務)

5－1　法第5条第1項第1号イに規定する「税務官公署における事務」とは、国税庁、国税局及び税務署並びに地方税に関するこれらの官署に相当する公署における事務をいうものとし、これらの官公署における事務（特別の判断を要しない機械的事務を除く。）であれば、国税又は地方税の賦課又は徴収の事務に限らないものとする。

(その他の官公署における国税若しくは地方税に関する事務)

5－2　法第5条第1項第1号イに規定する「その他の官公署における国税若しくは地方税に関する事務」には、5－1に規定する官公署以外の官公署における国税（関税、とん税、特別とん税、森林環境税及び特別法人事業税を除く。法第24条関係を除き、以下同じ。）又は地方税（森林環境税及び特別法人事業税を含む。以下同じ。）に関する部課における企画、立案、指導に関する事務及び国税又は地方税の賦課又は徴収の事務のほか、租税に関する訴訟に係る事務を含むものとする。

(特別の法律により設立された金融業務を営む法人)

5－3　法第5条第1項第1号ハに規定する「特別の法律により設立された金融業務を営む法人」とは、日本銀行、株式会社日本政策金融公庫、株式会社日本政策投資銀行、株式会社国際協力銀行、株式会社商工組合中央金庫、地方公共団体金融機構等の金融業務を営む特殊法人、認可法人、独立行政法人等をいうものとし、これらの法人の設立に伴い廃止又は組織変更されたものも含むことに留意する。

(大学若しくは高等専門学校を卒業した者で社会科学に属する科目を修めたもの)

5－4　法第5条第1項第2号に規定する「大学若しくは高等専門学校を卒業した者でこれらの学校において社会科学に属する科目を修めたもの」には、卒業した学校以外の大学又は高等専門学校において社会科学に属する科目を修めたものを含むことに留意する。

(大学を卒業した者と同等以上の学力があると認められた者で社会科学に属する科目を修めたもの)

5－5　法第5条第1項第2号に規定する「大学を卒業した者と同等以上の学力があると認められた者」とは、学校教育法施行規則第155条第1項各号又は第2項各号のいずれかに該当する者及び昭和28年文部省告示第5号（学校教育法施行規則第155条第1項第6号の規定による大学院及び大学の専攻科の入学に関し大学を卒業した者と同等以上の学力があると認められる者）により指定された者をいい、「財務省令で定める学校において社会科学に属する科目を修めたもの」には、大学を卒業した者と同等以上の学力があると認められる者に該当するために課程を修了し、又は卒業した学校以外の学校（法第5条第1項第2号に規定する財務省令で定める学校に限る。）において社会科学に属する科目を修めたものを含むことに留意する。

(受験資格の期間の計算)

5－6　法第5条第1項第1号又は第2項の期間の計算は、同条第1項第1号イからへまでに掲げる事務又は業務に従事することとなった日から当該事務若しくは業務に従事しないこととなった日の前日又は税理士試験申込締切日のいずれか早い日までの期間につき、当該事務又は業務に従事することとなった日から当該日の属する月の末日までの期間を一月とし、翌月以降は暦に従って計算し、一月未満の月があるときは、一月として計算するものとする。

(事務等に変更があった場合の受験資格の期間の計算)

5－7　5－6の期間の計算については、同一の月においてその従事しないこととなった事務又は業務に再び従事することとなったときは、その月においては当該事務又は業務に引き続き従事したものとし、同一の月においてその従事する事務又は業務に変更があったとき（同一の月においてその従事しないこととなった事務又は業務と異なった事務又は業務に新たに従事することとなった場合を含む。）はその月においてその従事した日の多い事務又は業務（その従事した日数が等しいときはいずれか一方の事務又は業務）に従事したものとし、次に掲げる期間については当該期間の開始の時において従事していた事務又は業務(⑵及び⑶については、当該期間の終了の日の翌日から従事した事務又は業務)に従事していたものとする。

⑴　官公署の職員が本属庁の許可又は承認を受けて、外国政府又はこれに準ずるものに勤務していた期間（当該官公署において従事していた事務と同種の事務に従事した期間に限る。）

⑵　臨時職員として雇用されていた期間（その期間が普通職員として雇用されていた期間に継続する場合に限る。)

⑶　税務大学校、旧税務講習所及び旧高等財務講習所に在学した期間

(法令の規定に基づいて行う検査事務)

5－8　令第2条第3号に規定する「法令の規定に基づいて行う検査事務」とは、会計法第46条又は地方自治法第221条の規定に基づく予算の執行状況に関する監査事務及び調査事務を含むものとする。

第8条関係

(学位の意義)

8－1　法第8条第1項第1号及び第2号に規定する「博士の学位」には、旧学位令による博士を含むものとする。

(国税の賦課に関する事務)

8－2　法第8条第1項第4号に規定する「賦課に関する事務」とは、賦課の事務のほか次の各号に掲げる事務をいうものとする。

⑴　賦課の事務（犯則事件の調査及び処分並びに賦課に関する再調査処理の事務を含む。）の指導、

監督及びそのために必要な調査又は検査の事務
- (2)　国税庁監督評価官の分掌する事務
- (3)　(1)の事務に関する教育を担当する教育官の事務

(国税に関するその他の事務)

8－3　法第8条第1項第5号に規定する「国税に関する事務のうち前号に規定する事務以外の事務」とは、次の各号に掲げる事務をいうものとする。
- (1)　法第8条第1項第4号に規定する国税以外の国税の賦課に関する事務 (犯則事件の調査及び処分並びに賦課に関する再調査処理の事務を含む。)
- (2)　国税の徴収の事務 (徴収に関する再調査処理の事務を含む。)
- (3)　(1)及び(2)の事務に関する指導、監督及びそのために必要な調査又は検査の事務
- (4)　(1)及び(2)の事務に関する教育を担当する教育官の事務

(地方税の賦課に関する事務)

8－4　法第8条第1項第6号に規定する「賦課に関する事務」とは、賦課の事務のほか次の各号に掲げる事務をいうものとする。
- (1)　賦課の事務の指導及び監督並びにそのために必要な調査又は検査の事務
- (2)　犯則事件の調査及び処分、賦課に関する再調査処理の事務並びにこれらの事務の指導及び監督並びにそのために必要な調査又は検査の事務

(地方税に関するその他の事務)

8－5　法第8条第1項第7号に規定する「地方税に関する事務のうち前号に規定する事務以外の事務」とは、次の各号に掲げる事務をいうものとする。
- (1)　道府県民税 (都民税を含む。)、市町村民税 (特別区民税及び森林環境税を含む。)、事業税 (特別法人事業税を含む。) 若しくは固定資産税以外の地方税の賦課の事務 (犯則事件の調査及び処分並びに賦課に関する再調査処理の事務を含む。)
- (2)　地方税の徴収の事務 (徴収に関する再調査処理の事務を含む。)
- (3)　(1)及び(2)の事務に関する指導、監督並びにそのために必要な調査又は検査の事務

(試験科目免除の期間の計算)

8－6　法第8条の期間の計算については、法第5条の期間の計算に関する取扱い (5－6及び5－7参照) に準ずるものとし、国税又は地方税に関する事務にもっぱら従事していた者がこれらの事務に直接必要な管理事務にもっぱら従事した場合においては、当該事務に従事した期間は、法第8条第1項第5号又は第7号の期間に算入するものとする。

第3章　登録

第18条 《登録》関係

　　　　　　　◎参考資料

（税理士としての登録）

18－1　税理士となる資格を有する者が、税理士となるには、社員税理士（税理士法人の社員である税理士をいう。以下同じ。）、所属税理士又は開業税理士（社員税理士及び所属税理士以外の税理士をいう。）のいずれか一の税理士として登録する必要があることに留意する。

第20条《変更登録》関係

（登録区分の変更）

20－1　規則第8条第2号に規定する区分について、現に登録を受けている区分から別の区分に変更を生じたときは、法第20条の規定に基づき、変更の登録を申請しなければならないことに留意する。

第24条《登録拒否事由》関係

（報酬）

24－1　法第24条第2号に規定する「報酬」とは、一定の役務の給付の対価として与えられる反対給付をいい、費用の弁償は含まれないものとする。

（公職）

24－2　法第24条第2号に規定する「公職」とは、おおむね次に掲げる機関の全ての職をいい、その職は公選のものであると否とを問わないものとする。ただし、同号の括弧書の規定により国会又は地方公共団体の議会の議員の職、非常勤の職その他規則第12条の2に規定する国税又は地方税の賦課又は徴収に関する事務に従事する職以外の職であって法令等により税理士業務との兼業が制限されていない職を除くことに留意する。

　⑴　国会
　⑵　裁判所
　⑶　国の行政機関
　⑷　都道府県及び市町村
　⑸　地方自治法に規定する特別区、地方公共団体の組合、財産区及び地方開発事業団

（国税又は地方税のほ脱等の行為）

24－3　法第24条第3号に規定する「不正に国税又は地方税の賦課又は徴収を免れ、若しくは免れようとし、又は免れさせ、若しくは免れさせようとした者」とは、税務官公署の重加算税の賦課、通告処分及び告発又は検察庁の起訴若しくは微罪不起訴等によって、国税（森林環境税及び特別法人事業税を除く。以下法第24条関係において同じ。）又は地方税の賦課又は徴収を免れ、若しくは免れようとし、又は免れさせ、若しくは免れさせようとした行為があったことが明らかである者をいうものとする。

（行為があつた日）

24－4　法第24条第３号から第５号に規定する「行為があつた日」とは、裁判所において認めた犯罪行為のある場合には当該行為の日、裁判所において認めた犯罪行為のない場合には検察庁において認めた犯罪行為の日、これらの行為の日のない場合には国税局長、税務署長又は税関長（地方税については地方公共団体の長）が認めた当該行為の日をいうものとする。

（国税若しくは地方税又は会計に関する事務）

24－5　法第24条第５号に規定する「国税若しくは地方税又は会計に関する事務」とは、税務官公署における事務のほか、その他の官公署及び会社等における税務又は会計に関する事務をいうものとする。

（刑罰法令に触れる行為をした者）

24－6　法第24条第５号に規定する「刑罰法令に触れる行為をした者」とは、税務官公署の告発、検察庁の起訴又は微罪不起訴等によって次の各号に掲げる行為があったことが明らかである者をいうものとする。

⑴　国税又は地方税に関する法令に規定する国税又は地方税の賦課又は徴収を免れ、若しくは免れようとし、又は免れさせ若しくは免れさせようとした罪以外の罪に該当する行為

⑵　税理士法又は公認会計士法に規定する罪に該当する行為

⑶　国税若しくは地方税又は会計に関する事務について刑法に規定する証拠隠滅及び文書偽造、偽証、職権濫用、収賄、背任又は横領等の罪に該当する行為

（税理士業務を行わせることがその適正を欠くおそれがある者の判定）

24－7　法第24条第７号ロの登録の申請に関し、当該申請者が「税理士業務を行わせることがその適正を欠くおそれがある者」に該当するか否かについては、過去における当該申請者の非行の性質や内容、当該非行からの経過期間、その間における本人の反省や謹慎の具体的状況等を総合的に勘案して判定するものとする。

なお、単に法第４条第３号から第11号までに規定する年数が経過したことのみをもって、当該登録拒否事由に該当しないと判定することがないよう留意する。

（税理士の信用又は品位を害するおそれがある者の判定）

24－8　過去に非行があった者が法第24条第８号に規定する「税理士の信用又は品位を害するおそれがある者」に該当するか否かについては、当該非行の性質や内容、当該非行からの経過期間、その間における本人の反省や謹慎の具体的状況等に加え、当該非行による社会的影響の大きさやその沈静化の程度等も勘案して判定するものとする。

なお、単に法第24条第３号から第６号までに規定する年数が経過したことのみをもって、当該登録拒否事由に該当しないと判定することがないよう留意する。

　　　　　◎参考資料

第25条《登録の取消し》関係

(所在が不明であるとき)
25−1　法第25条第1項第3号に規定する「所在が不明であるとき」に該当するかどうか
　　は、税理士名簿に登録された事務所所在地や住所等の現況により判定するものとする。

第4章　税理士の権利及び義務

第31条《特別の委任を要する事項》関係

(特別の委任)
31−1　法第31条に規定する「特別の委任」とは、同条各号に掲げる行為を具体的に行う
　　ときにおける個別的な委任をいうものとする。

第33条《署名の義務》関係

(所属税理士である旨の表示)
33−1　法第33条の規定により、税理士が署名するときに、税理士である旨を付記するに
　　当たって、当該税理士が所属税理士である場合には、所属税理士である旨を表示するも
　　のとする。

第38条《秘密を守る義務》関係

(正当な理由)
38−1　法第38条に規定する「正当な理由」とは、本人の許諾又は法令に基づく義務があ
　　ることをいうものとする。

(税理士業務に関し知り得た秘密)
38−2　法第38条に規定する「税理士業務に関して知り得た秘密」とは、税理士業務を行
　　うに当たって、依頼人の陳述又は自己の判断によって知り得た事実で、一般に知られて
　　いない事項及び当該事実の関係者が他言を禁じた事項をいうものとする。

(窃用)
38−3　法第38条に規定する「窃用」とは、自ら又は第三者のために利用することをいう
　　ものとする。

(使用者である税理士等が所属税理士から知り得た事項)
38−4　規則第1条の2第2項、第6項及び第7項の規定により使用者である税理士又は

使用者である税理士法人の社員税理士が所属税理士から知り得た事項は、法第38条に規定する「税理士業務に関して知り得た秘密」に含まれることに留意する。

第40条《事務所の設置》関係

(事務所)

40−1　法第40条第1項に規定する「税理士業務を行うための事務所」とは、税理士業務の本拠をいい、税理士業務の本拠であるかどうかは、委嘱者等に示す連絡先など外部に対する表示に係る客観的事実によって判定するものとする。

　　　この場合において、「外部に対する表示」には、看板等物理的な表示やウェブサイトへの連絡先の掲載のほか、契約書等への連絡先の記載などが含まれることに留意する。

(二ヶ所事務所の禁止)

40−2　法第40条第3項の「税理士事務所を二以上設けて」いる場合とは、例えば、自宅以外の場所に税理士事務所を設け、40−1の「外部に対する表示」をしている状態で、自宅においても40−1の「外部に対する表示」をして税理士業務を行っている場合などをいう。したがって、自宅等の税理士事務所以外の場所で税理士業務を行っていても、その場所に40−1の「外部に対する表示」に係る客観的事実がなく、法第40条第1項に規定する「税理士業務を行うための事務所」と判定される状態でない場合には、税理士事務所を二以上設けている場合には該当しない。

(税理士である公認会計士の公認会計士事務所)

40−3　税理士である公認会計士が、税理士事務所のほかに公認会計士としての事務所を有する場合、その事務所が、外部に対する表示に係る客観的事実によって税理士事務所であると認められるときは、法第40条第3項の規定に抵触するものとして取り扱うこととする。

第41条《帳簿作成の義務》関係

(帳簿の記載要領)

41−1　法第41条に規定する帳簿への記載は、税理士が、納税者から一年度の税務代理、税務書類の作成及び税務相談を総括して受託しているような場合、その年度内において当該納税者に関する税務代理、税務書類の作成及び税務相談を実際に行った都度、そのそれぞれについて記載するものとする。

第41条の2《使用人等に対する監督義務》関係

　　　　　　　　◎参考資料

（使用人等に対する監督義務）

41の2－1　税理士の使用人その他の従業者（以下「使用人等」という。）に対する監督義務は、税理士及びその使用人等が事務を行う場所によって異なることはない。したがって、使用人等に対する監督方法として、対面による監督を行うことができない場合でも、情報通信技術を利用する方法などにより、適切に監督が行われている場合には、監督義務が果たされていると判断することに留意する。

　　　なお、情報通信技術を利用した使用人等の適切な監督方法としては、例えば、次に掲げるような、事前及び事後の確認を行う方法がある。

⑴　使用人等と委嘱者等との情報通信技術を利用した打合せに、使用者である税理士が情報通信技術を利用して参加する方法

⑵　使用人等が税理士業務の補助を行った履歴について情報通信技術を利用して確認する方法

第42条《業務の制限》関係

（職の所掌）

42－1　法第42条に規定する「職の所掌」の範囲は、財務省設置法等関係法令又は地方公共団体の条例等の定めるところによるものとする。

　　（注）　分掌すべき事務が、訓令等により定められている場合には、当該訓令等によるものとする。

（所掌に属すべき）

42－2　法第42条に規定する「所掌に属すべき」とは、事件が国税又は地方税に関する行政事務に従事していた国又は地方公共団体の公務員で税理士となった者の離職前1年内に占めていた職の所掌に属していること、及び依頼があった時点において、当該職の所掌に属することとなることが客観的に高度の蓋然性をもってあらかじめ見込まれることをいう。

（事件）

42－3　法第42条に規定する「事件」とは、法第2条に規定する租税の課税標準等の調査（犯則事件の調査及び処分並びに不服申立てを含む。）、徴収（不服申立てを含む。）及びこれらに準ずるものに関する案件をいうものとする。

（国税庁長官の承認基準）

42－4　法第42条ただし書に規定する「国税庁長官の承認」は、次のいずれか一に該当するときに行うものとする。

⑴　申請者の税理士事務所の所在する地方における税理士数が過少であること等の事情があり、納税者の便宜と税務行政の円滑な運営を図るために承認を与える必要がある

と認められる場合

⑵　申請者が離職前一年内に勤務した税務官公署の所在地から遠隔の地に税理士事務所を設けたこと、申請者が離職前一年内においてその税理士事務所の所在地を管轄する税務官公署において租税の課税標準等の調査、徴収等に関する事務に従事していた期間が短期間であったこと等の事情があり、申請者の在職中の地位、期間、経歴、品行等に照らして、申請者と個々の依頼者との間に不当な情実関係の生ずるおそれがないと認められる場合

⑶　⑴及び⑵に掲げる場合のほか、具体的事情を総合的に勘案し、納税者の便宜を図るために承認を与えることが適当であり、かつ、承認を与えても特に弊害がないと認められる場合

（社員税理士等に対する業務の制限）

42-5　社員税理士又は所属税理士は、法第42条の規定に抵触する事件については、その使用者である税理士法人又は税理士が依頼を受けた場合であっても、税理士業務を行うことはできないことに留意する。

第5章　税理士の責任

第45条《脱税相談等をした場合の懲戒》関係

（故意）

45-1　法第45条第1項に規定する「故意」とは、事実に反し又は反するおそれがあると認識して行うことをいうものとする。

（相当の注意）

45-2　法第45条第2項に規定する「相当の注意を怠り」とは、税理士が職業専門家としての知識経験に基づき通常その結果の発生を予見し得るにもかかわらず、予見し得なかったことをいうものとする。

第46条《一般の懲戒》関係

（添付書面の虚偽記載）

46-1　法第46条に規定する「第33条の2第1項若しくは第2項の規定により添付する書面に虚偽の記載をしたとき」とは、当該書面に記載された内容の全部又は一部が事実と異なっており、かつ、当該書面を作成した税理士がそのことをあらかじめ知っていたと認められる場合をいうものとする。

第47条《懲戒の手続等》関係

（税理士会が行う会員等の違反行為の通知書）
47−1　法第47条第2項（法第48条第2項において準用する場合を含む。）の規定による通知については、法第45条第1項若しくは第2項又は法第46条に規定する行為又は事実の認定に関する資料を添付した通知書を、税理士会の主たる事務所の所在地を管轄する国税局長を経由して提出するものとする。

第47条の2《登録抹消の制限》関係

（懲戒手続の結了）
47の2−1　法第47条の2に規定する「その手続が結了する」とは、法第47条第5項の規定による懲戒処分の通知書が当該懲戒処分に係る税理士に到達したとき又は国税審議会から財務大臣に対して懲戒処分をしないことが相当である旨の答申が行われたときをいうものとする。

第47条の3《除斥期間》関係

（除斥期間の始期）
47の3−1　法第47条の3に規定する「懲戒の事由があつたとき」とは、懲戒の事由に当たる税理士法違反行為が終了した時点をいい、具体的には次により懲戒処分の除斥期間の始期を判定するものとする。
　(1)　単独の税理士法違反行為が行われた場合
　　　税理士法違反行為の除斥期間は、違反行為が終了した時点から開始する。例えば、委嘱者から脱税相談を持ちかけられ、一定の期間が経過した後に、その相談に応じ回答した場合は、脱税相談を持ちかけられた時点ではなく、委嘱者に脱税相談の回答をしたときが違反行為の終了した時点となり、その時点から除斥期間が開始することとなる。
　　　また、税理士法違反行為による違法状態が継続する場合の除斥期間は、その違法状態が解消された時点から開始する。例えば、委嘱者から預かった納税資金を着服する信用失墜行為を行った場合には、着服後、その資金を返還するまで非行事実と評価すべき違法状態が継続しており、その資金を返還したことなどにより、違法状態が解消された時点から除斥期間が開始することとなる。
　(2)　複数の税理士法違反行為が行われた場合
　　　複数の税理士法違反行為が行われた場合の除斥期間は、原則として、それぞれの違反行為が終了した時点からそれぞれ開始する。例えば、不真正な税務書類の作成又は提出のほか、非税理士に対する名義貸しを行った場合には、不真正な税務書類の作成又は提出と非税理士に対する名義貸しのそれぞれの行為が終了した時点から除斥期間

がそれぞれ開始することとなる。

　ただし、複数の税理士法違反行為のそれぞれが密接に関連して、一方が他方の手段となり、他方が一方の結果となる違反行為を行った場合の除斥期間は、最後に行われた違反行為が終了した時点から開始する。例えば、不真正な税務書類の作成又は提出を依頼され、その前提として脱税相談に応じた場合には、不真正な税務書類の作成又は提出の行為が終了した時点から除斥期間が開始することとなる。

(除斥期間の適用の範囲)
47の3-2　法第47条の3の懲戒の手続の除斥期間は、同条の規定が法第48条第3項及び第48条の20第2項において準用されていることから、法第48条第1項の規定による「懲戒処分を受けるべきであつたことについての決定」及び法第48条の20第1項の規定による「違法行為等についての処分」の手続についても、適用があることに留意する。

(懲戒の手続の開始)
47の3-3　法第47条の3の「懲戒の手続を開始すること」とは、税理士に対して、懲戒処分に係る聴聞又は弁明の機会の付与について行政手続法第15条第1項又は第30条に規定する通知を発することをいい、法第47条の3の規定により懲戒の手続を開始することができないこととなった後は、新たにその通知を発することができないことに留意する。

第47条の4《懲戒処分の公告》関係

(財務大臣が相当と認める期間)
47の4-1　規則第20条の2（規則第20条の3、第22条の2及び第26条の2において準用する場合を含む。）に規定する「相当と認める期間」とは、概ね、次の各号に掲げる場合の区分に応じ、それぞれ次に定める期間をいうものとする。
⑴　税理士業務の禁止の懲戒処分又は税理士法人の解散の命令の公告である場合
　　税理士又は税理士法人（以下「税理士等」という。）がその処分を受けた日から3年間
⑵　税理士業務の停止の懲戒処分又は税理士法人の業務の停止命令（以下「懲戒処分等」という。）の公告である場合
　　税理士業務の停止の期間又は税理士法人の業務の停止の期間
⑶　戒告の懲戒処分等の公告である場合
　　税理士等がその処分を受けた日から1月間
⑷　懲戒処分を受けるべきであったことについての決定の公告である場合
　　税理士であった者が受けるべきであったその懲戒処分の種類に応じ、⑴から⑶までに定める期間に準ずる期間
⑸　税理士等でない者が税務相談を行った場合の命令の公告である場合
　　税理士等でない者がその命令を受けた日から3年間

　　　　　　◎参考資料

第48条《懲戒処分を受けるべきであつたことについての決定等》関係

(懲戒処分を受けるべきであったことについての決定の手続の開始)
48-1　法第48条第3項において準用する法第47条の3の規定の適用については、法第48条第1項の規定による「懲戒処分を受けるべきであつたことについての決定」の事由があったときから10年を経過したときは、当該決定の手続を開始することができないことに留意する。

　　なお、当該決定の「手続を開始すること」とは、税理士であった者に対して、当該決定に係る聴聞又は弁明の機会の付与について行政手続法第15条第1項又は第30条に規定する通知を発することをいい、法第48条第3項において準用する法第47条の3の規定により当該決定の手続を開始することができないこととなった後は、新たにその通知を発することができないことに留意する。

第5章の2　税理士法人

第48条の4《社員の資格》関係

(社員税理士が死亡した場合)
48の4-1　社員税理士が死亡した場合には、当該税理士は税理士登録を抹消され、税理士法人を脱退することとなるので、定款の変更、定款の変更に係る事項の日本税理士会連合会への届出及び変更の登記が必要となることに留意する。

(その処分の日以前30日内にその社員であった者)
48の4-2　法第48条の4第2項第2号に規定する「その処分の日以前30日内にその社員であった者」には、当該処分の日以前30日内に新たに当該税理士法人の社員となった税理士も含まれることに留意する。

第48条の5《業務の範囲》関係

(税理士業務に付随しない会計業務等)
48の5-1　規則第21条第1号に掲げる業務は、財務書類の作成、会計帳簿の記帳の代行その他財務に関する事務で税理士業務に付随して行うもの以外のものであっても、他の法律においてその事務を業として行うことが制限されているものを除き、定款に定めることにより、業務として行うことができることに留意する。

(租税に関する知識の普及等に関する業務)
48の5-2　規則第21条第3号に規定する「租税に関する教育その他知識の普及及び啓発の業務」における「租税に関する教育その他知識」には、租税に関するもので、同条第

1号に規定する「財務書類の作成、会計帳簿の記帳の代行その他財務に関する事務」に関する知識が含まれるほか、「普及及び啓発の業務」には、これらの知識に関する講演会の開催、出版物の刊行が含まれることに留意する。

第48条の6関係

（使用人である税理士）
48の6-1　法第48条の6に規定する「使用人である税理士」とは、所属税理士をいう。

第48条の7《登記》関係

（登記手続等）
48の7-1　法第48条の7第1項及び法第49条の5第1項に規定する「政令」とは、組合
　　等登記令（昭和39年政令第29号）をいう。

第48条の8《設立の手続》関係

（設立のために必要な社員数）
48の8-1　税理士法人の設立には、2人以上の社員が必要であることに留意する。

（事務所の所在地）
48の8-2　法第48条の8第3項第3号に掲げる事務所の所在地には、従たる事務所の所
　　在地も含まれることに留意する。

第48条の12《社員の常駐》関係

（従たる事務所の社員の常駐）
48の12-1　法第48条の12に規定する「税理士法人の事務所」には、従たる事務所を含み、
　　各事務所に1人以上の社員税理士を常駐させなければならないことに留意する。

第48条の14《社員の競業の禁止》関係

（会計業務を業とする税理士法人の社員）
48の14-1　法第48条の14の規定により、会計業務を行う税理士法人の社員税理士は、自
　　己又は第三者のために会計業務を行うことは禁止されるので、例えば、当該社員税理士
　　が、会計業務を行う他の法人の無限責任社員又は取締役に就任して当該他の法人のため
　　に会計業務を行うことはできないことに留意する。

◎参考資料

第48条の20《違法行為等についての処分》関係

(違法行為等についての処分の手続の開始)
48の20－1　第48条の20第2項において準用する法第47条の3の規定の適用については、法第48条の20第1項の規定による「違法行為等についての処分」の事由があったときから10年を経過したときは、当該処分の手続を開始することができないことに留意する。

　　なお、当該処分の「手続を開始すること」とは、税理士法人に対して、当該処分に係る聴聞又は弁明の機会の付与について行政手続法第15条第1項又は第30条に規定する通知を発することをいい、法第48条の20第2項において準用する法第47条の3の規定により当該処分の手続を開始することができないこととなった後は、新たにその通知を発することができないことに留意する。

(処分の手続に付された税理士法人)
48の20－2　法第48条の20第3項に規定する「処分の手続に付された」場合とは、48の20－1の通知がなされた場合をいう。

(手続の結了)
48の20－3　法第48条の20第3項に規定する「手続が結了する」とは、同条第2項で準用する法第47条第5項の規定による処分の通知書が当該処分に係る税理士法人に到達したとき又は国税審議会から財務大臣に対して処分をしないことが相当である旨の答申が行われたときをいうものとする。

第6章　税理士会及び日本税理士会連合会

第49条の2《税理士会の会則》関係

(認可申請書の添付書類等)
49の2－1　令第7条の2に規定する税理士会の会則の変更の認可申請書には、会則の変更案及び変更の理由を具体的に記載した書類、会則の新旧対照表並びに総会の議事録を添付し、税理士会の主たる事務所の所在地を管轄する国税局長を経由して提出することとする。

第49条の3《税理士会の支部》関係

(国税局長の承認基準)
49の3－1　法第49条の3第1項ただし書に規定する「国税局長の承認」は、原則として、次に掲げる各要件を具備する場合に行うものとする。
⑴　申請に係る複数署支部の地区が同一の税理士会の区域内であること

(2)　申請に係る複数署支部の地区における税理士数の最も多い税務署の管轄区域を除き、それ以外の税務署の管轄区域内の税理士数がそれぞれ20名以下であること

第49条の9《総会の決議等の報告》関係

(報告書の添付書類)
49の9－1　法第49条の9に規定する総会の決議等の報告は、次に定める書類を添付した報告書を作成し、税理士会の主たる事務所の所在地を管轄する国税局長を経由して提出することとする。
　(1)　予算及び事業計画の決議並びに決算の承認に係るもの
　　イ　前事業年度の事業報告書及びその年度の事業計画書
　　ロ　前年度末における財産目録
　　ハ　前年度の収支決算書及びその年度の収支予算書
　　ニ　イからハまでに掲げる書類の内容に関する参考書類
　(2)　役員の就任及び退任に関する書類
　(3)　総会の議事録及び(1)以外の決議の内容に関する参考書類

第49条の10《紛議の調停》関係

(紛議の調停の効果)
49の10－1　法第49条の10の規定に基づく税理士会の調停により成立した和解は、民法上の和解としての効力を有することに留意する。

第49条の11《建議等》関係

(税理士会支部の建議)
49の11－1　税理士会の支部は、税理士会内部の一機構にすぎず、税理士会の代表機関ではないから、支部限りで法第49条の11の規定による建議をすることはできないことに留意する。

第7章　雑則

第50条《臨時の税務書類の作成等》関係

(臨時の税務書類の作成等の許可の基準)
50－1　法第50条第1項に規定する租税の税目の指定は、原則として、申告所得税及び個人事業者の消費税に限るものとし、その許可を与える基準は、次の各号に掲げる地方公共団体その他の法人の役員又は職員のうち、申告者数その他の事務の性質及び分量等を

考慮し、適当と認める人数に対して、50－3及び50－4の条件を付して許可するものとする。ただし、許可を受けた者を単に機械的に補助する者については、許可を要しないものとする。

⑴　地方公共団体
⑵　農業協同組合
⑶　漁業協同組合
⑷　事業協同組合
⑸　商工会

(許可を与えない者)

50－2　法第50条に規定する許可を申請した者が、次の各号の一に該当する場合においては、許可を与えないものとする。

⑴　法第4条各号の一に該当する場合
⑵　法第24条第1号又は第3号から第7号イまでに該当する場合
⑶　納税事務の適正な実施を妨げ、又は納税に関する道義を乱すようなおそれがあり、その他税務書類の作成等を行わせるのに適格性を欠くと認められる場合

(許可の取消)

50－3　法第50条の許可を受けた者が、次の各号の一に該当することとなった場合には、その許可は、当該各号に掲げる事由に該当することとなった日に取り消されるものとする。

⑴　法第4条各号の一に該当することとなった場合
⑵　法第24条第1号に該当することとなった場合
⑶　所属地方公共団体又は所属法人における地位又は職を失った場合

(許可を取り消す場合)

50－4　法第50条の許可を受けた者が、50－2⑵(法第24条第1号を除く。)又は⑶に該当することとなった場合には、その許可を取り消すものとする。

第51条《税理士業務を行う弁護士等》関係

(弁護士法人等の通知)

51－1　法第51条第3項の規定により弁護士法人又は弁護士・外国法事務弁護士共同法人が税理士業務を行うためには、当該弁護士法人又は弁護士・外国法事務弁護士共同法人が税理士業務を行おうとする区域を管轄する国税局長に通知するとともに、これらの法人の社員(弁護士)全員が、当該国税局長に対して法第51条第1項の通知をする必要があることに留意する。

第52条《税理士業務の制限》関係

(税理士でないものが多数の法人等の使用人の地位を占めている場合)
52-1　税理士でない者が、相当多数の法人又は個人の使用人の地位を占め、法第2条第1項各号に掲げる事務を反復継続して行っている場合においては、その者が真に納税者の使用人であるかどうかを判定し、実際は納税者の使用人ではないが、法を免れるために名目上納税者の使用人として当該事務を行っていると認められる場合は、法第52条に抵触するものとして取り扱うこととする。
　　　例えば、税理士でない者が次の各号の一に該当するような場合は法第52条に抵触するおそれがあることに留意する。
　⑴　相当多数の法人又は個人に同じ時期に雇用されており、個人の能力からその事務範囲は法第2条第1項各号に掲げる事務に限定されるものと考えられること
　⑵　個人としての事務所を設け、法第2条第1項各号に掲げる事務を専ら当該事務所で行っていること
　⑶　法人又は個人との間で雇用契約を締結し、給与等の支払を受けていながら、別に法第2条第1項各号に掲げる事務に係る報酬等の支払を受けていること

第55条《監督上の措置》関係

(「税理士であつた者」の範囲)
55-1　通知弁護士(法第51条第1項の規定により税理士業務を行う弁護士をいう。)であった者については、法第55条第2項の「税理士であつた者」とみなされないことに留意する。

◎参考資料

税理士等・税理士法人に対する懲戒処分等の考え方

税理士に対する懲戒処分等

1　税理士等・税理士法人に対する懲戒処分等の考え方（令和 5 年 4 月 1 日以後にした不正行為に係る懲戒処分等に適用）

○　財務省告示第104号

　　税理士法（昭和26年法律第237号）第45条及び第46条の規定に基づく税理士に対する懲戒処分、第48条の規定に基づく税理士であつた者に対する懲戒処分を受けるべきであつたことについての決定並びに第48条の20の規定に基づく税理士法人に対する処分に当たつての考え方を次のとおり公表する。

平成20年 3 月31日

改正

平成27年 1 月30日財務省告示第35号

令和 5 年 2 月17日財務省告示第49号

財務大臣　額賀　福志郎

Ⅰ　総則

　第 1　量定の判断要素及び範囲

　　　税理士法（昭和26年法律第237号。以下「法」という。）に規定する税理士に対する懲戒処分及び税理士法人に対する処分（以下「懲戒処分等」という。）の量定の判断に当たっては、Ⅱに定める不正行為の類型ごとの量定の考え方を基本としつつ、以下の点を総合的に勘案し、決定するものとする。

　　①　不正行為の性質、態様、効果等

　　②　税理士の不正行為の前後の態度

　　③　懲戒処分等の前歴

　　④　選択する懲戒処分等が他の税理士及び社会に与える影響

　　⑤　その他個別事情

　　　なお、Ⅱに定める量定の考え方によることが適切でないと認められる場合には、法に規定する懲戒処分等の範囲を限度として、量定を決定することができるものとする。

　第 2　税理士の使用人等が不正行為を行った場合の使用者である税理士等に対する懲戒処分

　　1　税理士又は税理士法人の使用人その他の従業者（自ら委嘱を受けて税理士業務に従事する場合の所属税理士を除く。以下「使用人等」という。）が不正行為を行った場合における、使用者である税理士又は使用者である税理士法人の社員税理士（以下「使用者税理士等」という。）に対する懲戒処分は、次に掲げるとこ

ろによるものとする。

(1) 使用人等の不正行為を使用者税理士等が認識していたときは、当該使用者税理士等がその不正行為を行ったものとして懲戒処分をする。

(2) 使用人等の不正行為を使用者税理士等が認識していなかったときは、内部規律や内部管理体制に不備があること等の事由により、認識できなかったことについて当該使用者税理十等に相当の責任があると認められる場合には、当該使用者税理士等が過失によりその不正行為を行ったものとして懲戒処分をする。

　なお、上記に該当しないときでも、使用人等が不正行為を行ったことについて使用者税理士等の監督が適切でなかったと認められる場合には、当該使用者税理士等が法第41条の2（使用人等に対する監督義務）の規定に違反したものとして懲戒処分をする。

2　税理士法人の社員税理士が不正行為を行った場合における、税理士法人の他の社員税理士に対する懲戒処分は、次に掲げるところによるものとする。

(1) 社員税理士の不正行為を他の社員税理士が認識していたときは、当該他の社員税理士もその不正行為を行ったものとして懲戒処分をする。

(2) 社員税理士の不正行為を他の社員税理士が認識していなかったときは、当該税理士法人の内部規律や内部管理体制に不備があること等の事由により、認識できなかったことについて他の社員税理士に相当の責任があると認められる場合には、当該他の社員税理士も過失によりその不正行為を行ったものとして懲戒処分をする。

第3　不正行為の類型の異なるものが2以上ある場合

　Ⅱに定める不正行為の類型の異なるものが2以上ある場合の量定は、それぞれの不正行為の類型について算定した量定を合計したものを基本とする。

第4　税理士業務等の停止期間

　税理士業務又は税理士法人の業務の停止期間は、1月を単位とする。

第5　税理士であつた者に対する懲戒処分を受けるべきであつたことについての決定

　第1から第4までの規定は、税理士であつた者に対する懲戒処分を受けるべきであつたことについての決定について準用する。この場合において、第4中「税理士業務又は税理士法人の業務の停止期間」とあるのは「税理士であつた者が受けるべきであつた税理士業務の停止をすべき期間」と読み替えるものとする。

Ⅱ　量定の考え方

第1　税理士に対する量定

◎参考資料

税理士に対する懲戒処分の量定は、次に定めるところによるものとする。
1　税理士が法第45条第1項又は第2項（脱税相談等をした場合の懲戒）の規定に該当する行為をしたときの量定の判断要素及び量定の範囲は、次の区分に応じ、それぞれ次に掲げるところによる。
⑴　故意に、真正の事実に反して税務代理若しくは税務書類の作成をしたとき、又は法第36条（脱税相談等の禁止）の規定に違反する行為をしたとき。
　　　税理士の責任を問い得る不正所得金額等（国税通則法第68条に規定する国税の課税標準等又は税額等の計算の基礎となるべき事実の全部又は一部を隠ぺいし、又は仮装したところの事実に基づく所得金額、課税価格その他これらに類するものをいう。以下同じ。）の額に応じて、
　　　6月以上2年以内の税理士業務の停止又は税理士業務の禁止
⑵　相当の注意を怠り、真正の事実に反して税務代理若しくは税務書類の作成をしたとき、又は法第36条の規定に違反する行為をしたとき。
　　　税理士の責任を問い得る申告漏れ所得金額等（国税通則法第18条に規定する期限後申告書若しくは同法第19条に規定する修正申告書の提出又は同法第24条に規定する更正若しくは同法第25条に規定する決定の処分に係る所得金額のほか、課税価格その他これらに類するものをいう。以下同じ。）の額に応じて、
　　　戒告又は2年以内の税理士業務の停止
2　税理士が法第46条（一般の懲戒）の規定に該当する行為をしたときの量定の判断要素及び量定の範囲は、次の区分に応じ、それぞれ次に掲げるところによる。
⑴　法第33条の2第1項又は第2項（計算事項、審査事項等を記載した書面の添付）の規定により添付する書面に虚偽の記載をしたとき。
　　　虚偽の記載をした書面の件数、記載された虚偽の程度に応じて、
　　　戒告又は1年以内の税理士業務の停止
⑵　法第37条（信用失墜行為の禁止）の規定に違反する行為のうち、以下に掲げる行為を行ったとき。
　　イ　自己脱税（自己（自己が代表者である法人又は実質的に支配していると認められる法人を含む。次のロにおいて同じ。）の申告について、不正所得金額等があることをいう。以下同じ。）（上記1に掲げる行為に該当する場合を除く。）
　　　　不正所得金額等の額に応じて、
　　　　2年以内の税理士業務の停止又は税理士業務の禁止
　　ロ　多額かつ反職業倫理的な自己申告漏れ（自己の申告について、申告漏れ所得金額等が多額で、かつ、その内容が税理士としての職業倫理に著しく反す

るようなものをいう。以下同じ。）（上記１及び２⑵イに掲げる行為に該当する場合を除く。）

申告漏れ所得金額等の額に応じて、

戒告又は２年以内の税理士業務の停止

ハ　調査妨害（税務代理をする場合において、税務職員の調査を妨げる行為をすることをいう。）

行為の回数、程度に応じて、

２年以内の税理士業務の停止又は税理士業務の禁止

ニ　税理士業務を停止されている税理士への名義貸し（自己の名義を他人に使用させることをいう。以下同じ。）

名義貸しを受けた者の人数、名義貸しを受けた者が作成した税務書類の件数、名義貸しをした期間、名義貸しにより受けた対価の額に応じて、

２年以内の税理士業務の停止又は税理士業務の禁止

ホ　業務け怠（委嘱された税理士業務について正当な理由なく怠ったことをいう。）

戒告又は１年以内の税理士業務の停止

ヘ　税理士会の会費の滞納（所属する税理士会（県連合会及び支部を含む。）の会費を正当な理由なく長期にわたり滞納することをいう。以下同じ。）

戒告

ト　その他反職業倫理的行為（上記以外の行為で、税理士としての職業倫理に反するようなことをしたことをいう。）

戒告、２年以内の税理士業務の停止又は税理士業務の禁止

⑶　法第37条の２（非税理士に対する名義貸しの禁止）の規定に違反したとき。

名義貸しを受けた者の人数、名義貸しを受けた者が作成した税務書類の件数、名義貸しをした期間、名義貸しにより受けた対価の額に応じて、

２年以内の税理士業務の停止又は税理士業務の禁止

⑷　法第38条（秘密を守る義務）の規定に違反したとき。

２年以内の税理士業務の停止又は税理士業務の禁止

⑸　法第41条（帳簿作成の義務）の規定に違反したとき。

戒告

⑹　法第41条の２（使用人等に対する監督義務）の規定に違反したとき。

戒告又は１年以内の税理士業務の停止

⑺　法第42条（業務の制限）の規定に違反したとき。

同条に違反して税務代理をした件数、税務書類を作成した件数、税務相談に

◎参考資料

応じた件数に応じて、

　　　　２年以内の税理士業務の停止又は税理士業務の禁止

⑻　税理士業務の停止の処分を受け、その処分に違反して税理士業務を行ったとき。

　　　税理士業務の禁止

⑼　上記以外の場合で法又は国税若しくは地方税に関する法令の規定に違反したとき。

　　　戒告、２年以内の税理士業務の停止又は税理士業務の禁止

第２　税理士であつた者に対する量定

　　　第１の規定は、税理士であつた者に対する懲戒処分を受けるべきであつたことについての決定について準用する。

第３　税理士法人に対する量定

　　　税理士法人に対する処分の量定は、次に定めるところによるものとする。

１　税理士法人が法第48条の20（違法行為等についての処分）に規定する行為のうち、この法又はこの法に基づく命令に違反したときの量定の判断要素及び量定の範囲は、次の区分に応じ、それぞれ次に掲げるところによる。

⑴　法第48条の10（成立の届出等）、第48条の13（定款の変更）、第48条の18（解散）又は第48条の19（合併）に規定する届出をしなかったとき。

　　　戒告

⑵　法第48条の16において準用する法第37条（信用失墜行為の禁止）の規定に違反する行為のうち、以下に掲げる行為を行ったとき。

　　イ　自己脱税

　　　　不正所得金額等の額に応じて、

　　　　２年以内の業務の全部若しくは一部の停止又は解散

　　ロ　多額かつ反職業倫理的な自己申告漏れ

　　　　申告漏れ所得金額等の額に応じて、

　　　　戒告又は２年以内の業務の全部若しくは一部の停止

　　ハ　税理士会の会費の滞納

　　　　戒告

⑶　法第48条の16において準用する法第41条（帳簿作成の義務）の規定に違反したとき。

　　　戒告

⑷　法第48条の16において準用する法第41条の２（使用人等に対する監督義務）の規定に違反したとき。

戒告又は１年以内の業務の全部若しくは一部の停止
⑸　業務の全部又は一部の停止の処分を受け、その処分に違反して業務を行ったとき。
　　　解散
⑹　上記以外の場合で法又は法に基づく命令に違反したとき。
　　　戒告、２年以内の業務の全部若しくは一部の停止又は解散
２　税理士法人が法第48条の20（違法行為等についての処分）に規定する行為のうち、運営が著しく不当と認められるときの量定の判断要素及び量定の範囲は、次の区分に応じ、それぞれ次に掲げるところによる。
⑴　社員税理士に、法第45条又は第46条に規定する行為があったとき（上記１⑵及び⑹に該当する場合を除く。）。
　　　当該行為を行った社員税理士の量定（複数の社員税理士が関与している場合には、それぞれの量定を合計した量定）に応じて、
　　　戒告、２年以内の業務の全部若しくは一部の停止又は解散
⑵　上記以外の場合で運営が著しく不当と認められるとき。
　　　戒告、２年以内の業務の全部若しくは一部の停止又は解散

附則（平成27年１月30日財務省告示第35号）
　この告示は、平成27年４月１日以後にした不正行為に係る懲戒処分等について適用し、平成27年３月31日以前にした不正行為に係る懲戒処分等については、なお従前の例による。

附則（令和５年２月17日財務省告示第49号）
　この告示は、令和５年４月１日以後にした不正行為に係る懲戒処分等について適用し、令和５年３月31日以前にした不正行為に係る懲戒処分等については、なお従前の例による。

◎参考資料

＜本Q＆Aについて＞

　所属税理士は、税理士法（以下「法」といいます。）第2条第3項の規定により、税理士又は税理士法人の補助者として当該税理士の税理士事務所に勤務し、又は当該税理士法人に所属し、法第2条第1項又は第2項の業務（以下「税理士業務等」といいます。）に従事することとされています。

　税理士法施行規則第1条の2第2項においては、使用者である税理士又は税理士法人の書面による承諾を得ることにより、所属税理士が他人の求めに応じ自ら委嘱を受けて税理士業務等に従事できることとされました。

　本Q＆Aは、所属税理士及びその使用者であり承諾者となる税理士又は税理士法人が、税理士法施行規則（以下、「施行規則」といいます。）第1条の2の規定を運用するに当たり、生じると想定される様々な疑問点について、国税庁に確認のうえ、一定の解釈を示したものです。

　令和3年4月1日に税理士法、同施行規則及び同通達の規定が変更され、従前の署名押印義務が押印義務に変更されたこと等から、内容及び様式について一部改訂を行っております。

　会員各位におかれては、このQ＆Aを参考にしていただき、所属税理士制度の適切な運用を図られますようお願いします。

＜Q＆A＞

（1）施行規則第1条の2第2項（承諾）関係

Q1．所属税理士が他人の求めに応じ自ら業務の委嘱を受けるためには、どのような手続きが必要になりますか。また、所属税理士自身の判断のみで自ら業務の委嘱を受けることはできますか。

A1．施行規則第1条の2第2項に規定されているとおり、所属税理士自身の判断のみで自ら業務の委嘱を受けることはできず、その都度、あらかじめ、その使用者である税理士又は税理士法人（以下「使用者税理士等」といいます。）の書面による承諾が必要になります（口頭のみによる承諾は認められません。）。

※　使用者税理士等の承諾書面については、Q3参照。

Q2．承諾の対象となる業務は何ですか。

A2．法第2条第1項第1号から第3号までに規定する業務（第1号…税務代理、第2号…税務書類の作成、第3号…税務相談）と同条第2項に規定する業務（税理士業務に付随した財務書類の作成、会計帳簿の記帳の代行その他財務に関する事務）が対象となります。

Q3．承諾書面の様式は定められていますか。

A3．承諾書面の様式は特に法定されていませんが、日税連が参考様式として「業務委嘱に関する承諾書【様式1】」を本Q＆Aの末尾に添付しているほか、日税連ホームページ等に掲載しておりますのでご参照ください。

> **Q4. 施行規則第1条の2第2項に規定される「その都度」、「あらかじめ」という文言はどのような意味ですか。**

A4. 施行規則第1条の2第2項には、「…その都度、あらかじめ、その使用者である税理士又は税理士法人の書面による承諾を得なければならない。」と規定されています。

　この「その都度」とは、委嘱者毎に、それぞれ承諾を得る必要があるということです。例えば、所属税理士が委嘱者A（法人）の求めに応じ、自ら委嘱を受けて業務（以下「直接受任業務」といいます。）に従事しようとする場合に使用者税理士等から承諾を得たとしても、委嘱者B（委嘱者Aの代表者等）について、同様に直接受任業務に従事しようとする場合には、使用者税理士等の承諾を別に得る必要があります（委嘱契約が終了するまでの間の年分（事業年度）毎の承諾を得る必要はありません。）【Q6参照】。

　また、「あらかじめ」とは、所属税理士が直接受任業務を開始する前、つまり所属税理士と委嘱者が業務委嘱契約を締結する前に、使用者税理士等から事前の承諾を得る必要があります。ついては、所属税理士が自らの判断のみで委嘱者と契約のうえ直接受任業務を開始し、事後的に使用者税理士等から承諾を得ることは認められません。

> **Q5. 承諾の対象とする業務について、例えば、税理士業務について、税務代理（法第2条第1項第1号）のうち、税務調査の立会いについては使用者税理士等が委嘱を受けるが、その他の業務（税務調査の立会い以外の税務代理、税務書類の作成、税務相談）については所属税理士が委嘱を受ける等、業務の範囲を一部除外した承諾を行うことは可能ですか。**

A5. 所属税理士制度は、所属税理士の本来業務は補助業務であるという前提に立ちつつも、次代を担う所属税理士の独立開業の一助となることを視野に入れ、委嘱者の誤認防止や責任の所在の明確化など納税者保護の観点から使用者税理士等の承諾等一定の手続きを経たうえで、当該委嘱者に係る税理士業務等について、一人の税理士として委嘱者から直接業務を受けるものとして創設した制度です。

　したがって、ご質問のような委嘱者に係る税理士業務のうち、使用者税理士等が税務調査の調査立会いを受任し、所属税理士がその他の業務（税務調査の立会い以外の税務代理、税務書類の作成及び税務相談）を受任するような形態は、上記の所属税理士制度創設の趣旨から適切ではなく、この場合は、使用者税理士等が自ら当該委嘱者に係る税理士業務の全ての業務を受任したうえで、所属税理士を補助者とさせるか、又は所属税理士が全ての業務を受任することを前提としたうえで、承諾を行うことが適当です。

> **Q6. 使用者税理士等が所得税及び消費税等を受任している顧客について、所属税理士が相続税について委嘱を受けることは可能ですか。**

A6. ご質問のような使用者税理士等が委嘱者から所得税及び消費税等に係る全て

の業務を受任し、所属税理士が当該委嘱者から相続税に係る全ての業務を受任するような形態は、所属税理士制度創設の趣旨（Ｑ５参照）から問題はありません。

　ただし、使用者税理士等が委嘱者から所得税に係る業務を受任し、所属税理士が当該委嘱者の消費税に係る業務を受任するようなケースは、所得税と消費税等が密接に関連した税目であり、責任の所在が不明確となり納税者保護の観点及び所属税理士制度の趣旨から適切ではありません。

Ｑ７．所属税理士がある法人委嘱者に係る業務を直接受任し、これとあわせて当該法人の代表者等の所得税申告等に係る業務を直接受任する場合、使用者税理士等から各々について承諾を得る必要がありますか。

Ａ７．所属税理士の本来業務は使用者税理士等の補助業務であり、使用者税理士等が所属税理士の直接受任を承諾することは、使用者税理士等自らの業務及び委嘱者に影響を与えることから、使用者税理士等の事前の承諾等一定の手続きを経ることとされています。

　このため、法人委嘱者及び当該法人の代表者等から直接受任の委嘱を受けるに当たっては各々について使用者税理士等の事前の承諾を得る必要があります【Ｑ４参照】。

Ｑ８．使用者税理士等の承諾に有効期限はありますか。

Ａ８．使用者税理士等が所属税理士に対し委嘱者Ａに係る直接受任業務の承諾を行った場合は、所属税理士は委嘱者Ａとの委嘱契約終了までの間は継続して直接受任した業務を行うことができます（年分（事業年度）毎の承諾は不要です。）。

　ただし、所属税理士と委嘱者Ａとの間の委嘱契約が終了した場合には、所属税理士は使用者税理士等に対し、施行規則第１条の２第７項に規定する終了した旨の報告を速やかに行わなければなりません。

（２）施行規則第１条の２第３項（委嘱者への説明）関係
Ｑ９．施行規則第１条の２第３項に規定される委嘱者への説明はどのように行えばよいですか。

Ａ９．施行規則第１条の２第３項第１号から第４号までに掲げる事項（下掲）を記載した説明書面を委嘱者に交付し説明する必要があります（口頭のみによる説明は認められません。）。

　また、委嘱者への説明の際には、施行規則第１条の２第２項に規定される使用者税理士等の承諾書面（Ｑ３参照）の写しを添付する必要があるほか、同条第４項に規定するところにより、所属税理士が当該説明書面に署名を行う必要があります。

【参考】施行規則第1条の2第3項各号に規定する説明義務事項
1号　所属税理士である旨
2号　その勤務する税理士事務所の名称及び所在地又はその所属する税理士法人の名称及び勤務する事務所（当該事務所が従たる事務所である場合には、主たる事務所及び当該従たる事務所）の所在地
3号　その使用者である税理士又は税理士法人の承諾を得ている旨
4号　自らの責任において委嘱を受けて税理士業務等に従事する旨

Q10. Q9の委嘱者へ交付し説明する書面の様式は定められていますか。

A10. 書面の様式は特に法定されていませんが、日税連が参考様式として「業務委嘱に関する説明書【様式2】」を本Q&Aの末尾に添付しているほか、日税連ホームページ等に掲載しておりますのでご参照ください。

　なお、任意の書面によることも可能ですが、その場合、所属税理士は、施行規則第1条の2第3項第1号から第4号までに掲げる事項を必ず記載のうえ署名する必要があります（Q9参照。）。

Q11. 委嘱者への説明義務を果たすには、書面の交付のみで足りますか。

A11. 施行規則第1条の2第3項には、委嘱者に書面を「交付」し、各事項について「説明」しなければならないと規定されていることから、単に書面を交付するだけでは足りず、所属税理士が委嘱者に対し書面の記載事項について十分に説明し、委嘱者の確認・理解を得る必要があります。また、当該所属税理士が直接受任業務を行うに当たり、委嘱者との信頼関係を構築する観点からも、十分に説明することが重要です。

　なお、日税連では、上記の説明を補完するものとして、別途利用できるよう、直接受任業務に係る重要事項を説明する書面を設け、当該重要事項説明書の参考様式（様式2附属）として「所属税理士が他人の求めに応じ自ら業務の委嘱を受ける場合の重要事項説明書（モデル）」を本Q&Aの末尾に添付しているほか、日税連ホームページ等に掲載しておりますのでご参照ください。

（3）施行規則第1条の2第5項（委嘱者の確認）関係

Q12. 施行規則第1条の2第5項に規定する、委嘱者へ説明を行った旨を記載した書面はどのようなものですか。また、様式は定められていますか。

A12. 所属税理士は、施行規則第1条の2第3項に規定する事項を委嘱者に説明した場合には、同条第5項の規定により、委嘱者から、説明を受けた旨を記載した書面に署名を得なければなりません。

　この確認書面の様式は特に法定されていませんが、日税連が参考様式として「業務委嘱に関する説明確認書【様式3】」を本Q&Aの末尾に添付しているほか、日

　　　　　◎参考資料

税連ホームページ等に掲載しておりますのでご参照ください。

　なお、施行規則第１条の２第６項の規定により、所属税理士は、上記の委嘱者の署名を得た確認書面の写しを使用者税理士等に提出しなければなりません。

（４）施行規則第１条の２第７項（終了等の報告）関係

Q13. 施行規則第１条の２第７項に規定する、直接受任業務が終了等したときの報告はどのようなものですか。

A13.　所属税理士が行う直接受任業務について、委嘱者との委嘱契約が終了した場合、又は使用者税理士等から承諾を得たものの結果的に委嘱者と委嘱契約に至らなかった場合は、その旨を所属税理士が使用者税理士等に報告することとなります。

　この報告書面の様式は法定されておらず、口頭によることも可能ですが、日税連としては、直接受任業務が終了等したことを使用者税理士等と所属税理士間で明確に確認するためには、書面を用いることが有用であると考え、参考様式として「委嘱契約終了等報告書【様式４】」を本Ｑ＆Ａの末尾に添付しているほか、日税連ホームページ等に掲載しておりますのでご参照ください。

　なお、ここでいう「終了」とは、例えば当該委嘱者との業務契約が満了、もしくは途中終了（途中解約）し、今後当該委嘱者に対し、直接受任業務を一切提供することがなくなった状態になることをいいます。

Q14. 例えば、所属税理士が相続税業務を直接受任した場合、相続税申告を行った後、当該申告に関する調査が数年後に行われ、調査立会いが必要となる可能性がありますが、このような場合と施行規則第１条の２第７項との兼ね合いはどのように考えればよいですか。

A14.　所属税理士と委嘱者との間の委嘱契約の内容によることとなります。

　例えば、当該委嘱契約が相続税申告書の提出（申告）により当該契約が終了する内容であれば、相続税申告手続き完了後、速やかに施行規則第１条の２第７項の終了の報告を行うこととなります。この場合、当該契約終了後に当該相続税申告の調査に当該所属税理士が税務代理するためには、再度、施行規則第１条の２各項に規定する使用者税理士等の承諾等一定の手続きを経なければ、税務代理を行うことはできません。

　また、当該委嘱契約が相続税申告書の申告手続き及び調査等の際の税務代理とする内容であれば、当該税務代理終了後又は税務代理の可能な期間終了後に、施行規則第１条の２第７項の終了の報告を行うこととなります。

（５）各書面全般

Q15. 施行規則第１条の２各項に規定される書面は、保存義務がありますか。

A15.　施行規則第１条の２各項に規定される書面の保存義務については、特に法定されておりません。

ただし、これらの書面は、委嘱者、所属税理士及び使用者税理士等の３者間において責任の所在を明らかにするものであり、使用者税理士等及び所属税理士は、所属税理士と委嘱者間における直接受任業務契約が継続している期間は当然ながら、当該契約が終了し施行規則第１条の２第７項の終了の報告を行った後も数年間は、各書面は保存しておくことが望ましいと考えます。

≪参考≫

　　日税連としては、法第41条に定める業務処理簿は、委嘱者別に、かつ、一件ごとに業務の内容及びてん末を記載しなければならず、帳簿の閉鎖後も５年間保存しなければならないこととなっているため、所属税理士は、委嘱契約終了後も業務処理簿を廃棄するまでは保存しておくことが望ましいと考えます。

【参考】所属税理士の直接受任に係る基本的スキーム

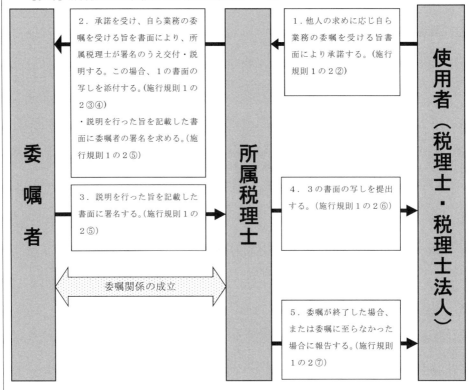

（６）所属税理士と使用者税理士等間における各種約定等について

Q16. 所属税理士が使用者税理士等の承諾を得て直接受任業務を行う場合、使用者税理士等の事務所の設備等を利用し業務を行うことが想定されますが、この

際の経費の負担等はどのように考えればよいですか。

A16. 所属税理士と使用者税理士等との間には、当然に前提となる雇用契約関係が存在します。所属税理士と使用者税理士等との間で雇用契約を結ぶ際の雇用契約書等に、又は事後的に約定書等に、所属税理士が直接受任業務を行う場合に事務所設備を使用する場合の経費の負担等について定めておくことが有用と考えます。

上記のような約定書の参考書面として、日税連が参考様式として「所属税理士が他人の求めに応じ自ら業務の委嘱を受ける場合の約定書（モデル）」を本Q＆Aの末尾に添付しているほか、日税連ホームページ等に掲載しておりますのでご参照ください。

Q17. Q16に関連し、所属税理士が使用者税理士等の承諾を得て直接受任業務を行う場合に、その他に、所属税理士と使用者税理士等との間で雇用契約書又は約定書等で明らかにしておくべきことはありますか。

A17. 例えば、所属税理士が直接受任業務を行うに当たっては、使用者税理士等の補助者として行う業務に支障が出ないように努める旨を明示する「忠実義務」や、直接受任業務に係る責任はすべて所属税理士が負うことを明示した「責任の所在」等が考えられます。

ただし、使用者税理士等と所属税理士との雇用契約の内容や、各税理士事務所及び税理士法人における補助者、使用人の雇用・勤務形態等は千差万別であると考えられるため、個別の事情に応じ、使用者税理士等と所属税理士が協議のうえ、必要と思われる事項を雇用契約書又は約定書等で明らかにしておくことが重要であると考えます。

（7）権利義務関係

Q18. 所属税理士が直接受任業務を行うに当たり、懲戒処分の対象となることはありますか。

A18. 所属税理士の直接受任業務において真正の事実に反して税務書類の作成をする等の不正行為を行った場合には、当然、税理士法上の懲戒処分の対象となります。

Q19. 所属税理士が直接受任業務において不正行為を行い、税理士法上の懲戒処分を受けた場合、当該直接受任業務に承諾した使用者税理士等も懲戒処分の対象になりますか。

A19. 施行規則第1条の2第3項第4号の規定により、所属税理士は直接受任業務を行うに当たっては自らの責任において業務に従事することとなりますので、原則として、直接受任業務に係る承諾を行った使用者税理士等に責任は及びません。

ただし、使用者税理士等が、所属税理士の直接受任業務における不正行為に関与していた場合や使用者税理士等自身の不正行為の隠れ蓑として所属税理士に対し直接受任を承諾し業務を行わせていた場合等、使用者税理士等自身が不正行為

を実行又は関与していると認められる場合には、当然、使用者税理士等も懲戒処分の対象になります。

Q20. 所属税理士が直接受任業務を行う場合、法第30条に規定する税務代理権限証書は、所属税理士の自らの名で提出するのですか。

A20. 法第30条の税務代理権限証書は、委嘱者との委嘱契約に基づき作成され、税務官公署に提出されるものです。したがって、当該書面を提出することができるのは、委嘱者との委嘱契約に基づいて税理士業務を行う税理士(又は税理士法人)ということになります。したがって、所属税理士が使用者税理士等からの承諾等一定の手続きを経て委嘱者から直接委嘱を受け税理士業務を行う場合には、所属税理士が自らの名で税務代理権限証書を提出することとなります。

法改正以前の補助税理士制度においては、補助税理士は使用者税理士等の補助者として専ら業務に従事し、委嘱者から税理士業務を直接受任することはできないので、たとえ自らが補助者として税務書類の作成等の主要な実務を担当していたとしても、税務代理権限証書は、その使用者税理士等の名で提出しなければならないとされていました。なお、所属税理士が使用者税理士等の補助者として業務に従事する場合は、法改正以前の取扱いと同様、使用者税理士等の名で税務代理権限証書を提出することとなります。

Q21. 所属税理士が直接受任業務において、法第33条の規定により、税務書類に署名する場合、どのような付記(法第33条第3項)を行う必要がありますか。

A21. 所属税理士が直接受任業務において申告書等に署名する場合は、施行規則第16条第1項第2号及び第3項の規定により、その勤務する税理士事務所の名称又は所属する税理士法人の名称のほか、直接受任である旨を付記する必要があります。

≪直接受任の場合≫
　　●●税理士事務所(又は税理士法人)　所属税理士●●●●　(直接受任)
≪補助業務の場合≫
　　●●税理士事務所(又は税理士法人)　所属税理士●●●●

Q22. 所属税理士が直接受任業務を行う場合、補助者として業務に従事する使用者税理士等の事務所以外に、自らの事務所を設置することはできますか。

A22. 法第40条第1項及び施行規則第18条の規定により、所属税理士は自らの事務所を設置できません。

所属税理士に事務所設置義務を課さなかった趣旨は、所属税理士は使用者税理士等の事務所に勤務する使用人で、その本来業務は補助業務であり、使用者税理士等の承諾により直接受任業務ができるものであること、また、所属税理士に事務所設置を義務付けることは、法第40条第3項の規定に抵触することになるから、所属税理士に事務所設置義務は課されていません。

◎参考資料

Q23. 所属税理士が直接受任業務を行うに当たって知り得た秘密は、法第38条の守秘義務の対象となりますか。また、Q22から、所属税理士が直接受任業務において、その業務を遂行し、自らの委嘱者の財務書類や申告書等を管理保存する場所は、自らが補助者として業務に従事する使用者税理士等の事務所内となり、使用者税理士等並びに他の使用人その他従業者がこれらを閲覧できる可能性がありますが、守秘義務との兼ね合いはどのように考えればよいですか。

A23. 直接受任業務を行う所属税理士も法第38条の対象となり、業務に関し知り得た秘密に係る情報・資料等は厳重に管理する必要があります。

　　例えば、直接受任業務に係る資料等を使用者税理士等の事務所内のコンピュータに保存する場合は、使用者税理士等の許可を得たうえで、所属税理士自身しかアクセスできない仕様（パスワード等）を施しこれらを管理する、紙の書類等については、使用者税理士等の許可を得たうえで、事務所内の個別のキャビネット等に保管し所属税理士自身がその鍵を管理すること等が必要と考えます。

　　なお、使用者税理士等は、税理士法基本通達38－4により所属税理士から直接受任業務に関して知り得た事項についても、守秘義務の対象となることに留意しなければなりません。また、使用者税理士等には、法第41条の2により使用人に対する監督義務があることに鑑み、自らの使用人その他従業者が、所属税理士が行う直接受任業務に係る守秘事項に接触しないよう監督を行う必要があることに留意しなければなりません。

Q24. 所属税理士が直接受任業務を行う場合、自らの使用人その他従業者（直接受任業務を補助する職員、青色専従者、アルバイト、パート等）を持つことができますか。

A24. 所属税理士制度は、所属税理士の本来業務は補助業務であるという前提に立ちつつも、次代を担う所属税理士の独立開業の一助となることを視野に入れ、委嘱者の誤認防止や責任の所在の明確化など納税者保護の観点から使用者税理士等の承諾等一定の手続きを経たうえで、当該委嘱者に係る税理士業務等について、一人の税理士として委嘱者から直接業務を受けるものとして創設された制度です。

　　したがって、所属税理士は、使用者税理士等の事務所に勤務する使用人で、その本来業務は補助業務で、使用者税理士等の承諾を得て直接受任業務できるものであり、また、所属税理士が自らの事務所を設置することもできないことから、自らの使用人その他従業者を持つことはできません。

　　ただし、所属税理士が使用者税理士等の事務所に勤務する使用人を、使用者税理士等との協議のうえ、一時的に借用（当該使用人は使用者税理士等の職務命令により所属税理士を一時的に補助する場合に限ります。）することは可能です。

Q25. 所属税理士が直接受任業務を行う場合、法第41条に作成・保存義務が規定されている帳簿（以下「業務処理簿」といいます。）は、他の税理士又は税理

A25.　所属税理士が直接受任業務を行う場合の業務処理簿を個別に作成・保存する
必要があります。

　　所属税理士が直接受任業務を行う場合は、自らの名で委嘱を受け、自ら責任を
負って業務に従事することとなり、法第 41 条の帳簿作成義務についても、当該委
嘱者に関しては所属税理士個人にこの義務が課されることになります。業務処理
簿は、使用者税理士等の補助者として税理士業務に従事した場合の業務処理簿と
は別に、自らの名において作成・保存する必要があります。

　　なお、この業務処理簿の作成・保存を怠れば懲戒処分の対象となるおそれがあ
り、所属税理士が直接受任業務を行う場合においても確実に作成・保存すること
が重要です。

【参考】所属税理士の業務処理簿作成・保存について

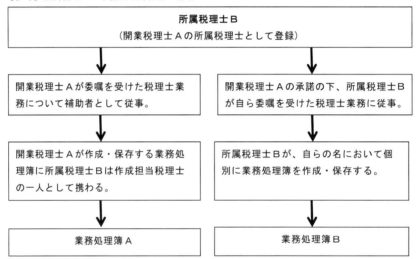

Q26. 所属税理士の税務支援への従事義務はどのように考えればよいですか。ま
　　た、使用者税理士等の承諾を得たうえで、所属税理士が税務支援業務を直接受
　　任することは可能ですか。

A26.　日本税理士会連合会会則第 66 条第 3 項では、「税理士の会員は、本会及び所
属する税理士会が実施する税務支援に従事しなければならない。」と規定されて
おり、所属税理士も税理士会の会員として、当然に税理士会等の実施する税務支
援への従事義務があります。

　　なお、所属税理士が行う税務支援については、従前のとおり、その使用者税理
士等が受任主体となって、所属税理士が税務支援に従事するよう協力する義務が
あると考えられ、当該税務支援に従事したことに対する謝金（報酬）は、受任し

た使用者税理士等が受領することになります。

（8）その他

Q27. 所属税理士が直接受任業務を行っている途中で、開業税理士又は税理士法人の社員税理士に登録変更し、当該委嘱者についてそのまま継続して当該開業税理士事務所又は税理士法人において業務を行いたい場合、どのような手続きが必要ですか。

A27. 開業税理士又は税理士法人の社員税理士に登録変更するときまでに、使用者税理士等に対し、施行規則第1条の2第7項の終了の報告を行う必要があります。
　　また、当該所属税理士と委嘱者が締結していた業務委嘱契約についても、登録変更後速やかに開業税理士又は税理士法人名義にて再締結することが適当です。

Q28. 所属税理士が直接受任業務を行う場合、その報酬を自らの名で収受することはできますか。また、自らの名で報酬を収受することができる場合、所得区分はどうなりますか。

A28. 所属税理士は自らの名において委嘱を受けることができますので、直接受任業務を行う場合は、当然に自らの名で報酬を収受することが可能です。
　　なお、所属税理士が使用者税理士等の補助者として業務に従事することに終始する場合は、使用者税理士等からの給与所得に限られることになりますが、直接受任業務を行うに当たっては自らの名で業務の委嘱を受け、その対価である報酬を収受するため、当該所得は事業所得（又は雑所得）に区分されます。

Q29. 所属税理士が直接受任業務を行う場合、自ら責任を負うこととなりますが、直接受任業務に起因して委嘱者に財産上の損害を与えることにより損害賠償義務が生じることを想定し、税理士職業賠償責任保険に所属税理士自身が加入することは可能ですか。

A29. 所属税理士が税理士職業賠償責任保険に加入することは可能であり、直接受任業務も保険の対象となりますので、積極的に加入することが適当です。

開業税理士・税理士法人⇒所属税理士への承諾

業務委嘱に関する承諾書

（税理士法施行規則第１条の２第２項）

令和　　年　　月　　日

（所属税理士）　　　　　　　　　　様
_____

税理士又は 税理士法人	事務所の所在地	電話　（　　　　　）　　　　－
	氏 名 又 は 名 称	
	所 属 税 理 士 会	税理士会　　　　　　　　支部
	登 録 番 号 又 は 法 人 番 号	第　　　　　　　　号

　私（当法人）は、貴方が、下記委嘱者から直接委嘱を受け、下記の業務を行うことについて、承諾いたします。

委　　嘱　　者	住 所 又 は 所 在 地	電話　（　　　　　）　　　　－
	氏 名 又 は 名 称	
対 象 と す る 業　　　　務 ※該当する項目 に✓を付すこと	□税理士法第２条第１項業務	
	□税理士法第２条第２項業務	
備　　　　考		

　　　　　　　　◎参考資料

【様式1】

業務委嘱に関する承諾書の記載留意事項

1. 「税理士又は税理士法人」欄の「氏名又は名称」欄について
・個人の税理士の場合は、当該税理士が署名をしてください。
・税理士法人の場合は、当該税理士法人の名称を記載するとともに代表者が署名してください。

2.「対象とする業務」欄について、
・「税理士法第2条第1項業務」は、税務代理（税理士法第2条第1項第1号業務）、税務書類の作成（税理士法第2条第1項第2号業務）、税務相談（税理士法第2条第1項第3号業務）の3業務を指します。
・「税理士法第2条第2項業務」は、税理士の名称を用いて、他人の求めに応じて、税理士法第2条第1項業務に付随する財務書類の作成、会計帳簿の記帳の代行その他財務に関する事務を業として行うことを指します。

3.「備考」欄には、「対象とする業務」につき、特に除外する事項がある場合などに、その事項を記載してください。
（例）承諾時において一部の税目を承諾の対象とする業務から除外する場合
「相続税に係る業務については承諾の対象外とする。」等

4. 委嘱者が法人の場合において、所属税理士が当該法人の代表者等の所得税申告業務等を受任する場合には、別途承諾を求める必要があります。

業務委嘱に関する説明書

（税理士法施行規則第1条の2第3項及び第4項）

令和　　年　　月　　日

（委嘱者）　　　　　　　　　　　　様（御中）

所属税理士	氏　　　　名	
	勤務する税理士事務所又は所属する税理士法人の名称及び所在地	電話　（　　　）　－
	税理士法人の従たる事務所に勤務する場合はその名称及び所在地	電話　（　　　）　－
	所属税理士会	税理士会　　　　　　支部
	登　録　番　号	第　　　　　　　　　　号

　私は、貴方（貴法人）に係る下記業務について自ら委嘱を受け、自らの責任において業務を行うことについて、使用者である下記税理士（税理士法人）から、別添※のとおり税理士法施行規則第1条の2第2項に基づく承諾を得ましたので、これを説明いたします。

　（※「業務委嘱に関する承諾書【様式1】」の写し）

対象とする業務 ※該当する項目に✓を付すこと	□税理士法第2条第1項業務	
	□税理士法第2条第2項業務	
承諾した税理士又は税理士法人	氏名又は名称	
	所属税理士会	税理士会　　　　　　支部
	登録番号又は法人番号	第　　　　　　　　　　号
備　　　　考		

◎参考資料

所属税理士⇒委嘱者への通知・説明 　　　　　　　　　　　　　【様式２】

業務委嘱に関する説明書の記載留意事項

１．「所属税理士」欄の「氏名」欄には、所属税理士が必ず署名してください。

２．本書を作成する所属税理士は本書の記載事項を委嘱者に対し十分に説明したう
　　えで、本書を委嘱者に交付してください。
【参考：税理士法施行規則第１条の２第３項に規定する説明義務事項】
　　・所属税理士である旨
　　・その勤務する税理士事務所の名称及び所在地又はその所属する税理士法人の名
　　称及び勤務する事務所（当該事務所が従たる事務所である場合には、主たる事務
　　所及び当該従たる事務所）の所在地
　　・その使用者である税理士又は税理士法人の承諾を得ている旨
　　・自らの責任において委嘱を受けて業務に従事する旨

３．所属税理士が当該書面を委嘱者に交付する場合には、「業務委嘱に関する承諾書
　　【様式１】」の写しを必ず添付してください。

４．「所属税理士」の「勤務する税理士事務所又は所属する税理士法人の名称及び
　　所在地」欄及び「税理士法人の従たる事務所に勤務する場合はその名称及び所在
　　地」欄について、当該所属税理士が税理士法人の従たる事務所に勤務している場
　　合は、
　・「勤務する事務所又は所属する税理士法人の名称及び所在地」欄には、当該税理
　　士法人の主たる事務所の名称及び所在地
　・「税理士法人の従たる事務所に勤務する場合はその名称及び所在地」欄には、当
　　該所属税理士が勤務する税理士法人の従たる事務所の名称及び所在地
　　を、それぞれ記載してください。

５．「対象とする業務」欄について、
　・「税理士法第２条第１項業務」は、税務代理（税理士法第２条第１項第１号業務）、
　　税務書類の作成（税理士法第２条第１項第２号業務）、税務相談（税理士法第２条
　　第１項第３号業務）の３業務を指します。
　・「税理士法第２条第２項業務」は、税理士の名称を用いて、他人の求めに応じて、
　　税理士法第２条第１項業務に付随する財務書類の作成、会計帳簿の記帳の代行そ
　　の他財務に関する事務を業として行うことを指します。

６．「備考」欄には、「対象とする業務」につき、特に除外する事項がある場合など
　　に、その事項を記載してください。
　（例）承諾時において一部の税目を承諾の対象とする業務から除外する場合
　　　「相続税に係る業務については承諾の対象外とする。」等

【様式３】

令和　　年　　月　　日

業務委嘱に関する説明確認書
（税理士法施行規則第１条の２第５項）

（所属税理士）

　　　　　　　　　　様

_____

（委嘱者署名欄）

_____

　私（当法人）は、標題の件について、貴方から令和　　年　　月　　日付「業務委嘱に関する説明書」及び「所属税理士が他人の求めに応じ自ら業務の委嘱を受ける場合の重要事項説明書」の交付を受けるとともに、その内容に関する説明を受け、これを確認いたしました。

◎参考資料

【様式4】

委嘱契約終了等報告書

（税理士法施行規則第1条の2第7項）

令和　年　月　日

税理士　　　　　　　　　　　　　　　　様（御中）
（税理士法人）_____

所属税理士	氏　　　　名	
	勤務する税理士事務所又は所属する税理士法人の名称及び所在地	電話　（　　　）　　　－
	税理士法人の従たる事務所に勤務する場合はその名称及び所在地	電話　（　　　）　　　－
	所属税理士会	税理士会　　　　　　支部
	登　録　番　号	第　　　　　　　　号

　貴方（貴法人）から私が、自らの名において委嘱を受けて業務を行うことについて
　令和　　年　　月　　日付で承諾を得た、下記委嘱者との委嘱契約につき、

　（該当する項目に✓を付すこと）
　□　委嘱を受けた業務が終了した（業務終了日：令和　　年　　月　　日）
　□　委嘱を受けるに至らなかった

　ことを報告いたします。

委　嘱　者	住所又は所在地	電話　（　　　）　　　－
	氏名又は名称	

委嘱契約終了等報告書の記載留意事項

１．「所属税理士」欄の「氏名」欄には、所属税理士が必ず署名してください。

２．「所属税理士」の「勤務する事務所又は所属する税理士法人の名称及び所在地」
　　欄及び「税理士法人の従たる事務所に勤務する場合はその名称及び所在地」欄に
　　ついて、当該所属税理士が税理士法人の従たる事務所に勤務している場合は、
・「勤務する事務所又は所属する税理士法人の名称及び所在地」欄には、当該税理
　　士法人の主たる事務所の名称及び所在地
・「税理士法人の従たる事務所に勤務する場合はその名称及び所在地」欄には、当
　　該所属税理士が勤務する税理士法人の従たる事務所の名称及び所在地
　　を、それぞれ記載してください。

令和　　年　　月　　日

（税理士・税理士法人）

　　　　　　　　　　　様（御中）

（所属税理士）

所属税理士が他人の求めに応じ自ら業務の委嘱を受ける場合の約定書（モデル）

　私は、税理士法施行規則（以下「施行規則」という。）第1条の2第2項から第7項までの規定に基づき、貴方（貴法人）の承諾を得て、他人の求めに応じ自らの名において業務の委嘱を受ける場合は、所属税理士であることに鑑み、次の事項について約定いたします。

記

（1）報告義務

　　施行規則第1条の2第6項に基づき、委嘱者に説明を行った旨を記載した書面（施行規則第1条の2第5項）に委嘱者の署名を得たうえで、当該書面の写しを提出します。

　　また、施行規則第1条の2第7項に基づき、委嘱者との業務委嘱契約を終了したとき又は貴方（貴法人）の承諾を得たにもかかわらず委嘱を受けるに至らなかったときは速やかに書面によりこの旨を報告します。

（2）忠実義務

　　委嘱者から直接委嘱を受けた業務（以下「直接受任業務」という。）を行う場合は、貴事務所（貴法人）に勤務する税理士であることに鑑み、貴事務所（貴法人）の業務に支障を起こさないように直接受任業務を行います。

（3）相当の対価の支払義務

　　直接受任業務を行うため、貴事務所（貴法人）の事務機器等を使用する場合には、別に定めた契約書に基づく支払義務を履行します。

（4）法令遵守義務

　　直接受任業務を行うに当たり、税理士に関する法令、日本税理士会連合会の会則及び税理士会の会則規則等を遵守します。

（5）責任の帰属

　　直接受任業務を行うに当たり、生じる全ての責任は、私（所属税理士）に帰属

します。
（6）税理士職業賠償責任保険の加入について
　　直接受任業務を行うに当たって、私（所属税理士）は、自らの名において税理
　士職業賠償責任保険に加入します。

以上

◎参考資料

令和　　年　　月　　日

（委嘱者）

　　　　　　　　　様（御中）

（所属税理士）

所属税理士が他人の求めに応じ自ら業務の委嘱を受ける場合の
重要事項説明書（モデル）

　当職は、税理士法施行規則（以下「施行規則」という。）第１条の２第３項に基づき、他人の求めに応じ自らの名において業務の委嘱を受けるにあたり、貴方（貴法人）に対し、「業務委嘱に関する説明書」の各事項を説明するとともに、重要事項について下記のとおり説明します。

記

＜重要説明事項＞
（１）当職の立場
　　　私は「業務委嘱に関する承諾書【様式１】」を発行した税理士事務所又は税理士法人の補助者として勤務する税理士です。
（２）当職が勤務する税理士事務所又は税理士法人の承諾
　　　貴方（貴法人）と委嘱契約を締結するに当たっては、勤務する税理士事務所の所長税理士又は税理士法人の承諾を得ています。(別紙「業務委嘱に関する承諾書」参照)
（３）責任
　　　貴方（貴法人）との委嘱契約は、私との直接受任契約であり、貴方（貴法人）に提供する業務については私の責任に基づくものです。したがって、その責任は、私が勤務する税理士事務所の所長税理士又は税理士法人その他の税理士に及びません。
　　　なお、私が作成した税務書類には、私が署名するとともに、直接受任である旨を付記します（施行規則第16条第３項）。
　　　※　業務に係る委嘱契約書は別途締結いたします。
（４）法令遵守
　　　私は、税理士に関する法令、日本税理士会連合会の会則及び税理士会の会則、規則等を遵守して業務を行います。

（5）承諾者への書面の写しの提供

　　貴方（貴法人）に対し、「業務委嘱に関する説明書【様式2】」に基づき説明を行い、これを確認し、了解いただいたうえ「業務委嘱に関する説明確認書【様式3】」に署名いただいた場合には、同書の写しを私の使用者である承諾者（私が勤務する税理士事務所の所長税理士又は税理士法人）に対し提供します（施行規則第1条の2第6項）。

以上

◎参考資料

<関連法令>

○　税理士法（抜粋）

（税理士の業務）

第2条　税理士は、他人の求めに応じ、租税（印紙税、登録免許税、関税、法定外普通税（地方税法（昭和25年法律第226号）第10条の4第2項に規定する道府県法定外普通税及び市町村法定外普通税をいう。）、法定外目的税（同項に規定する法定外目的税をいう。）その他の政令で定めるものを除く。第49条の2第2項第10号を除き、以下同じ。）に関し、次に掲げる事務を行うことを業とする。

　一　税務代理（税務官公署（税関官署を除くものとし、国税不服審判所を含むものとする。以下同じ。）に対する租税に関する法令若しくは行政不服審査法（平成26年法律第68号）の規定に基づく申告、申請、請求若しくは不服申立て（これらに準ずるものとして政令で定める行為を含むものとし、酒税法（昭和28年法律第6号）第2章の規定に係る申告、申請及び審査請求を除くものとする。以下「申告等」という。）につき、又は当該申告等若しくは税務官公署の調査若しくは処分に関し税務官公署に対してする主張若しくは陳述につき、代理し、又は代行すること（次号の税務書類の作成にとどまるものを除く。）をいう。）

　二　税務書類の作成（税務官公署に対する申告等に係る申告書、申請書、請求書、不服申立書その他租税に関する法令の規定に基づき、作成し、かつ、税務官公署に提出する書類（その作成に代えて電磁的記録（電子的方式、磁気的方式その他の人の知覚によっては認識することができない方式で作られる記録であって、電子計算機による情報処理の用に供されるものをいう。第34条第1項において同じ。）を作成する場合における当該電磁的記録を含む。以下同じ。）で財務省令で定めるもの（以下「申告書等」という。）を作成することをいう。）

　三　税務相談（税務官公署に対する申告等、第1号に規定する主張若しくは陳述又は申告書等の作成に関し、租税の課税標準等（国税通則法（昭和37年法律第66号）第2条第6号イからヘまでに掲げる事項及び地方税（特別法人事業税を含む。以下同じ。）に係るこれらに相当するものをいう。以下同じ。）の計算に関する事項について相談に応ずることをいう。）

2　税理士は、前項に規定する業務（以下「税理士業務」という。）のほか、税理士の名称を用いて、他人の求めに応じ、税理士業務に付随して、財務書類の作成、会計帳簿の記帳の代行その他財務に関する事務を業として行うことができる。ただし、他の法律においてその事務を業として行うことが制限されている事項については、この限りでない。

（以下略）

（税務代理の権限の明示）

第30条　税理士は、税務代理をする場合においては、財務省令で定めるところにより、その権限を有することを証する書面を税務官公署に提出しなければならない。

（署名の義務）

第33条　税理士又は税理士法人が税務代理をする場合において、租税に関する申告書等を作成して税務官公署に提出するときは、当該税務代理に係る税理士は、当該申告書等に署名しなければならない。この場合において、当該申告書等が租税の課税標準等に関する申告書又は租税に関する法令の規定による還付金の還付の請求に関する書類であるときは、当該申告書等には、併せて本人（その者が法人又は法人でない社団若しくは財団で代表者若しくは管理人の定めがあるものであるときは、その代表者又は管理人）が署名押印しなければならない。

2　税理士又は税理士法人が税務書類の作成をしたときは、当該税務書類の作成に係る税理士は、当該書類に署名しなければならない。

3　税理士は、前2項の規定により署名するときは、税理士である旨その他財務省令で定める事項を付記しなければならない。

4　第1項又は第2項の規定による署名の有無は、当該書類の効力に影響を及ぼすものと解してはならない。

（秘密を守る義務）

第38条　税理士は、正当な理由がなくて、税理士業務に関して知り得た秘密を他に洩らし、又は窃用してはならない。税理士でなくなつた後においても、また同様とする。

（事務所の設置）

第40条　税理士（税理士法人の社員（財務省令で定める者を含む。第4項において同じ。）を除く。次項及び第3項において同じ。）及び税理士法人は、税理士業務を行うための事務所を設けなければならない。

2　税理士が設けなければならない事務所は、税理士事務所と称する。

3　税理士は、税理士事務所を二以上設けてはならない。

4　税理士法人の社員は、税理士業務を行うための事務所を設けてはならない。

（帳簿作成の義務）

第41条　税理士は、税理士業務に関して帳簿を作成し、委嘱者別に、かつ、一件ごとに、税務代理、税務書類の作成又は税務相談の内容及びそのてん末を記載しなければならない。

2　前項の帳簿は、閉鎖後5年間保存しなければならない。

3　税理士は、財務省令で定めるところにより、第1項の帳簿を磁気ディスクをもつて調製することができる。

（使用人等に対する監督義務）

第41条の2　税理士は、税理士業務を行うため使用人その他の従業者を使用するときは、税理士業務の適正な遂行に欠けるところのないよう当該使用人その他の

従業者を監督しなければならない。

（懲戒の種類）
第44条　税理士に対する懲戒処分は、次の三種とする。
　一　戒告
　二　2年以内の税理士業務の停止
　三　税理士業務の禁止

○　税理士法施行規則（抜粋）

（所属税理士の業務）
第1条の2　法第2条第3項の規定により税理士又は税理士法人の補助者として従事する同項に規定する業務については、第8条第2号ロに規定する所属税理士(以下この条において「所属税理士」という。）が行うものとする。
2　所属税理士が他人の求めに応じ自ら委嘱を受けて法第2条第1項又は第2項の業務に従事しようとする場合には、その都度、あらかじめ、その使用者である税理士又は税理士法人の書面による承諾を得なければならない。
3　前項の承諾を得た所属税理士は、次の各号に掲げる事項を記載した書面に同項の承諾を得たことを証する書面の写しを添付した上、これを委嘱者に対して交付し、当該事項につき説明しなければならない。
　一　所属税理士である旨
　二　その勤務する税理士事務所の名称及び所在地又はその所属する税理士法人の名称及び勤務する事務所（当該事務所が従たる事務所である場合には、主たる事務所及び当該従たる事務所）の所在地
　三　その使用者である税理士又は税理士法人の承諾を得ている旨
　四　自らの責任において委嘱を受けて前項に規定する業務に従事する旨
4　前項の書面の交付に当たつては、所属税理士は、当該書面に署名しなければならない。
5　所属税理士は、第3項の規定により説明を行つた場合には、その旨を記載した書面に同項の委嘱者の署名を得なければならない。
6　所属税理士は、前項の署名を得た書面の写しをその使用者である税理士又は税理士法人に提出しなければならない。
7　所属税理士は、第2項の承諾を得て自ら委嘱を受けた同項に規定する業務が終了したとき又は同項の承諾を得たにもかかわらず委嘱を受けるに至らなかつたときは、速やかに、その使用者である税理士又は税理士法人にその旨を報告しなければならない。

（登録事項）
第8条　法第18条に規定する財務省令で定めるところにより登録を受けなければならない事項は、次に掲げる事項とする。

一　氏名、生年月日、本籍及び住所並びに法第３条第１項各号の区分による資格
　　及びその資格の取得年月日
　二　次のイからハまでに掲げる場合の区分に応じ、それぞれイからハまでに定め
　　る事項
　　イ　税理士法人の社員となる場合　その所属する税理士法人又は設立しようと
　　　する税理士法人の名称及び執務する事務所（当該事務所が従たる事務所である
　　　場合には、主たる事務所及び当該従たる事務所）の所在地
　　ロ　法第２条第３項の規定により税理士又は税理士法人の補助者として当該税
　　　理士の税理士事務所に勤務し、又は当該税理士法人に所属し、同項に規定する
　　　業務に従事する者（第１６条及び第１８条において「所属税理士」という。）
　　　となる場合　その勤務する税理士事務所の名称及び所在地又はその所属する
　　　税理士法人の名称及び勤務する事務所（当該事務所が従たる事務所である場合
　　　には、主たる事務所及び当該従たる事務所）の所在地
　　ハ　イ及びロに掲げる場合以外の場合　設けようとする税理士事務所の名称及
　　　び所在地
　三　国税又は地方税に関する行政事務に従事していた者については、当該事務に
　　従事しなくなつた日前５年間に従事した職名及びその期間

（税務書類等への付記）
第 16 条　法第 33 条第３項に規定する財務省令で定める事項は、次の各号に掲げ
　る場合の区分に応じ、それぞれ当該各号に定める事項とする。
　一　税理士法人の社員が署名する場合　その所属する税理士法人の名称
　二　所属税理士が署名押印する場合　その勤務する税理士事務所の名称又はそ
　　の所属する税理士法人の名称
２　法第 33 条の２第３項に規定する財務省令で定める事項は、同項に規定する書
　面を作成した税理士又は税理士法人の前条の税務代理権限証書の提出の有無とす
　る。
３　所属税理士が他人の求めに応じ自ら委嘱を受けて法第２条第１項又は第２項の
　業務に従事する場合には、第１項第２号に定める事項に加え、直接受任（自らの
　責任において委嘱を受けて当該業務に従事することをいう。）である旨を付記す
　るものとする。

○　税理士法基本通達（抜粋）
（所属税理士である旨の表示）
33－1　法第 33 条の規定により、税理士が署名するときに、税理士である旨を付記
　するに当たって、当該税理士が所属税理士である場合には、所属税理士である旨
　を表示するものとする。

（使用者である税理士等が所属税理士から知り得た事項）

38－4　規則第1条の2第2項、第6項及び第7項の規定により使用者である税理
　　士又は使用者である税理士法人の社員税理士が所属税理士から知り得た事項は、
　　法第38条に規定する「税理士業務に関して知り得た秘密」に含まれることに留意
　　する。

税理士業務処理簿
（法第41条及び第48条の16）

```
┌ 自： 　　年　　　月　　　　日
│ 至： 　　年　　　月　　　　日
```

作成者： （事務所所在地）
（注1）

　　　　　（税理士名又は税理士法人名）

　　　　　（社員税理士名）

　　　　　（所属税理士名）

　　　　　□ 税理士法施行規則第1条の2に規定する所属税理士が自ら委嘱を受けた税理士業務
　　　　　（注2）

（注1）　処理簿の作成者名は、作成期間の末日現在の社員税理士及び所属税理士の氏名を記入する。ただし、退職した
　　　　社員税理士及び所属税理士がいる場合には、当該税理士も記入の上、退職年月日を付して記入する。
（注2）　所属税理士が、税理士法施行規則第1条の2の規定に基づき、自ら委嘱を受けた税理士業務について当該処理簿
　　　　を作成する場合は、当該チェックボックスにチェックを記入する。

税理士業務処理簿（法第41条及び第48条の16）の記載要領

1. 税理士業務処理簿（法第41条及び第48条の16）（以下、「処理簿」という。）は、開業税理士及び税理士法人（従たる事務所の場合は、当該事務所）とし
　　て作成するものとし、社員税理士及び所属税理士は、その所属する税理士法人あるいは開業税理士が委嘱を受けた事案について、担当税理士として作成する。
　　なお、この場合、処理簿上部の「［作成者名］」欄には、開業税理士名又は税理士法人名を記載する。

2. 所属税理士が、税理士法施行規則第1条の2に規定するところにより、他人の求めに応じ自ら委嘱を受けた税理士業務を行う場合は、自らの名において処
　　理簿を作成する。なお、この場合、処理簿上部の「［作成者名］」欄には、所属税理士名を記載する。

3. 処理簿の作成期間は、開業税理士及び上記2のとおり所属税理士が自らの名において処理簿を作成する場合は暦年、税理士法人はその事業年度毎とする。
　　また、税理士法人については、本店及び支店毎に処理簿を作成する。

4. 処理簿は業務の処理順に記載する。また、原則として一業務毎に記載する。ただし、一連の業務で二つ以上の業務を受任している場合は、これを一つの業
　　務として記載することを妨げない。

5. 「整理番号」欄は、処理簿作成期間での通し番号とする。

6. 「業務区分」欄は、税務代理を「代理」、税務書類の作成を「作成」、税務相談を「相談」に区分し、該当業務を○で囲む。

7. 「内容（税目等）」欄については、受託業務の内容（税目等）を簡略に記載する。例えば、税務代理の場合、○○年分所得税申告代理、○○年分法人税税務
　　調査立会等、税務書類作成の場合には○○年○期法人税申告書、○○年分所得税修正申告書、消費税○○届出書等、税務相談の場合には法人税、所得税、
　　相続税等の税目を記入するものとする。

8. 「てん末」欄及び「処理年月日」欄は、そのてん末又は処理内容、例えば税務代理の場合は、申告、異議申立等、税務書類作成の場合は、提出、送付等と
　　記入するとともに、その処理を行った日付を記入するものとし、税務相談の場合には、相談のてん末として、答弁の内容等について簡記するとともに相談が
　　完了した日付を記入する。

9. 業務のうち税務調査立会（税務代理）、税務相談等の「内容（税目等）」及び「てん末」欄について同欄に記載しきれない場合は、日本税理士会連合会が平
　　成26年9月4日に策定した「税理士業務処理簿別紙」（※）に記載することを妨げない。　※業務処理簿別紙は日税連ホームページ「会員専用ページ」でダ
　　ウンロード可能です。

10. 「添付書面」欄は、法第33条の2の書面の添付の有無について、いずれか該当する方に○を付ける。

11. 「税務代理権限証書提出日」欄は、同証書を税務官公署に提出した日付を記入する。

12. 「担当税理士」の「社員・所属」及び「氏名」の欄については、担当税理士が社員税理士、所属税理士の場合、いずれか該当する方に○を付け、その氏名
　　を記入する。なお、開業税理士の場合は○を付けず氏名のみ記入し、上記2のとおり、所属税理士が自らの名において処理簿を作成する場合には、「所属」
　　欄に○を付け、その氏名を記入する。

13. 処理簿の作成は、用紙への書込み又は電磁的調整のいずれの方式でもよい。

14. 処理簿の閉鎖時期は作成期間の末日とし、以後5年間の保存を要する。また、税理士法人の本店は、すべての支店の処理簿を備える。

◎参考資料

〔作成者名: 〕〔作成期間:自: 年 月 日~至: 年 月 日〕 No.1

整理番号	業務区分	委嘱者(住所・氏名)	内容(税目等)	てん末	処理年月日	添付書面	税務代理権限証書提出日	担当税理士 社員・所属	氏 名	備 考
	代理・作成・相談				年 月 日	有・無	年 月 日	社・所		
	代理・作成・相談				年 月 日	有・無	年 月 日	社・所		
	代理・作成・相談				年 月 日	有・無	年 月 日	社・所		
	代理・作成・相談				年 月 日	有・無	年 月 日	社・所		
	代理・作成・相談				年 月 日	有・無	年 月 日	社・所		
	代理・作成・相談				年 月 日	有・無	年 月 日	社・所		
	代理・作成・相談				年 月 日	有・無	年 月 日	社・所		
	代理・作成・相談				年 月 日	有・無	年 月 日	社・所		
	代理・作成・相談				年 月 日	有・無	年 月 日	社・所		
	代理・作成・相談				年 月 日	有・無	年 月 日	社・所		

※業務区分:「代理」…税務代理、「作成」…税務書類の作成、「相談」…税務相談を指す。　　　税理士業務処理簿(法第41条及び第48条の16)

【記載例】〔作成者名: 〕〔作成期間:自: 年 月 日~至: 年 月 日〕 No.

整理番号	業務区分	委嘱者(住所・氏名)	内容(税目等)	てん末	処理年月日	添付書面	税務代理権限証書提出日	担当税理士 社員・所属	氏 名	備 考
1	代理・作成・相談	＊区＊＊町＊-＊-＊ ＊＊商事(株)	平成＊年＊月期 法人税、消費税確定申告	確定申告書 作成・提出	＊年＊月＊日	有・無	＊年＊月＊日	社・所	＊ ＊ ＊ ＊	
2	代理・作成・相談	＊区＊＊町＊-＊- ＊ ＊＊＊＊	相続税税務相談	小規模宅地の評価減等 (詳細別紙参照)	＊年＊月＊日	有・無	年 月 日	社・所	＊ ＊ ＊ ＊	
3	代理・作成・相談	＊区＊＊町＊-＊- (有)＊＊商店	平成＊年＊月期 法人税調査立会	修正申告書提出 (詳細別紙参照)	＊年＊月＊日	有・無	＊年＊月＊日	社・所	＊ ＊ ＊ ＊	
4	代理・作成・相談	＊区＊＊町＊-＊- ＊ ＊＊＊＊	平成＊年分 所得税確定申告	確定申告書提出	＊年＊月＊日	有・無	＊年＊月＊日	社・所	＊ ＊ ＊ ＊	
5	代理・作成・相談	＊区＊＊町＊-＊- (株)＊＊商事	平成＊年＊月期 消費税＊＊届出書	届出書提出	＊年＊月＊日	有・無	＊年＊月＊日	社・所	＊ ＊ ＊ ＊	
6	代理・作成・相談	＊区＊＊町＊-＊- (株)＊＊商会	平成＊年＊月期 法人税申告	不服申立	＊年＊月＊日	有・無	＊年＊月＊日	社・所	＊ ＊ ＊ ＊	
7	代理・作成・相談	＊区＊＊町＊-＊- ＊ ＊＊＊＊	平成＊年分 所得税確定申告	更正請求	＊年＊月＊日	有・無	＊年＊月＊日	社・所	＊ ＊ ＊ ＊	
	代理・作成・相談				年 月 日	有・無	年 月 日	社・所		
	代理・作成・相談				年 月 日	有・無	年 月 日	社・所		
	代理・作成・相談				年 月 日	有・無	年 月 日	社・所		

※業務区分:「代理」…税務代理、「作成」…税務書類の作成、「相談」…税務相談を指す。　　　税理士業務処理簿(法第41条及び第48条の16)

◎税理士業務処理簿

【別紙】[作成者名:　　　　　　　　　　　　　]〔作成期間:自:　年　月　日~至:　年　月　日〕

整理番号	内容及びてん末

(業務処理簿の「内容」欄及び「てん末」欄に書ききれない場合にご記入ください。)　　　　　税理士業務処理簿別紙(法第41条及び第48条の16)

【別紙】[作成者名:　　　　　　　　　　　　　]〔作成期間:自:　年　月　日~至:　年　月　日〕　　　　　　　No.

整理番号	内容及びてん末
2	① 被相続人の小規模宅地の評価減について、どの宅地(居住用・貸付用)を選択すべきか相談を受け、相続税負担額を考慮して、居住用建物の敷地を選択適用した。 ② 被相続人の妻に二次相続が発生した場合の税額のシミュレーション(試算)を行った。
3	指導改善事項:期ずれによる売上げ計上漏れ てん末:修正申告を行った。

(業務処理簿の「内容」欄及び「てん末」欄に書ききれない場合にご記入ください。)　　　　　税理士業務処理簿別紙(法第41条及び第48条の16)

　　　　　　　◎参考資料

税理士法人に関する定款モデル

税理士法人 ○ ○ 定 款

第1章　総　　則

（法人の性格）

第1条　当法人は、次条に規定する目的のために設立する税理士法人とする。

（目的）

第2条　当法人は、次に掲げる業務を営むことを目的とする。

　一　他人の求めに応じ、租税に関し、税理士法第2条第1項に定める税務代理・税務書類の作成及び税務相談に関する事務を行うこと。

　二　前号の業務のほか、他人の求めに応じ、前号の業務に付随して、財務書類の作成、会計帳簿の記帳の代行、その他財務に関する事務を行うこと。

　三　前号の業務のほか、財務書類の作成、会計帳簿の記帳の代行その他財務に関する事務を行うこと。

　四　当事者その他関係人の依頼又は官公署の委嘱により、後見人、保佐人、補助人、監督委員その他これらに類する地位に就き、他人の法律行為について、代理、同意若しくは取消しを行う業務又はこれらの業務を行う者を監督する事務を行うこと。

　五　租税に関する教育その他知識の普及及び啓発を行う事務を行うこと。

　六　租税に関する事項について、裁判所において、補佐人として、弁護士である訴訟代理人とともに出頭して陳述する事務を社員又は使用人である税理士に行わせる事務の委託を受けること。

> 注：一号は絶対的記載事項であり必ず記載しなければならず、二号から六号は相対的記載事項であり記載がなければ、その業務を行うことができません。
> 　また、二号及び三号のいわゆる「会計業務」には、会社法33条10項三号に規定された現物出資財産の価額証明業務や同法333条1項に規定された会計参与業務、社会保険労務士法27条ただし書に定める業務、中小企業等経営強化法31条に基づく認定経営革新等支援機関業務など税理士法以外の法令により、税理士法人が行い得るものとされている業務（今後、法令改正により税理士法人が行い得る業務とされた場合の当該業務を含む。）が含まれ、これらの業務を行う場合には、二号及び三号を定款に定めることが必要になります。
> 　なお、「会計業務」は、税理士法上、税理士業務に付随して行うか否かで明瞭に区分されていますが、実務上、これらを区分することが難しいことから、税理士法人が会計業務を行うときは、二号及び三号のいずれも定款に記載する必要があります。
> 　「租税に関する教育その他知識の普及及び啓発を行う事務」とは、税理士会が行う租税教育等講師の受任、税務会計関連講演会の開催・税務会計関連出版物の刊行などを指します。社員税理士に競業禁止義務が課せられていることから、これらのうち社員税理士が個人として行うものがある場合、当該事務を除外して定款に記載する必要があります。

（名称）

第3条　当法人の名称は、税理士法人○○と称する。

（事務所の所在地）

第4条　当法人は、主たる事務所を◇◇県◇◇市に、従たる事務所を◇◇県◇◇市に置く。

> 注：主たる事務所の所在地は最小行政区画まででも構いません。ただし、その場合には、社員の過半数により、「○丁目○番○号」まで含んだ主たる事務所の所在場所を決定しなければなりません。

第2章　社員及び出資額

（社員の氏名、住所及び出資）

第5条　当法人の社員の氏名及び住所並びに出資の目的・金額及び評価の標準は、次のとおりである。

　　（1）東京都◇◇区◇◇町○丁目○番○号　　主税　太郎

　　　　金 銭 出 資　　　　　　　　　　　　　○○円

　　　　現 物 出 資　東京都◇◇区◇◇町○丁目○番○号　◇◇ビル○階賃貸面積○○m²

　　　　差入保証金　　　　この価格　　　　　　○○円

　　　　動　　　産　東京都◇◇区◇◇町○丁目○番○号　◇◇ビル○階賃貸スペース内

　　　　什 器 備 品　　　　この価格　　　　　　○○円

　　　　信　　　用　　　　この価格　　　　　　○○円

　　　　出 資 総 額　　　　　　　　　　　　　○○円

　　（2）大阪市◇◇区◇◇町○丁目○番○号　大阪　一郎

　　　　信用及び労務　　　　この価格　　　　　○○円

　　　　出 資 総 額　　　　　　　　　　　　　○○円

　　（3）東京都◇◇区◇◇町○丁目○番○号　　山田　次郎

　　　　金 銭 出 資　　　　出資金　　　　　　○○円

> 注：「社員の氏名及び住所並びに出資の目的・金額及び評価の標準は、別紙のとおりである。」というように規定し、別紙にこれらの事項を記載して、定款の一部とすることもできます。

（持分譲渡の制限）

第6条　当法人の社員は、その持分の全部又は一部を他人に譲渡するには、総社員の同意を得なければならない。

（競業禁止）

第7条　当法人の社員は、自己若しくは第三者のために当法人の業務の部類に属する取引をなし又は他の税理士法人の社員となることはできない。

2 　社員が前項の規定に違反して自己又は第三者のために取引をしたときは、当該業務によって当該社員又は第三者が得た利益の額は、当法人に生じた損害の額と推定する。

> 注：定款の目的に会計業務を記載した場合、いわゆる会計業務法人と競業関係が生じることから、社員税理士は会計業務法人の無限責任社員又は取締役に就任することはできないことに留意する必要があります。

（社員法人間の取引）
第8条　当法人の社員は、他の社員の過半数の決議のあったときに限り、自己又は第三者のために当法人と取引をすることができる。

（新加入社員の責任）
第9条　当法人の設立後加入した社員は、その加入前に生じた当法人の債務についても責任を負うものとする。

第3章　業務の執行及び法人の代表

（代表社員）
第10条　当法人を代表すべき社員は1名とし、社員の中から総社員の同意をもってこれを定める。

> 注：本条の規定を置かず、代表社員を決めないで各社員が各自当法人を代表することも可能です。

（業務の執行）
第11条　当法人の社員は、すべて業務を執行する権利を有し義務を負う。

（業務及び財産の状況の報告義務）
第12条　代表社員は、他の社員から請求があるときは、何時でも、当法人の業務及び財産の状況を報告しなければならない。

> 注：代表社員を決めない場合、この条文は不要です。

（定款の変更）
第13条　定款を変更するには、総社員の同意を要する。

第4章　社員の加入及び脱退

（加入）
第14条　新たに社員を加入させる場合は、総社員の同意を得なければならない。

(やむを得ない事由のある場合の脱退)
第15条　やむを得ない事由があるときは、社員は、何時でも、脱退することができる。

(脱退事由)
第16条　前条及び持分を差し押さえられた場合のほか、社員は次の事由によって脱退する。
　　一　税理士の登録の抹消
　　二　総社員の同意
　　三　死　亡
　　四　破産手続開始の決定
　　五　後見開始、保佐開始又は補助開始の審判を受けたこと
　　六　税理士法の規定による業務停止処分を受けたとき
　　七　国税若しくは地方税に関する法令若しくは税理士法の規定により罰金刑に処せられ
　　　　たとき又は禁錮刑以上の刑に処せられたとき
　　八　国家公務員法、国会職員法又は地方公務員法の規定による懲戒免職の処分を受ける
　　　　べき行為をしたと認められたことにより退職手当支給制限等処分に相当する処分を受
　　　　けたとき
　　九　税理士法以外の士業法の規定による懲戒処分により、当該士業の業務禁止に相当す
　　　　る処分を受けたとき
　　十　除　名

注：上記のほか、定年に達したときに脱退する定めなどを記載することも可能です。

(除名、業務執行権又は代表権の喪失)
第17条　社員について次の事由があるときは、当法人は、他の社員の過半数の決議をもっ
　　て、その社員の除名又は代表権の喪失の宣告を裁判所に請求することができる。
　　一　出資の義務を履行しないとき
　　二　第7条第1項の規定に違反したとき
　　三　業務を執行するに当たり不正の行為をし、又は権利なくして業務の執行に関与した
　　　　とき
　　四　当法人を代表するに当たり不正の行為をし、又は権利なくして当法人を代表したと
　　　　き
　　五　その他重要な義務を尽くさなかったとき
　2　社員が当法人を代表することについて著しく不適任であるときは、当法人は、前項の
　　規定に従い、その社員の代表権の喪失の宣告を裁判所に請求することができる。

(除名社員と法人間の計算)
第18条　除名されて脱退した社員と当法人との間の計算は、除名の訴えを提起した時にお
　　ける当法人の財産の状況に従ってこれをなし、かつ、その時から法定利息を附するもの

とする。

(除名以外の事由による脱退社員に対する持分の払戻)
第19条　前条以外の脱退社員に対しては、脱退当時における当法人の財産の状況によって
その持分を払い戻すものとする。

(金銭による払戻)
第20条　脱退社員の持分払戻は、その出資の目的の如何にかかわらず金銭をもってするも
のとする。

第5章　計　　算

(事業年度)
第21条　当法人の事業年度は、毎年○○月○○日から翌年○○月○○日までとする。

(計算書類の承認)
第22条　代表社員は、毎事業年度終了後○カ月以内に、次に掲げる書類を他の社員に提出
して、その承認を求めなければならない。
一　貸借対照表
二　損益計算書
三　社員資本等変動計算書
四　個別注記表

注：代表社員を決めない場合は、「社員は、共同して、」とするなど、各法人にて適宜対応してください。

(積立金)
第23条　当法人は、その出資額の4分の1に達するまで、各配当期において、その配当の
10分の1を積み立てるものとする。

注：配当に伴う積立ては任意です。

(利益の配当)
第24条　当法人は、損失を補填し、かつ、前条の積立てをした後でなければ利益の配当を
することはできない。

(損益分配の割合)
第25条　社員の損益分配の割合は、その出資額による。

第6章　解散及び合併

（解散の事由）
第26条　当法人は、次に掲げる事由により解散する。
　一　総社員の同意
　二　他の税理士法人との合併
　三　破産手続開始の決定
　四　解散を命ずる裁判があったとき
　五　税理士法第48条の20第1項の規定による解散の命令があったとき
　六　税理士法第48条の18第2項の規定に該当することとなったとき

　　注：上記のほか、法人の存続期間などを記載することも可能です。

（合併）
第27条　当法人は他の税理士法人と合併をする場合には、総社員の同意を得なければならない。

第7章　清　　算

（清算の方法）
第28条　解散の場合における当法人財産の処分方法は、総社員の同意をもってこれを定める。ただし、この条及び法律の規定により総社員又はその選任した者において清算することを妨げない。
　2　清算人の選任及び解任は、社員の過半数をもってこれを決する。

　　注：社員以外の者を清算人として定めることが可能です。また、本条第2項において、あらかじめ清算
　　　人を定めることも可能です。この場合、本条第1項のただし書きは不要です。

（残余財産の分配の割合）
第29条　残余財産は、社員の出資額に応じて分配する。

上記のとおり税理士法人○○設立のためこの定款を作成し、各社員が記名押印する。
令和○○年○○月○○日

委　任　状
（税理士法第31条の規定に基づくもの）

事務所所在地　_____

氏　　　　名　税理士　_____

私は上記の者を代理人と定め、税務に関する下記事項の権限を委任します。

記

令和　　　　　年分

_____税に係る

自　令和　　　年　　　月　　　日
至　令和　　　年　　　月　　　日　事業年度分

1．　不服申立ての取り下げ

1．　復代理人の選任
　　復代理人の住所　_____
　　事務所所在地　_____
　　税理士等氏名　_____
　　登　録　番　号　_____

令和　　　　年　　　月　　　日

住所又は所在地　_____

名称又は商号　_____

氏名又は代表者　_____

代理人（復代理人）の選任届出書

令和　　年　　月　　日

　　　　　　　　　　殿

所属税理士会　　　○　○　税　理　士　会

登　録　番　号　　第 _____ 号

税理士及び税理士法人事務所
所　在　地
　　　　　　　　　　　　　　　　　　　　（電話　　　　　　　　　　　）
氏名及び名称

　　　　　（住所）_____
私は　　　　　　　　　　　　　　　　　　　　　　　から税理士法第31条
　　　　　（氏名）_____

第2号の規定による「代理人の選任」に関する特別の委任を受け、下記

のとおり復代理人を選任しましたので、お届けします。

　　1. 復代理人の住所　　_____
　　　　事務所所在地　　　_____
　　　　税理士等氏名　　　_____
　　　　登録番号　　　　　_____

　　2. 復代理人を選任する期間
　　　　自　令和　　　　　年　　　　　月　　　　　日
　　　　至　令和　　　　　年　　　　　月　　　　　日

　　3. 復代理人を選任した事由

　※　この届出書は、代理人に対する代理権限証書の「その他の事項欄」に復代理人に関する事項
を明記することで、提出の省略が可能です。

◆過去10年間の税理士登録者数等（各年度3月31日現在）

年度	税理士登録者数 計	試験合格者	試験免除者	弁護士	公認会計士	資格認定者	税務代理士	特別試験合格者	特例法認定者	通知弁護士数	弁護士数	公認会計士数
25	74,501	34,032	24,297	522	8,422	12	48	7,167	1	3,746	35,045	27,535
26	75,146	34,321	25,178	545	8,727	10	37	6,328	—	4,234	36,415	27,313
27	75,643	34,531	26,016	574	9,004	4	26	5,488	—	4,684	37,680	28,286
28	76,493	34,746	27,036	622	9,315	3	15	4,756	—	5,145	38,980	29,367
29	77,327	34,914	27,953	637	9,631	3	13	4,176	—	5,568	40,066	30,350
30	78,028	35,013	28,830	662	9,880	2	9	3,632	—	5,685	41,118	31,189
1	78,795	35,108	29,730	685	10,149	1	7	3,115	—	6,076	42,164	31,793
2	79,404	35,064	30,471	698	10,446	1	5	2,719	—	6,442	43,206	32,478
3	80,163	35,010	31,340	703	10,759	1	2	2,348	—	6,937	44,101	33,215
4	80,692	34,874	32,071	718	11,046	—	2	1,981	—	7,494	44,961	34,436

（注）
1 各年度末（3月31日現在）の数である。ただし、弁護士数については、令和3年度までは令和4年5月1日現在、令和4年度は令和5年4月1日現在の数である。弁護士数は『国税庁統計年報』からの転載である。
2 試験合格者とは、試験の全科目の最終科目が試験合格による者をいう。
3 試験免除者とは、試験の全科目の最終科目が免除による者をいう。
4 資格認定者とは、税理士法施行（昭和26年7月15日）の際、国又は地方公共団体の職員である者で、税理士試験の合格者と同等以上の学識を有する旨の税理士試験委員の認定を受けた者をいう。
5 税務代理士とは、税務代理士の許可を受けた者をいう。
6 特別試験合格者とは、一定の実務経験を有する者に対し、特別の税理士試験に合格した者をいう。
7 特例法認定者とは、公認会計士特例試験等に関する法律（昭和39年法律第123号）第12条の規定に基づき、税理士試験委員の認定を受けた者をいう。
8 「通知弁護士」とは、税理士登録をせずに、税理士業務を行おうとする地域の国税局長に対して通知して、税理士業務を行う弁護士をいう。（法51）
9 各国税局の数を合計した延べ人数である。弁護士数は、通知弁護士数を含めて記載している。
10 弁護士数は日本弁護士連合会調べによる。また、公認会計士数は日本公認会計士協会調べによる。

令和6年3月最新版 税理士制度がよくわかる 図解&条文解説 税理士法

2024年3月29日　発行
2024年6月10日　第二刷発行

監修者　日本税理士会連合会

編著者　近畿税理士会制度部©

発行者　小泉　定裕

発行所　株式会社 清文社

東京都文京区小石川1丁目3-25（小石川大国ビル）
〒112-0002　電話03（4332）1375　FAX 03（4332）1376
大阪市北区天神橋2丁目北2-6（大和南森町ビル）
〒530-0041　電話06（6135）4050　FAX 06（6135）4059
URL https://www.skattsei.co.jp/

印刷：亜細亜印刷㈱

ISBN978-4-433-73204-2